프랑스 언론에
나타난 한국

르 몽드와 르 피가로 기사를 중심으로

프랑스 언론에
나타난 한국

르 몽드와 르 피가로 기사를 중심으로

인 쇄 | 2016년 7월 6일
발 행 | 2016년 7월 11일

지은이 | 김민정
발행인 | 부성옥
발행처 | 도서출판 오름
등록번호 | 제2-1548호 (1993. 5. 11)

주 소 | 서울특별시 중구 퇴계로 180-8 서일빌딩 4층
전 화 | (02) 585-9122, 9123 / 팩 스 | (02) 584-7952
E-mail | oruem9123@naver.com

ISBN   978-89-7778-461-1   93340

이 책은 2014년도 한국학중앙연구원 글로벌시대 한국학 가치와 문명 연구과제로
수행된 연구임(AKSR2014-G11)

프랑스 언론에
나타난 한국

르 몽드와 르 피가로 기사를 중심으로

김민정 지음

KOREA in French Newspapers

National Image of Conflict and Integration, 1945~2014

Minjeoung Kim

ORUEM Publishing House
Seoul, Korea
2016

머리말

    이 책은 [유럽 언론에 나타난 한국의 이미지]라는 큰 프로젝트 중에서 프랑스 언론에 나타난 한국 이미지를 연구한 부분에 해당한다. 이 프로젝트는 유럽 언론들에서 한국에 관하여 잘못된 내용들이 많고, 그 내용은 지속적으로 재생산되어 한국에 대한 부정적인 이미지를 구축하고 있다는 문제의식으로부터 출발하였다. 그리하여 영국, 프랑스, 독일, 폴란드 언론에 나타난 한국 관련 기사를 분석하게 되었다.

    프랑스는 1950년 한국전에 전투병력을 파견한 국가로서 대한민국 건국 초기부터 한국에 많은 관심을 가지고 있었고, 그 관심은 많은 기사 수에서도 표출되었지만 심층적인 기사보도에서도 나타났다. 물론 전후 프랑스의 일차적인 관심은 인도차이나반도에 있었지만, 지리적으로 멀리 떨어져 있는 한국에 대한 기사도 상당히 많았다. 한국 권위주의에 대한 분석기사 및 한국의 놀라운 경제발전에 대한 심층적인 보도는 21세기 한국을 이해하는 데에도 중요한 자료가 될 것이다. 아울러 우리의 모습을 외부의 객관적인 시선을 통해서 다시 한번 재점검한다는 점에 있어서도 상당히 중요한 자료들이 될 것이다.

이 책이 나오기까지 도움을 받은 분들에 대해서 감사의 마음을 표시하고 싶다. 우선 이 연구는 유럽 언론에 나타난 한국이라는 주제의 프로젝트 중 프랑스 부분으로 한국학중앙연구원의 연구비 지원을 받아 유럽학회가 중심이 되어서 이루어졌다. 프랑스 부분의 집필은 1년간 미국에서 연구년을 가지면서 집중적인 연구를 할 수 있도록 지원한 SSK 한국 사회 갈등과 통합 연구단의 지원이 없었다면 끝마치지 못했을 것이다. 이 지면을 빌어 한국학중앙연구원, 연구프로젝트의 팀장이었던 김면회 선생님께 그리고 SSK 한국 사회 갈등과 통합 연구단의 단장인 고상두 선생님과 연구재단에도 고마움을 전한다.

또한 자료수집과 정리에 도움을 준 민예나, 임지혜 서울시립대학교 국제관계학과 학생들, 신보라 프랑스 파리 4대학교 역사학과 석사과정(국제관계사 전공) 학생의 노고에 감사한다. 민예나와 임지혜 학생은 르 몽드의 한국 관련 자료를 수집하고 일일이 읽고 단신기사와 스트레이트기사를 제외하고 분석기사를 정리하였으며 정량적 분석을 위한 코딩작업을 완수하였다. 르 피가로는 1997년 이후부터 디지털화되어 있어서 이전의 자료는 도서관에서 마이크로필름으로 보아야 했다. 이를 위해서 신보라 학생은 여름 2달 동안을 미테랑도서관에서 살다시피 하면서 일일이 르 피가로 마이크로필름을 보며 한국 관련 기사를 찾고 PDF로 전환하여 미국에 있던 나에게 보내주었다. 이들의 노고가 없었다면 이 연구는 마치지 못했을 것이다. 이들의 노고와 정성에 마음 깊은 곳으로부터 감사를 보낸다.

이 연구를 위해서 프랑스 방문 기간 동안 인터뷰에 응해주었던 분들에게도 감사의 말을 전한다. 이길호 선생님(프랑스 서파리대학교 정치사회연구

소 연구원)은 장시간 동안 프랑스 언론의 흐름 및 변화 그리고 자료의 중요
성 등에 대해서 자세히 알려주었다. 나의 온갖 질문에도 대답해주었고, 미국
에서의 국제전화를 통해서도 많은 조언을 아끼지 않으셨다. 또한 2014년
당시 재불한국문화원장이셨던 이종수 원장님께도 감사의 말을 전한다. 이종
수 원장님은 바쁜 시간 가운데 시간을 내주셔서 최근 프랑스 내에서 한국에
대한 관심, 언론의 오보에 대한 한국문화원의 대응 및 프랑스에서 한국 문화
를 알리기 위한 다양한 노력들에 대해서 의견을 나눌 수 있는 기회를 주셨
다. 이메일로 인터뷰해준 Frédéric Ojardias(Radio France 한국 특파원),
Pascal Dayez-Burgeon(CNRS 브뤼셀 사무소 소장, 전 한국프랑스대사관
문정관) 씨에게도 고마움을 전한다.

연구년 기간 동안 내내 도서관에서만 보내야 했던 나를 지지해주고 기다
려주고, 같이 도서관에서 연구년 기간을 보내주었던 남편에게 감사함을 표
하고 싶다. 인생의 길의 동반자로서 그리고 같은 연구자로서 나의 변덕스러
움과 기복이 심한 감정적 변화를 다독여주고 감싸주었다. 때로는 내가 지칠
때 할 수 있다 격려해주면서 연구를 마칠 수 있도록 도와준 남편이 늘 든든
하고 고마웠다고 이 자리를 빌어서 말하고 싶다.

끝으로 바쁜 출판 일정 속에서도 책 출판을 흔쾌히 승낙해주시고 또 편집
과 출판 관련 여러 조언을 해주신 도서출판 오름의 부성옥 대표께도 감사의
말을 전한다.

2016년 5월
김민정

차 례

『르 몽드』에 나타난 한국의 이미지 _59

Contents

서론

서장 서론

       한 국가에 대해 다른 국가에서 가지고 있는 이미지는 해당 국가가 원하는 대로, 혹은 해당 국가의 있는 그대로의 모습으로 형성되는 것은 아니다. 교통통신이 발달되지 않아 다른 국가의 정보를 쉽게 얻을 수 없을 때에는 더욱 그러했겠지만 오늘날과 같이 교통통신이 발달한 시대에도 그 사실은 정도의 차이는 있지만 크게 다르지는 않다. 왜냐하면 일반적으로 언론매체에서 외국에 대해 보도할 때, 보도의 기본적인 입장은 자국 이익의 보호 및 증진이기 때문에 국내 뉴스보다는 외국 관련 뉴스에서 더욱 자국 정부의 이념이나 정책을 따라가는 경향을 보인다. 또한 국제 뉴스는 자국의 입장에서 선별되어지거나 혹은 해석되어져서 보도되기 때문에 외국에 관한 뉴스는 해당 국가의 모습을 있는 그대로 보여주는 것은 아니다. 더구나 언론매체 특히 여론 형성 및 주도에 있어서 일간신문의 역할을 생각할 때 일간신문의 외국 관련 기사는 그 국가에서 해당 국가의 이미지를 형성하는 데 결정적인 역할을 한다고 해도 과언은 아니다. 물론 없는 사건이 조작되어 실리거나, 없는 이미지가 창출되는 것은 아니다. 하지만 여러 가지 다양한 사건 가운데 특정 사건을 보도하고, 그 사건이 신문기사에서 기술되어지는 방식에는 이미 그 국가에서 해당 국가의 이미지를 가지고 있고 그것이 기사의 기술에서 보여지는대로 구체화시키게 되는 역할을 하게 된다. 그래서 뉴스는 철저하게 객관적일 수 없으며 있는 세계를 그대로 반영하는 거울이 아니고 기자에 의해서 형성된 창(window)이라고 할 수 있다. 이런 점에서 외국 일간신문에서 한국의 어떤 사건에 특별히 관심을 가지고 보도하였는지, 그리고 어떻게 보도하였는지, 어떤 문제들이 많이 보도되었는지 하는 것은 해당 국가에서 한국의 이미지가 어떻게 형성되는지에 절대적으로 중요한 영향을 미친다. 그런데 이러한 기사들이 왜 그렇게 보도되었는지를 이해하기 위해서는 그 기사를 누가 작성하였고 누구를 통해서 정보를 얻었는지 하는 것이 한국의 입장에서 상당히 중요한 문제이다.

오늘날과 같이 인터넷을 통한 다양한 정보매체가 발달하고 신문과 같은 일방적인 전달이 아니라 쌍방 간의 소통을 통한 정보매체가 널리 퍼져 있는 시대에는 일간신문의 여론 형성 및 여론 주도의 역할을 과소평가하는 경향이 있다. 과거에 신문이 배타적으로 정보전달의 기능을 하던 시대에 비해서 오늘날 일간신문의 역할이 축소되었을지는 모르지만 일간신문이 가지는 신뢰성, 많은 독자들에게 널리 읽히는 유포성 등에 있어서 그 중요성을 간과하기는 어렵다. 또한 2000년을 지나면서 일간신문들의 디지털화가 진행되면서 주요 일간신문들은 기록으로서 중요한 의미를 가지고 있다. 따라서 외국의 주요 일간신문들에 있어서 한국이 어떻게 다루어지고 있으며 어떤 내용들이 보도되어 왔는지를 이해함으로써 외국에서의 한국의 이미지를 살펴보는 것은 한국의 국익에 중요한 영향을 미친다.

1980년대 말 처음 외국에 공부하러 갔을 때 외국인들은 한국을 한국전쟁의 나라로 기억하고 있었고, 이어서는 1980년대 혼란과 무질서의 학생데모의 나라로 알고 있었다. 1980년대 한국은 격동의 시기를 보내고 있었는데도 불구하고 왜 외국에서는 한국을 여전히 한국전쟁의 나라로 기억하고 있고, 1970년대 급속한 경제성장과 더불어 상당히 변화된 모습이 많음에도 불구하고 여전히 전쟁 이후의 폐허의 모습으로 한국을 생각하고 있던 것이 상당히 의아했었다. 일간지를 통해서 한 국가의 이미지가 한번 형성되면 그것은 쉽게 변화되지 않으며 그 사회의 깊숙한 곳에 자리 잡고 있어서 끊임없이 재생산되는 것이 아닌가 하는 생각을 하게 되었다. 1990년대 한국에 돌아온 뒤 한국을 방문하는 외국인들을 만날 때마다 그들이 하는 이야기는 "한국을 조용한 아침의 나라로 알고 있었는데 사실은 아니다. 한국은 상당히 역동적인 나라다"라는 것이다. 한국은 오랫동안 '은둔의 왕국'으로 외국에 소개되었고 이미지는 '조용한 아침의 나라'였다. 이러한 이미지가 이미 한국을 방문하기 전에 혹은 한국에 관한 기사를 쓰기 전에 외국 기자들의 머릿속에 들어 있었고, 이것이 그들의 기사 속에 자연스럽게 스며 있어서 그것을 읽은 외국인들은 한국을 그렇게 형상화했던 것이다. 이런 사실들을 볼 때 좀 더 면밀하게 외국신문들은 1945년 이후부터 한국에 관해서 어떻게 보도했는지 알아볼 필요가 있다.

특히 프랑스는 한국과 오래된 외교관계를 가지고 있는 국가로서 한국과 프랑스관계는 2016년 외교관계수립 130년을 맞이하였다. 한국에는 미국이나 일본, 중국과 같은 주변 국가들에서의 한국에 관한 이미지는 비교적 자주 소개되고 있지만 프랑스는 지리적으로 멀어서인지 오래된 관계라는 것에 비해서 비교적 잘 알려지지 않은 점이 많이 있다. 그러나 프랑스는 유럽의 중심 국가로서 현재 28개국이 회원국가인 유럽연합의 중요한 한 축을 형성하고 있는 국가이다. 여러 국제 문제에 있어서 프랑스의 입장은 세계인들이 관심을 가지고 보고 있는 국가이다. 또한 프랑스의 일간지는 그 역사가 오래되었고 전 세계적으로 많이 읽히고 있다. 특히 『르 몽드(Le Monde)』는 전 세계적으로 외국에서 가장 많이 읽히는 신문 가운데 하나이다. 최근에는 프랑스 밖 발행부수는 많이 줄어서 26,000부에 그치고 있지만, 2000년까지는 매일 프랑스 밖에서 4만 부가 읽히고 있었던 중요 국제신문이다.[1] 르

---

1) 르 몽드는 2000년이 지나면서 디지털화에 집중하였고 인터넷판에 많은 투자를 하고

몽드에서 한국에 관하여 어떤 시각으로 기사를 실어왔는지 하는 것은 프랑스뿐만 아니라 세계에서 한국의 이미지를 형성하는 데 중요한 영향을 미쳐왔다고 할 수 있다. 프랑스 일간지에서 한국에 대해서 어떻게 다루고 있는지를 우리가 살펴보는 것은 우리나라를 보는 외국의 시각을 이해하는 데 큰 도움이 될 것이다. 이러한 점에서 이 책은 프랑스 일간신문에서 한국에 관한 보도가 주로 어떠한 내용인지, 그 내용에 관한 정보는 어떻게 획득되었고 누가 작성하였는지 등을 분석하면서 한국에 관한 이미지 및 논조는 어떠한지에 대해서 분석하였다.

본 연구는 프랑스의 2대 일간지인 『르 몽드(*Le Monde*)』와 『르 피가로(*Le Figaro*)』를 대상으로 하여 한국이 1945년 독립하여 국제질서에서 행위자로 활동하게 된 시기부터 최근인 2014년 5월까지의 기사를 분석하였다.

이를 위해서 르 몽드는 인터넷판을 대상으로 하여 "Corée du Sud", "Séoul"의 검색어를 넣고 검색하여서 단순한 언급 ― 예를 들어 인도네시아의 무역수출이 늘었는데 그중 한국이 몇 위를 차지하였다는 등의 언급과 같은 기사 ― 은 제외하고 한국에 관하여 어느 정도의 해설을 덧붙인 기사를 검색하여서 분석하였다. 르 피가로의 경우에는 1945~2014년 5월까지를 대상으로 한 것은 르 몽드와 마찬가지이지만, 르 피가로 기사의 디지털화는 1997년부터 되어 있기 때문에 1997년 이후의 기사는 인터넷판 르 피가로를 통해서 검색하였다. 그리고 1946~1996년의 기사는 파리 미테랑 도서관에서 마이크로필름을 통하여 전 기사를 읽으면서 "Corée du Sud"와 "Séoul"의 단어가 들어 있는 기사를 대상으로 분석하였다. 이렇게 하여 르 몽드의 경우에는 총 3,186건의 유의미한 기사를 분석하였고 르 피가로의 경우에는 1,873건의 기사를 찾아서 분석하였다.

분석은 정량적 분석과 정성적 분석을 동시에 진행하였는데 정량적 분석은 르 몽드와 르 피가로에 실린 한국 관련 기사들의 분야, 기사 작성 출처, 기사

있어서 종이신문의 발행부수는 프랑스 국내뿐만 아니라 외국에서도 많이 줄고 있다.

소스 출처, 정보원, 기사 유형 그리고 한국의 국가 이미지의 긍정적 혹은
부정적 이미지, 기사의 논조를 분석하였다. 국가 이미지는 기사 자체에서도
파악할 수 있지만 그 기사를 통하여 독자들이 한국에 관하여 긍정적·부정적
인 이미지를 가지게 될 경우도 분석하였다. 국가 이미지와 논조는 유사하지
만 국가 이미지는 기사에서 드러난 이미지가 주로 분석되었다면 논조는 기
자의 시각이 주로 분석이 되었다. 이와 더불어 기사 내용분석을 통한 질적
인 분석을 병행하였다. 정성적인 분석에서는 연구범위의 시기를 7시기로 나누
어서 1945~1955, 1956~1965, 1966~1975, 1976~1985, 1986~1995, 1996~
2005, 2006~2014로 하여 각 시기별 한국의 이미지를 볼 수 있는 주요 기사
들의 내용을 분석하여 한국의 이미지를 찾고 프랑스 언론이 한국에 대해서
어떻게 보도하는지에 초점을 맞추어 분석하였다.

정량적 분석을 위해서 위의 내용을 엑셀파일에 코딩화하여 분석화하였
다. 코딩 내용은 다음과 같다.

언론사	① 르 몽드				② 르 피가로		
분야	① 정치	② 경제	③ 사회	④ 문화	⑤ 과학	⑥ 스포츠	⑦ 기타
기사 작성 출처	① 기자	② Reuter	③ UPI	④ AFP	⑤ AP	⑥ Bloomberg	⑦ 기타
기사 소스 출처	① 서울		② 서울 외 지역	③ 타 국가		④ 국제기구	⑤ 기타
정보원	① 정부/ 관료	② 정치인	③ 국제기관	④ 경제단체/ 연구소	⑤ 학계	⑥ 익명	⑦ 기타
기사 유형	① 스트레이트 (일반기사)	② 사설/ 칼럼	③ 기획/분석/ 해설기사	④ 인터뷰 기사	⑤ 단신 (흥미위주)	⑥ 기타	
주제 1) 정치	① 대통령 (전현직, 영부인)	② 정부, 정치인 (정당)	③ 부패 (뇌물)	④ 남북관계 (통일, 긴장, 훈련, 충돌, 탈북자, 한국전쟁)	⑤ 핵 등 무기 / ⑥ 외교 (정상 회담, APEC)	⑦ 외교 분쟁 (북한 외 타국, 테러) / ⑧ 선거	⑨ 정치 일반 (온라인 민주주의, 정치 민주화, 시민사회, 신자유 주의)

주제 2) 경제	① 국내외경제 (외국과의 경제관계, 한국 경제/경제성장)	② 한국 기업	③ 파업(노사갈등)	④ 구조조정

주제 3) 사회	① 사건/사고	② 사회적 갈등	③ 인권 (복지, 여성, 표현의 자유)	④ 환경	⑤ 교육	⑥ 인터넷 (온라인게임, 인터넷실명제, SNS, Google, 개인정보유출)

주제 4) 문화	① 문화/예술	② 전통	③ 종교	④ 관광	⑤ 기타

주제 5) 과학	① 기술/과학		② 건강	

논조	① 부정적	② 중립적	③ 긍정적

국가 이미지	① 부정/비판	② 중립/모호	③ 긍정/우호

코딩쉬트는 다음과 같다.

분야	기사 작성 출처	기사 소스 출처	정보원	기사 유형	주제 1 정치	주제 2 경제	주제 3 사회	주제 4 문화	주제 5 과학	주제 6 기타	논조	주요 수식어	국가 이미지

프랑스 언론에 나타난 한국:
갈등과 통합의 국가 이미지

제1장 프랑스 언론에 나타난 한국: 갈등과 통합의 국가 이미지

I. 『르 몽드』와 『르 피가로』 선택 이유 및 유사한 다른 연구와의 차별성

프랑스의 일간지는 중앙지와 지방지로 나뉘어지는데 프랑스는 유럽의 다른 국가들과 마찬가지로 중앙지보다 지방지가 발달되어 있다. 프랑스 최대의 일간지는 프랑스 서부 지방 즉 브레타뉴, 노르망디, 로아르지방에서 발간되는 『웨스트 프랑스(*Ouest France*)』로서 80만 부를 발행한다. 이 신문은 세계적으로도 불어권에서 가장 많이 읽히는 신문이다. 르 몽드는 전국지이며 정론지로서 사회적인 영향력이 가장 큰 신문이다(최연구 2003, 25). 전체 구독자 수에 있어서는 『파리지앵(*Le Parisien*)』과 『프랑스의 오늘(*Aujourd'hui en France*)』에 미치지 못하여 3위에 그치고 있지만, 가계 소득이 높은 독자만을 대상으로 한 조사에서는 부동의 1위를 차지하고 있다.[1] 그만큼 사회의 여론 지배층에 영향력이 큰 신문이 르 몽드라고

할 수 있다. 그러나 최근에는 발행부수의 하락을 보이고 있다. 르 몽드는 2014년 기준 발행부수는 274,887부로서 2013년 대비 2.48%의 하락을 보이고 있다.[2]

또 다른 전국지이며 정론지인 르 피가로는 317,614부 발행으로 전년 대비 0.28%의 하락을 보여서 르 몽드에 비해 약간 많은 발행부수와 전년도 대비 큰 하락은 보이지 않고 있다. 르 몽드는 1975년 425,000부 발행으로 정점을 찍고 이후 지속적으로 하락추세에 놓여 있다. 반면 르 피가로의 경우에는 1975년 정점이었던 382,000부로부터 하락추세이기는 하지만 르 몽드에 비해서는 그 하락세가 비교적 완만한 편이다. 한편 르 몽드의 경우에는 디지털 버전의 성장이 빠르게 진행되고 있으며 전체 발행부수 가운데 10%는 디지털 판매부수이다.[3] 르 몽드와 르 피가로는 프랑스 전국지 가운데 정론지로서 가장 발행부수가 많은 신문들이다.

〈표 1〉에서 보듯이 프랑스 종이 신문들의 하락세는 최근에 들어오면서 뚜렷하다(Albert·Sonnac 2014, 57). 종이 시장의 하락과 더불어 프랑스의 신문들은 1985년부터 국제시장을 직접적으로 공략하기 시작했고, 2000년대에 들어오면서 인터넷판으로의 전환을 시도하고 있다. 이러한 경향은 특히 르 몽드의 경우에 활발히 전개되어서 다른 정론지들과 비교하여 비교적 감소가 빠르게 나타나고 있다. 그렇지만 국제적인 시장개척과 인터넷신문으로 전환했기 때문으로 발행부수가 줄고, 그런 이유로 신문의 영향력이 감소했다고는 볼 수 없다. 오히려 인터넷판의 보급을 통해서 그 신문의 영향력은 국제적으로 확대되었으면 확대되었지 결코 줄어들지 않았다.

---

1) http://dadoc.or.kr/536(검색일: 2016.4.13).

2) http://www.ojd.com/Chiffres/La-Presse/La-Presse-Payante/Presse-Quotidienne-Nationale(검색일: 2014.11.22).

3) http://www.mediagaon.or.kr/common/jsp/download.jsp%3Fpath%3DMediaPdsDetail%26fileName%3DAZPTJVLUDCYKPZP.pdf%26filerName%3D108-110.pdf&rct=j&frm=1&q=&esrc=s&sa=U&ei=vfdyVPD-DcW78gXh3IGQCQ&ved=0CBwQFjAC&usg=AFQjCNHQavqNF63sE7dfSB0kVnjx1h3mjg(검색일: 2014.11.22).

〈표 1〉 프랑스 전국지 신문들의 발행부수 비교

	신문의 성격	발행부수	전년 대비 증감
Le Figaro	정론지	317,614	-0.28%
Le Monde	정론지	274,887	-2.48%
L'Equippe	스포츠 전문지	230,966	-12.65%
Les echos	경제 전문지	124,422	1.86%
Libération	정론지	96,780	-10.98%
La Croix	가톨릭계 신문	93,668	-1.15%

출처: http://www.ojd.com/Chiffres/La-Presse/La-Presse-Payante/Presse-Quotidienne-Nationale
(검색일: 2014.11.22)

    프랑스 신문들은 비교적 정치 성향이 뚜렷하다. 르 피가로는 우파지로서 프랑스 현존하는 신문 가운데 가장 오래된 신문이다. 1826년에 창간되었는데 창간 당시에는 관사 없이 『피가로』였고 일주일에 두 번 발간되었다.[4] 1854년 이뽈리트 드 빌메상(Hippolyte de Villemessant)이 신문을 인수하면서 1866년 전국적인 일간지로 바뀌었다. 주간지로 창간된 피가로는 창간 당시 연극계의 거장이었던 보마르셰(Beaumarchais)를 표지에 등장시켰는데 그는 모차르트 오페라 '피가로의 결혼'의 원작자여서 신문 제호도 그 이름을 따서 피가로라고 붙이게 되었다. 발자크, 기 드 모파상, 에밀 졸라, 조르쥬 상드, 콜레트, 장콕토, 폴 발레리, 프랑수아 모리악, 폴 클로델, 마르셀 프루스트 등 프랑스 문학사에서 큰 발자취를 남긴 문인들이 피가로의 기고자로 활동하였다.

    르 피가로는 편집의 독립성에 대해서 문제가 제기되고 있다. 2004년부터 프랑스 주요 군수기업 중 하나인 다소(Dassault)그룹의 세르쥐 다소(Serge

---

[4] 현재의 정식명칭은 *Le Figaro*이다. 일반적으로 "피가로" 혹은 "르 피가로"로 혼용되기도 하지만 이 책에서는 르 피가로로 지칭하였다.

Dassault)가 운영하고 있는데 그는 대중운동연합(Union pour un mouve-ment populaire) 소속의 상원의원인 정치인이다. 그는 한 인터뷰에서 "신문은 건강한 아이디어를 발전시켜야 한다. 좌파 아이디어는 건강하지 못한 아이디어다"[5]라고 말했다. 이러한 사실들을 볼 때 르 피가로는 확실히 중도우파 정당인 UMP 정당과 밀접한 관련이 있다고 할 수 있다. 이러한 사실 때문에 2012년 신문기자 총회에서 르 피가로가 '정부 여당의 소식지'가 되었음을 비판하는 동의안을 채택하기도 하였다.

르 몽드는 2차 세계대전 당시 나치 정부에 동조적이었던 신문들이 종전 이후 잇따라 폐간되던 1944년에 창간되었다. 르 몽드는 신문의 제호에서도 드러나듯이 세계 각지의 통신원 조직을 바탕으로 창간부터 국제 뉴스에 많은 관심을 보여왔다. 또한 르 몽드는 창간부터 독립성과 독창성을 갖기 위해서 노력하였다. 창간 당시 르 몽드는 드골 정부로부터 자본금 100만 프랑을 대여받았는데 창간 5개월도 채 못 되어 그 부채를 모두 청산하고 정부로부터 독립하였다.[6] 초창기의 편집진에는 폐간되었던 『르탕(*Le Temps*)』의 편집진이 많이 포함되었고 이후에는 레지스탕스 출신으로 추방되었다가 귀국한 사람이나 나치 정권하에서 정치범으로 수감되었다가 출감한 사람 등이 참여하면서 권력에 대한 독립과 불의에 대한 저항을 표방하는 언론으로 자리매김하였다(최연구 2003, 49).

르 몽드는 국제적으로 신뢰받는 신문이 되었으며 창간 때부터 추구했던 정치권력으로부터 자유로운 독립적인 신문으로서의 위치를 구축하고 있다. 2000년대에 들어서면서 심각한 재정난에 시달려온 르 몽드는 피가스-니엘-베르제 컨소시엄에 의해 인수되었다. 이 컨소시엄이 인수에 성공할 수 있었던 것은 편집권의 독립을 보장한다고 약속하였기 때문이었다. 르 몽드는

---

5) Le Monde(2004.12.12).

6) 해방 이후 외국에도 신뢰받는 프랑스의 정론지를 원했던 정부의 지원을 받아 창간되었지만 정부로부터 독립하기 위해서 부채를 빨리 청산하였다(www.france.co.kr/culturel/lemonde.htm, 검색일: 2014.11.22).

AFP와 더불어 기자의 권한이 가장 강한 신문으로 르 몽드 기자협회가 30% 정도의 지분을 가지고 있는 최대주주이며 기자협회는 회사경영이나 조직 구성에도 참여할 수 있을 정도로 기자의 자율성이 강하다(이기라 2012, 34).

프랑스는 좌우의 정치적 성향이 신문에 남아 있는 국가이다. 공산당 기관지인 『뤼마니테(*L'Humanité*)』가 39,000부 정도가 발간되고 상당수가 신문 가판대에서 팔리고 있을 정도로 신문의 정치적 성향에 대해서 인정하고 있는 국가이다. 공무원 파업이나 노조의 파업 시에 르 피가로는 노조를 공격하고 르 몽드는 기업-노조-정부에 균등한 목소리를 갖도록 배려하는 듯이 보인다. 선거 시에 르 몽드는 사회당의 입장에서 보도를 많이 하고 르 피가로는 우파 입장에서 보도를 많이 한다.

이러한 프랑스 일간지의 지형도를 바탕으로 전국지이면서 정론지로서 가장 많은 발행부수를 가지고 있으며, 좌우의 정치적 성향을 대표하기 때문에 르 몽드와 르 피가로를 분석의 대상으로 선정하였다.

프랑스 언론에 나타난 한국의 이미지에 관한 연구는 많지 않다. 이 연구 이전에 몇몇 연구가 있었다.

사실 프랑스 언론에 나타난 한국에 대한 기존의 연구가 많지가 않아서 위에 나타난 연구들이 전부이다. 한국언론연구원에서는 2권의 연구보고서를 통하여 1991년과 1992년에 일본, 독일, 프랑스, 미국, 영국의 대표 일간지들에 나타난 한국 관련 기사를 소개하였다. 이 연구보고서에서는 단순히 기사 건수만을 분석하여서 각 신문에서 한 해 동안 한국 관련 기사를 몇 편 보도하였는가만을 분석하였다. 지나치게 단순한 분석이었고 그것도 두 해에 그치고 있어서 아쉬움이 많이 남는다.

두 번째 연구는 에릭 비데(Eric Bidet)의 단행본이다. *La Corée: Deux systèmes et un pays*(한국: 두 체제 한 국가)는 〈르몽드출판사〉에서 출판된 책으로 르 몽드 기사만을 분석한 것은 아니지만 1998년까지의 르 몽드 기사와 르 몽드 디플로마티크 이외의 한국 관련 자료들을 통하여 한국의 정치, 경제, 사회, 남북관계에 대해서 정리해놓았다. 한국의 문화, 역사에

〈표 2〉 프랑스 언론에 나타난 한국에 관한 기존 연구

저자	연도	제목	내용
한국언론연구원	1991	외국신문의 한국 보도 -아사히, FAZ, 르 몽드, NYT, 더타임스	1991.1.1.~1991.12.31.을 대상으로 하여 르 몽드의 한국 기사 분석, 단순하게 편수만을 고려하였다.
한국언론연구원	1992	외국신문의 한국 보도	1992.1.1.~1992.12.31. 대상으로 르 몽드 한국 기사 분석, 단순하게 편수만 고려하였다.
Eric Bidet	1998	La Corée: Deux systèmes et un pays	르 몽드 기사만을 분석한 것은 아니지만 1998년까지의 르 몽드 기사와 르 몽드 디플로마티크 그 이외의 한국 관련 자료들을 통하여 한국의 정치, 경제, 사회, 남북관계에 대해서 정리해놓았다. 중간 중간 르 몽드와 르 몽드 디플로마티크 기사를 발췌해놓았다.
오정숙	2006	프랑스에서 한국의 문화 이미지, 문화 브랜드	2002~2006년 2000년대에 르 몽드는 한국 문화에 많은 관심을 보여서 영화, 문화유산, 스포츠(축구) 문학, 음악, 미술, 연극, 음식, 사회문화, 민족성 등에 관한 기사를 많이 게재하였다. 여기에 나타난 한국의 이미지는 예술성과 국제적 인지도 차원에서의 영화 강국 이미지, 오랜 역사를 가진 문화유산의 보유국, 스포츠를 축제로 승화시킨 열정의 국가, 대중문화 선도국의 이미지, 문화 변혁을 주도하는 문화 아이콘의 이미지로 나타났다.
최향란	2009	프랑스 일간지 르 몽드를 통해본 한국에 대한 인식	1986~1995년 정치 이미지: 민주화, 경제 이미지: 불평등한 부의 분배, 통일 논의의 세 부분으로 나누어 분석. 정치적으로 행정의 미숙함과 선거제도의 불투명성을 지적하면서 비판적인 시각을 견지하였고 경제적으로는 평등한 분배의 요구물결에 관심을 보였다. 이러한 시각은 전체적으로 권력의 눈이 아닌 일상 시민의 눈으로 변화상을 그려냈다고 할 수 있다.

황상재	2011	해외 주요국 주류 매스미디어에 반영된 한국 국가이미지 변화에 관한 연구	2001.1.1.~2010.12.31. 미국, 일본, 중국, 영국, 독일, 프랑스 주요 6개국의 주요 신문 14개를 대상으로 하여 10년 동안의 한국에 관한 기사를 수집하여서 한국의 국가 이미지를 비교하기 위한 내용 분석과 프레임 분석을 병행한 연구. 전반적인 한국에 대한 보도 경향과 남북정상회담, 연평도 포격 등 국제적으로 이슈화된 사건에 대한 보도를 집중적으로 분석하였다. 프레임 분석에서는 위에 언급된 주요사건들을 대상으로 시도하였다.
황상재, 최진우, 조용현	2012	유럽의 언론과 한국: 프랑스, 영국, 독일 언론에 나타난 한국의 이미지	2001.1.1.~2010.12.31. 프랑스 르 몽드와 르 피가로, 영국의 더타임스, BBC, 독일의 FAZ, 디벨트에 나타난 한국 기사를 분석하였다. 위의 황상재(2011) 보고서를 논문으로 축약한 것이다.

대한 설명과 더불어 이와 관련된 르 몽드의 기사, 르 몽드 디플로마티크의 기사를 발췌해서 실었고 르 몽드와 르 몽드 디플로마티크 이외의 다른 연구서들의 내용도 발췌하여서 소개하고 있다. 에릭 비데 교수는 프랑스 르망대학교 사회경제학 교수로 재직 중이며 한국외국어대학교 서양학부 교수를 역임한 한국 문제 전문가이다.

다음의 연구보고서는 황상재의 「해외 주요국 주류 매스미디어에 반영된 한국 국가이미지 변화에 관한 연구」이다. 이 보고서는 해외문화홍보원의 지원을 받아서 이루어진 2011년의 연구로서 프랑스 르 몽드와 르 피가로, 영국의 더타임스, BBC, 독일의 FAZ, 디벨트에 나타난 한국 기사를 2001.1~2010.12월까지 10년 기간 동안을 분석하였다. 정량적 분석과 더불어 2007년의 남북정상회담, 이명박 대통령 취임, 금융위기, 연평도 포격사건에 관한 프레임 분석을 통해서 각 신문의 시각을 비교하였다. 르 피가로는 정치, 경제, 문화 분야, 르 몽드는 사회와 스포츠 분야의 기사 비중이 높았던 것으로 나타났다. 정치 주제에서 르 몽드의 기사의 비중이 높았던 외교분쟁, 핵무기, 대통령 기사에서는 부정적·비판적 이미지가 많았고 사회 분야에서도 한국에 관한 부정적 이미지가 많았고 환경 주제에서는 긍정적이고 우호적이었던 것으로 분석되었다.

오정숙은 2002~2006년을 연구대상으로 하여서 프랑스에서의 한국 문화의 이미지를 르 몽드만을 대상으로 연구하였다. 이 시기 르 몽드에서는 한국 문화에 많은 관심을 보여서 영화, 문화유산, 스포츠(축구), 문학, 음악, 미술, 연극, 음식, 사회문화, 민족성 등에 관한 기사를 많이 게재하였고 여기에 나타난 한국의 이미지는 예술성과 국제적 인지도 차원에서의 영화강국 이미지, 오랜 역사를 가진 문화유산의 보유국, 스포츠를 축제로 승화시킨 열정의 국가, 대중문화 선도국의 이미지, 문화변혁을 주도하는 문화 아이콘의 이미지로 나타났다. 최향란은 1986~1995년의 10년간을 대상으로 하여서 르 몽드에 나타난 한국의 이미지를 연구하였다. 그는 정치 이미지로서는 민주화를, 경제 이미지로서는 불평등한 부의 분배를, 통일논의의 세 부분으로 나누어 분석하였다. 르 몽드에서는 한국에 대해서 정치적으로 행정의 미숙함과 선거제도의 불투명성을 지적하면서 비판적인 시각을 견지하였고, 경제적으로는 평등한 분배의 요구물결에 관심을 보였다. 이러한 시각은 전체적으로 권력의 눈이 아닌 일상 시민의 눈으로 변화상을 그려냈다고 분석하였다.

이들 연구는 일부 기간만을 대상으로 하거나 한 분야만을 대상으로 한 연구들이 전부였다. 때로는 10년의 기간을, 때로는 6년의 기간을, 그것도 아니면 1년만을 연구대상으로 하였고, 부분적으로 정치만을, 혹은 문화만을 대상으로 한 연구들이어서 전체적인 한국 관련 기사 전부를 연구대상으로 하지 않았다. 이런 점에서 본 책이 대한민국 정부 수립 이후 최근까지의 전 기간을 다룬 최초의 연구라고 할 수 있으며, 한 분야가 아닌 한국에 관한 기사 모두를 대상으로 하였다는 점에서 본 연구의 특징이 있다.

또한 본 책은 통계적 분석과 정성적 분석을 동시에 시도한 연구여서 통계적으로 어떤 분야의 기사가 가장 많으며 국가 이미지는 부정적인지 긍정적인지를 통계적으로 분석하면서, 동시에 1945년부터 2014년까지를 7시기로 나누어서 르 몽드와 르 피가로에서 한국을 어떻게 보고 있는지에 대한 기사 내용을 각 시기별로 분석하였다. 이 연구는 통계적으로 한국에 관한 기사가 얼마나 되는지, 논조나 국가 이미지는 어떠한지에 대해서 밝혀줌과 동시에 구체적으로 어떤 이미지로 한국을 표현하고 있는지도 같이 밝혀줄 것이다.

II. 프랑스 언론에 나타난 잘못된 내용

한국과 프랑스는 지리적으로 멀리 떨어져 있는 국가이기 때문에 그리고 1945년 한국의 해방 직후에는 한국이 국제 사회에서 독립된 행위자로 등장한 지 얼마 되지 않았기 때문에 프랑스 언론에서는 한국에 관하여 많은 정보가 없었던 것으로 보인다. 그래서 상당히 많은 오류들이 눈에 띈다. 전체 기사들 가운데 가장 많은 오류는 이름에 대한 오기이다. 대부분 사건의 초기 기사에서는 잘못된 이름명을 사용하다가 시간이 지나면서 제대로 이름이 쓰이고 있었다. 〈표 3〉에 예로 든 이승만의 경우 처음에는 잘못된 스펠링으로 사용되다 점차 제대로 된 철자가 쓰이고 있다. 그만큼 한국의 이름이 그들에게 생소하였던 것이다.

영화제목에 있어서도 오기가 발견되었는데 2013년 10월 15일 자 홍상수 감독 영화에 관한 기사에서는 홍 감독의 2000년 영화 '수정'이 'Sookung'으로 잘못 표기되었다. 프랑스에 영화를 배포한 회사의 잘못인지 아니면 오기인지는 정확히 알 수 없지만, 최근에 나타나는 이러한 오기는 얼마든지 피할 수 있는 것이었는데 그대로 인터넷판에 오른 것을 보면 한국에서 한국 관련 기사에 관하여 그만큼 치밀하게 모니터링이 이루어지지 않고 있다는 것을 반증한다.

두 번째 빈번한 잘못은 동해를 일본해로 표기하는 것이다.[7] 르 몽드의 모든 지도에는 일본해로 표기가 되어 있었다. 이는 기자들이 동해로 표기해서 송고를 하더라도 삽화가들이 신문에 집어넣을 때 일본해로 하는 경우가 대부분이고, 더러는 기존에 있는 지도를 가져다가 사용하면서 오기가 그대로 들어간 것이다.[8] 프랑스 주재 한국문화원 및 한국대사관에서 여러 차례 이에 대한 시정을 요구했지만, 르 몽드의 경우 삽화가들의 권한이 워낙 강하기 때문에 데스크에서 이를 강요할 수 없다는 답변만을 들었다고 한다.

대체로 한국에 관한 사실의 왜곡은 그다지 많이 발견되지 않고 사소한 실수들이 보여졌다. 이들 가운데 한국에 관하여 잘못된 사실이라면 2014년 5월 6일 자 기사 "김치" 기사에서 "비빔밥이 갈비를 넣고 비벼먹는다고" 기술하고 있지만, 일반적으로 불고기나 갈비를 넣고 비벼먹는 것이 아니라 간 소고기를 양념하여 요리한 이후 넣어 비벼먹는다. 2014년의 라면회사들의 가격담합에 관한 기사(2012.3.23)에서는 중국 상하이의 한 거리에서 국수를 파는 사진을 싣고 있었고, 2010년 12월 7일 자 구제역 걸린 소에 관한 기사에서는 영국의 농가에서 방역하는 사진을 싣고 있었다. 이러한 사소한 잘못들은 사실상 우리나라에서 모니터링만 정확하게 한다면 얼마든지 시정 가능한 것이어서 이에 대한 좀 더 지속적인 관심이 필요할 것이다.

다음으로 나타나는 오보들은 한국의 역사 및 문화에 관하여 정확하게 알지 못해서 나타나는 오류들이었다. 한 예로, 김구에 관한 기사에서 김구가 과거 명성황후를 시해한 일본인을 목졸라 죽였다고 기사에 쓰고 있는데 이는 사실이 아니다. 또한 동학이나 한국 문학에 대해서도 기자가 자세히 알지 못하고 기술한 부분들이 발견되었다. 혹은 논란의 소지가 있는 부분에 대해 기자의 개인적인 판단을 적어놓은 것도 눈에 띈다. 르 피가로에서는 금강산의 어원에 대해서 잘못된 정보를 제공하고 있다.

---

7) 한 예로, 2010년 8월 8일 우리나라 선박이 동해에서 북한에 잡혔다는 기사에서는 한국에 관한 기사임에도 동해 대신 일본해(Mer du Japon)라는 표현을 쓰고 있다.
8) 프랑스 주재 한국문화원장 이종수와의 인터뷰 내용 중(2015.5.19).

〈표 3〉 한국에 관하여 잘못 게재된 기사

날짜	기사제목	
르 몽드 (1945.12.22)	한국은 독립을 원한다	이승만 이름 오기 → SygMan Rhee 이름에 대한 오기들이 많이 발견됨. 아마 일본신문에서 나타난 것을 불어로 표기한 듯함.
르 몽드 (1949.6.28)	대통령의 정치적 라이벌 김구 서울에서 암살	명성왕후를 살해한 일본인을 복수하기 위해서 목졸라 죽였다 → 명성왕후를 살해한 일본인들 에게 복수하기 위해서는 맞지만 살해한 일본인 을 죽인 것이 아니라, 일본 밀정 스치다 조스케 를 목졸라 죽임.
르 몽드 (1980.1.22)	전통 구조의 파열	일본식민지배와 더불어 민족의식이 고양되면 서 한글로 이루어진 문학이 나옴 → 이미 16세 기부터 한글문학이 많이 나왔음. 일본식민지배 와 아무런 관련이 없다.
		일본식민지배와 더불어 동학과 같은 권력에 저 항적인 민중운동 등장 → 일본 식민지배와 아 무 관련이 없이 서구 열강의 동아시아 침략 및 정권의 무능, 백성도탄 때문에 동학이 등장함. 동학과 같은 민중운동은 대부분 구체제 말기에 발생하는 중요한 현상으로 전 세계 지역의 보 편적 현상임.
		동학은 유교의 반계몽주의와는 관련이 없고 민 중 중심의 체제 개혁운동. 지식인 운동의 시초 가 되었다도 잘못된 내용. 동학과 지식인은 관 련이 없고 오히려 농민운동이었음. 18세기도 아님.
르 몽드 (1986.4.14)	성장의 배경, 과거	일본은 19세기 말 좋은 것을 택했고 한국은 잘 못된 것을 택했다(쇄국정책) → 기자의 주관적 인 판단.
		고려시대 아시아에는 중국제국이 있었고 일본이 활발하게 활동했다 → 고려 역시 말기의 무신정 권 이전에는 아시아에서 활발하게 활동했다.
르 몽드 (1995.12.8)		전두환 대통령 시기 1980~1988 → 1982~1987

르 몽드 (2000.4.24)	판문점의 철조망	38도선에서 DMZ가 형성되어 있다 → 휴전선에 DMZ가 형성되어 있다.
르 피가로 (2006.10.13)	한국: 남한 대북정책이 강경해지다	금강산의 뜻은 Mont d'Or(금의 산) → 금강산의 뜻은 산스크리트어로 번개와 다이아몬드 산이라는 뜻.
르 몽드 (2006.12.26)	한국의 이미지 모색	200만 명이 죽은 한국전 → 사상자 200만 명으로 해야 맞음. 사망자(실종 포함) 100만 명, 부상자 94만 명이다.
르 몽드 (2010.8.8)	북한에 납포된 한국어선	동해를 일본해로 표기함.
르 몽드 (2010.12.7)	구제역 걸린 소	방역하고 있는 영국 농가 사진 게재.
르 몽드 (2012.3.23)	남한: 라면회사의 가격담합	중국 상하이 사진 게재.
르 몽드 (2014.5.6)	김치	비빔밥에 갈비를 넣어 비빈다는 오류.

III. 프랑스 언론에 나타난 한국: 통계 분석

1. 기사 수의 변화

르 몽드와 르 피가로에 게재된 한국 관련 기사는 모두 5,059건이 검색되었고, 이 중 르 몽드는 3,186건의 기사가, 르 피가로에는 1,873건의 기사가 검색되었다. 즉, 르 피가로보다 르 몽드에서 2배 이상의 많은 기사가 검색된 것이다. 국제적인 뉴스에 관심을 많이 쏟는 르 몽드의 특징이 한국 관련 기사 수에서도 드러난다. 르 몽드의 경우에는 평균 매년 50건의 한국 관련 기사가, 르 피가로에는 20건 정도의 기사가 실렸다. 수적으로는 절대로 많다고 할 수 없는 숫자이지만, 양적으로는 길게는 전면을 다 차지하는 기사도 있고 인터넷판으로 보면 7~8페이지에 달하는 분석기사도 있어서 상당히 많은 양의 내용이 독자들에게 전달되었다고 할 수 있다. 한국 관련 기사는 많은 경우가 단신이었지만 분석기사가 보도된 경우에는 상당히 많은 양의 심층적인 보도가 이루어지고 있었다.

시기별로 보면 전체적으로는 르 몽드가 르 피가로보다 한국 문제에 대한 기사 수가 많지만 최근 7기(2006~2014)에는 르 피가로의 기사 수가 월등히 많은 것으로 나타난다. 7기에는 르 몽드가 총 412건의 한국 관련 기사를 내고 있는 데 비해 르 피가로에서는 711건의 기사를 내고 있어서 거의 2배 가까운 많은 기사가 나오고 있다. 이 시기 르 피가로의 한국 관련 기사가 많은 것은 남북관계 관련 기사가 많기 때문인데 이 시기의 전체 기사 수 711건 중에서 40%를 차지하는 296건이 남북관계 관련 기사로, 2008년 북핵 위기를 전후하여 많은 남북관계 관련 기사가 나타났다. 르 피가로의 주 독자층이 프랑스 기업 관련자들인 것을 상기한다면, 2008년을 전후하여 한국의 북핵 위기로 인한 한국 정치의 불안정과 이에 따른 경제상황에 대해서 르 피가로가 민감하게 보도하고 있음을 알 수 있다.

1기에 한국 관련 기사가 2, 3기에 비해서 많은 것은 한국전쟁 관련 많은 기사들이 송고되었기 때문이다. 프랑스는 한국전쟁에 유엔군의 깃발 아래 군대를 파견하고 참전한 국가 중 하나이다. 전투병력 지원 16개국 중에서 프랑스는 3,481명을 파견하였다. 이 중에서 최종 262명이 사망한 국가로서 자국의 병사가 참전하고 있는 한국전에 관심이 많았기 때문에 상당히 자세하게 전쟁상황을 소개하고 있었다. 전체 시기 가운데 르 몽드에서는 이 1기의 기사가 4, 5기의 기사 수준에 이를 정도로 상당히 많이 송고되고 있어서 프랑스인들의 한국전에 대한 큰 관심을 반영하고 있다. 이렇게 한국전쟁에 관하여 절대적으로 많은 기사는, 1980년대까지 프랑스의 장년층에서 한국을 전쟁의 나라로 기억하고 있는 것과 밀접한 관련이 있다.

2, 3기에는 르 몽드, 르 피가로 모두 한국에 대해서 급속히 관심이 떨어지고 있다. 이 시기는 1954년 제네바협상을 전후하여 인도차이나 문제에 프랑

스가 관심을 집중하고 있던 시기였기 때문에 아시아 관련 기사 가운데에는 당연히 인도차이나 문제가 가장 많이 송고되었고 한국에 대해서는 거의 관심이 없던 시기라고 할 수 있다. 특히 한국은 한국전 휴전 이후 이승만 정권의 권위주의와 이어서 군사쿠데타 이후의 박정희 군사정권의 장기집권 시기였기 때문에 특별한 분석이 거의 없이 권위주의와 군사정권에 관한 문제가 대부분 기사의 내용으로 나온다.

4기(1976~1985)가 되면서 한국의 정치적 권위주의 관련 기사와 더불어 경제 관련 기사가 급속히 증가하고 있다. 1, 2, 3기에는 르 몽드에 한국 경제 관련 기사가 각 10년마다 4건, 4건, 9건밖에 실리지 않은 데 비해서 4기에 이르면 총 39건의 경제 관련 기사가 실렸다. 르 피가로에서는 아직까지 한국의 경제 문제에 대해서 그다지 많은 기사가 없었고 5기가 되면서 급증하고 있다.

5기(1986~1995)는 1988년 올림픽의 개최와 더불어 한국전 이후 세계의 이목이 한국에 다시 한번 집중된 시기로서 한국 정치, 경제, 사회에 대한 많은 기사들이 나왔다. 르 몽드는 이 시기가 전 과정을 거쳐서 한국 관련 기사가 가장 많이 송고된 시기이며, 이은 6기와 더불어 한국에 대해서 가장 많이 보도되던 시기이다. 올림픽 개최를 앞두고 한국의 발전상이 르 몽드와 르 피가로신문에 많이 나타났고 올림픽 기간 중에는 올림픽 관련 기사가 많이 보도되었다.

6기(1996~2005)는 1997년 금융위기로 IMF 구제 금융을 받아 한국 경제의 체질 변화가 나타나기 시작한 시기이다. 한국 경제의 특징을 재벌 중심의 "폐쇄적인" 것으로 이해하고 있다가 개방을 요구하는 외부의 요구에 대응하면서 국내시장의 구조도 변화하기 시작하는 시기로서 르 몽드 역시 많은 경제 관련 기사를 실었고 르 피가로의 경우에는 이 시기 경제 관련 기사가 정치 관련 기사의 수를 넘어서는 시기가 되었다. 또한 6기의 2002년 월드컵을 전후한 프랑스 신문들의 한국 보도는 프랑스가 축구의 강국이며 축구에 대한 관심이 높은 국가라는 점을 생각하면 놀라운 일은 아니다. 이 5기와

〈그림 1〉 한국 관련 기사 수의 변천

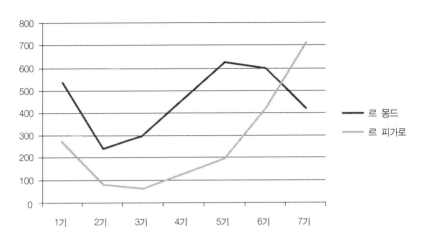

6기를 통해서 한국은 프랑스에 올림픽과 축구의 국가라는 중요한 이미지를 형성하게 되었다. 르 피가로는 6기에 한국 경제 관련 뉴스가 전체 이 시기 르 피가로 한국 관련 기사 수의 거의 과반수를 차지할 정도로 많이 보도되고 있어서 IMF 이후 한국 경제에 대한 프랑스 기업들의 관심을 읽을 수 있다.

7기(2006~2014.5)는 르 몽드의 경우 시기가 다른 시기에 비해서 짧기도 하지만 상대적으로 기사 수가 적은 시기이다. 반면 르 피가로는 6, 7기에 한국 관련 많은 기사를 내고 있다. 프랑스 기업들에게 한국은 중요한 투자 대상지이며 한국 시장에 대한 프랑스 기업들의 관심이 높아지고 있기 때문에 한국 경제에 대한 관심과 더불어 사회 문화 전반에 걸친 다양한 관심들이 기사로 나타나고 있다.

2. 분야별 기사 수의 변화

좀 더 자세히 시기별 주로 다룬 기사 내용을 보면 전체적으로 정치 관련

<표 4〉 시기별·분야별 한국 관련 기사의 변화

		정치	경제	사회	문화	과학	스포츠	기타	전체
르 몽드	1기	527	4	2	1	0	0	0	534
		98.7%	.7%	.4%	.2%	.0%	.0%	.0%	100.0%
	2기	231	4	5	4	0	0	0	244
		94.7%	1.6%	2.0%	1.6%	.0%	.0%	.0%	100.0%
	3기	271	9	13	7	0	0	0	300
		90.3%	3.0%	4.3%	2.3%	.0%	.0%	.0%	100.0%
	4기	350	39	33	35	0	5	0	462
		75.8%	8.4%	7.1%	7.6%	.0%	1.1%	.0%	100.0%
	5기	418	102	32	42	13	18	0	625
		66.9%	16.3%	5.1%	6.7%	2.1%	2.9%	.0%	100.0%
	6기	248	177	37	91	3	42	2	600
		41.3%	29.5%	6.2%	15.2%	.5%	7.0%	.3%	100.0%
	7기	148	111	67	50	31	14	0	421
		35.2%	26.4%	15.9%	11.9%	7.4%	3.3%	.0%	100.0%
	합계	2,193	446	189	230	47	79	2	3,186
		68.8%	14.0%	5.9%	7.2%	1.5%	2.5%	.1%	100.0%
르 피가로	1기	271	0	2	1	0	0		274
		98.9%	.0%	.7%	.4%	.0%	.0%		100.0%
	2기	66	2	15	2	0	0		85
		77.6%	2.4%	17.6%	2.4%	.0%	.0%		100.0%
	3기	52	2	8	0	0	0		62
		83.9%	3.2%	12.9%	.0%	.0%	.0%		100.0%
	4기	98	4	22	2	1	0		127
		77.2%	3.1%	17.3%	1.6%	.8%	.0%		100.0%
	5기	111	51	32	0	0	4		198

	56.1%	25.8%	16.2%	.0%	.0%	2.0%		100.0%
6기	165	188	8	30	9	16		416
	39.7%	45.2%	1.9%	7.2%	2.2%	3.8%		100.0%
7기	369	153	67	70	29	23		711
	51.9%	21.5%	9.4%	9.8%	4.1%	3.2%		100.0%
합계	1,132	400	154	105	39	43		1,873
	60.4%	21.4%	8.2%	5.6%	2.1%	2.3%		100.0%

기사가 가장 많다. 6기의 르 피가로에서 경제 관련 기사가 정치 관련 기사보다 많았던 것을 제외하면 모두 정치 관련 기사가 가장 많다.

시기별 기사 수의 변화에서 첫 번째로 우리가 알 수 있는 것은 정치 관련 기사가 가장 많다는 것이다. 두 번째는 5기를 지나면서 르 몽드는 정치 관련 기사가 줄어들고 있는 반면, 르 피가로는 정치 관련 기사가 늘어나고 있다는 점이다. 르 몽드가 전쟁 이후 정치 관련 기사의 절정에 달했던 5기에서 서서

〈그림 2〉 분야별 기사 수의 변화

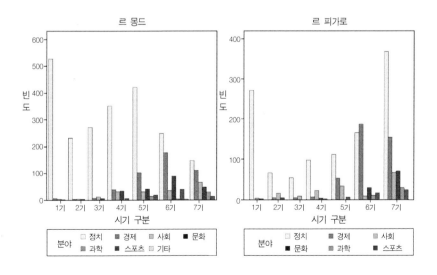

히 정치 관련 기사가 줄어들고 있는 것은 특히 정치 일반 부분이다. 정치일 반은 온라인민주주의, 정치민주화, 시민사회, 신자유주의 등의 내용을 코딩 한 부분으로 한국 정치의 특징과 같은 영역이다. 5기까지 주로 여기에 표시 된 기사는 군사정권의 권위주의적 속성에 관한 것이다. 5기에서 1987년 한 국 정치가 민주화하면서 노태우, 김영삼 정권을 지나 사실상 민주화된 '정상 적인' 민주국가에 대해서 르 몽드가 쓸 수 있는 기사는 다른 민주국가의 그 것들과 크게 다르지 않기 때문에 기사의 수가 줄어들고 있다고 해석할 수 있다. 반면 르 피가로에서 정치 관련 기사가 증가하고 있는 것은 남북관계 에 대한 기사가 지속적으로 증가하고 있기 때문으로 해석할 수 있다.

르 몽드에서는 한국 정치에 있어서 한국 정치의 특성이라고 할 수 있는 정치민주화, 시민사회, 신자유주의에 관하여 많은 기사를 쓰고 있는 반면 르 피가로는 같은 한국 정치 관련 기사라고 하더라도 남북관계에 더 많은 비중을 두고 보도하고 있다. 그렇기 때문에 북핵 문제가 중요 이슈로 떠오 른 최근에 르 피가로는 한국 정치 관련 기사를 많이 내고 있다고 할 수 있 다. 즉 정치에서 르 몽드는 물론 남북관계에 대한 지속적인 관심이 많고 정치 관련 기사 중 상당 부분을 차지하지만, 르 피가로와 비교하여 한국 민 주주의에 대해서 보다 많은 관심을 두고 분석하였다면 르 피가로의 경우에 는 남북관계에 보다 더 초점을 맞추고 있다고 할 수 있다.

〈표 5〉에서 보듯이 르 몽드, 르 피가로 모두 한국 정치에 있어서 남북관 계 기사가 다른 정치 관련 기사에 비해서 많지만 르 몽드의 경우 2기로부터 5기에 이르기까지는 상대적으로 남북관계 기사 수가 줄어들고 정치 일반 기사가 많았다. 7기에 오면 북핵 위기로 인한 남북관계 기사가 다시 많아지 고 있다. 반면 르 피가로의 경우에는 정치 일반 관련 기사는 상대적으로 전 시기를 통하여 미미한 수준에 그치고 있고 남북관계 기사가 지속적으로 많 이 나타나는 특징을 보여준다. 이를 통해서 두 신문의 관심 분야가 상당히 다름을 알 수 있다.

세 번째는 최근으로 오면서 문화 관련 기사의 수가 증가하고 있는 것이

〈표 5〉 정치 분야 기사 중 정치 일반과 남북관계 기사 수 변화:
르 몽드, 르 피가로 비교

		르 몽드		르 피가로	
		남북관계	정치 일반	남북관계	정치 일반
1기	기사 건수	367	75	168	2
	해당기 전체 기사 수 대비 비율	69.6%	14.2%	62.0%	.7%
2기	기사 건수	38	101	8	18
	해당기 전체 기사 수 대비 비율	16.5%	43.7%	12.1%	27.3%
3기	기사 건수	87	85	19	1
	해당기 전체 기사 수 대비 비율	32.1%	31.4%	36.5%	1.9%
4기	기사 건수	71	106	26	20
	해당기 전체 기사 수 대비 비율	20.3%	30.3%	26.5%	20.4%
5기	기사 건수	121	110	35	20
	해당기 전체 기사 수 대비 비율	28.9%	26.3%	31.5%	18.0%
6기	기사 건수	108	40	80	35
	해당기 전체 기사 수 대비 비율	43.5%	16.1%	48.5%	21.2%
7기	기사 건수	90	10	231	30
	해당기 전체 기사 수 대비 비율	60.8%	6.8%	62.6%	8.1%
합계	기사 건수	882	527	567	126
	해당기 전체 기사 수 대비 비율	40.2%	24.0%	50.1%	11.1%

다. 르 몽드는 3기(1966~1975)까지 한국 문화 관련 기사가 10년에 한 자리 숫자를 넘지 못하고 있다가, 4기(1976~1985)에 오면서 급증하여 35건이 되었다. 이어서 5기에는 42건, 6기에는 91건, 7기에는 50건의 문화 관련 기사

가 보도되었다. 르 피가로에서는 5기(1986~1995)까지 한국 문화 관련 기사는 거의 찾아볼 수 없다가 6기(1996~2005)가 되면서 갑자기 30건의 한국 문화 관련 기사가 나타나고 있다. 7기에도 70건의 한국 문화 관련 기사로 이 시기 전체 르 피가로 한국 기사 가운데 거의 10%에 해당하는 기사가 한국 문화 관련 기사였다. 르 몽드, 르 피가로 두 신문 모두 6기인 1990년대 중반 이후부터 한국 문화에 대한 많은 관심을 보이고 있음을 알 수 있다.

이 문화 관련 기사에는 한국의 전통문화(굿, 사물놀이, 고전무용, 사찰 등) 관련 기사가 많은 비중을 차지하고 있지만 전통문화에 그치지 않고 연극, 영화, 음악, K-Pop, 미술 관련 기사도 많이 싣고 있다. 특히 재불 한국인 재즈가수인 나윤선에 관하여 르 몽드는 큰 관심을 보이면서 두 차례 자세하게 나윤선에 대해서 다루고 있다. 르 피가로에서는 6, 7기에 한국 문화 관련 많은 기사를 내보냈는데 특히 7기의 2012년에는 유럽에서도 선풍적인 인기를 끌었던 싸이의 '강남스타일' 관련 많은 기사를 내보냈다. 총 13건의 싸이와 한국 K-Pop 관련 기사가 나왔다.

문화 관련 기사는 2000년을 지나면서 프랑스의 두 일간지 모두에서 큰 관심을 모으고 있다는 것과 더불어 한국 문화 관련 기사가 정치 기사나 경제 기사와는 달리 대체로 긍정적인 논조에 국가 이미지에 있어서도 상대적으로 긍정적으로 나타났다는 것으로 지적해야 할 것이다.

일반적으로 르 몽드와 르 피가로에서는 한국 정치 관련 기사에서는 한국 정치에 대해서 비판적인 태도로 보이고 있으며 한국의 국가 이미지에 있어서도 역시 상당히 부정적인 태도를 견지해왔다. 르 몽드에 실린 한국 정치 관련 기사 중 한국에 대해서 부정적 논조로 작성된 기사는 모두 513건으로, 긍정적 논조의 165건의 기사에 비해서 월등히 부정적 기사가 많았다.

한국 경제 관련 기사에서는 부정과 긍정이 얽혀 있어서 한국 경제의 급속한 발전 및 생산성에 대해서 상당히 긍정적인 태도를 보였지만 재벌과 정경 유착에 대해서는 부정적인 견해를 보였다. 부정적 기사는 86건이었고, 긍정적 기사는 79건으로 나타났다. 한국 사회에 대해서는 부정적인 기사는 62건이었고 긍정적인 한국 사회 기사는 8건에 그치고 있다. 그러나 문화 관련 기사에서는 정치, 경제, 사회 관련 기사와 상당히 다른 분포를 보이고 있다. 즉 29건의 기사만이 부정적인 논조를 보여주었고, 108건의 기사에서는 긍정적인 논조로 나타났다. 중립적인 95건의 보도보다도 긍정적인 문화 관련 보도가 많았다고 할 수 있다.

르 피가로에서도 정도의 차이는 있지만 르 몽드와 비슷한 양상을 보여준다. 다만 한국 정치 관련 기사에서 르 몽드가 상당히 부정적인 보도가 많았던 것과 달리 르 피가로에서는 대체로 중립적으로 보도하였지만 부정적 논조의 보도가 161건, 긍정적 논조의 보도가 118건으로 부정적 논조의 보도가 다소 많은 것으로 나타났다. 경제 분야 보도에서는 르 몽드와 마찬가지로 부정적인 보도가 86건, 긍정적인 보도가 64건으로 나타났다. 사회 관련 보

〈표 6〉 분야별 기사의 논조

(단위: 기사 수)

		정치	경제	사회	문화	과학	스포츠	기타	전체
르 몽드	부정적	513	86	62	29	7	10	0	707
	중립적	1,515	281	119	95	26	47	1	2,084
	긍정적	165	79	8	106	14	22	1	395
	전체	2,193	446	189	230	47	79	2	3,186
	평균값*	1.841	1.984	1.714	2.335	2.149	2.152	2.500	1.902
르 피가로	부정적	161	86	48	6	9	2		312
	중립적	853	250	96	44	24	34		1,301
	긍정적	118	64	10	55	6	7		260
	전체	1,132	400	154	105	39	43		1,873
	평균값	1.962	1.945	1.753	2.467	1.923	2.116		1.972

* 평균값은 부정적을 1, 중립적을 2, 긍정적을 3으로 하여 전체 기사 수로 나누었을 때의 평균값이다. 값이 2보다 작을수록 그 분야에 대한 기사들이 부정적인 논조를 가졌고, 평균값 2는 중립적인 논조를, 값이 2보다 클수록 긍정적인 논조라고 할 수 있다

도에서도 긍정적인 보도가 10건에 그친 반면, 부정적인 보도는 48건으로 긍정적인 보도보다 거의 5배 가까운 기사가 부정적인 논조를 보여주었다.

문화 관련 기사는 르 몽드와 마찬가지로 상당히 긍정적이어서 6건의 부정적인 기사를 제외하고는 55건이 긍정적, 44건이 중립적인 의견을 가지고 한국 문화를 보도하였다. 즉 〈표 6〉에서 보면 논조에 있어서 르 몽드, 르 피가로 모두 문화가 가장 긍정적인 논조로 보도가 된 것을 알 수 있고, 국가 이미지에서는 르 몽드에서는 역시 문화가, 르 피가로에서는 과학이 문화보다 더욱 긍정적인 국가 이미지나 문화 역시 정치나 사회에 비해서 훨씬 긍정적인 이미지로 보도되고 있음을 알 수 있다(〈표 7〉).

〈표 7〉 분야별 기사의 국가 이미지

(단위: 기사 수)

		정치	경제	사회	문화	과학	스포츠	기타	전체
르 몽드	부정적	608	86	73	28	3	9	0	807
	중립적	1,404	279	107	133	33	48	0	2,004
	긍정적	181	81	9	69	11	22	2	375
	전체	2,193	446	189	230	47	79	2	3,186
	평균값*	1.805	1.989	1.661	2.178	2.170	2.165	3.000	1.864
르 피가로	부정적	202	88	83	8	13	0		394
	중립적	779	223	62	52	11	32		1,159
	긍정적	151	89	9	45	15	11		320
	전체	1,132	400	154	105	39	43		1,873
	평균값	1.955	2.003	1.519	2.352	2.051	2.256		1.960

* 평균값은 논조의 경우에 마찬가지로 부정적을 1, 중립적을 2, 긍정적을 3으로 하여 전체 기사 수로 나누었을 때의 평균값이다. 값이 2보다 작을수록 그 분야에 대한 기사들이 한국의 국가 이미지에 대해서 부정적인 이미지를 가졌고 평균값 2는 중립적인 이미지를, 값이 2보다 클수록 긍정적인 이미지를 가지고 있다고 할 수 있다

3. 기사 작성 출처

한국의 많은 사건들 가운데 어떤 기사를 쓰고 어떻게 쓸 것인가 하는 것은 결국 기사를 누가 쓰느냐와 밀접한 관련이 있다. 르 몽드의 경우 한국에 상주하는 특파원이 따로 없고 일본 동경이나 혹은 중국 북경에 상주하는 특파원이 한국 관련 기사를 쓰고 있다. 르 피가로의 경우에는 한국 특파원이 있어서 한국 특파원이 주로 한국 관련 기사를 작성한다. 이외에도 특별 기고의 형태로 특별한 사건이 있을 때 그 사건의 취재만을 위해서 한국을 방문하는 특파원이 기사를 송고하고 있다. 기사를 누가 썼느냐를 중심으로 보았을 때 르 몽드는 전체 기사의 52.9%는 기명의 기자가 기사 작성 출처로 나타났고, 르 피가로 역시 53.2%의 기사를 기자가 쓴 것으로 나타났다. 나머지 과반수 정도는 통신사의 기사를 받아서 전한 것들이었다. 시기별로 보면 르 몽드는 1기에는 전쟁 관련 많은 기사들이 기사 작성 출처가 표시되지 않은 채로 나왔고, 4기를 지나면서 많은 기사들이 기자들이 작성하는 것으로 나타났다. 점차 한국에 대한 관심이 증대하면서 동경 특파원이나 아니면 특별 파견 기자들이 한국을 방문하여 작성한 것으로 보인다.

르 몽드에서 한국 관련 기사를 쓴 기자들은 1970년까지는 로베르 길랭(Robert Guillain)이 있고, 1971년부터는 필립 뽕스(Philippe Pons) 기자가 2000년까지 대부분의 한국 기사를 썼다. 그 이후에는 필립 메스메르(Philippe Mesmer) 기자가 한국 관련 기사를 쓰고 있다. 로베르 길랭은 프랑스 통신사인 AFP의 전신인 아장스 아바스(Agence Havas)의 특파원으로 1937년부터 중국을 필두로 하여 아시아에서 40년을 거주하면서 아시아 전문 특파원이었던 기자이다. 르 몽드의 일본 특파원이 되어서 1976년까지 일본에 거주하면서 기사를 송고하였다. 2차 대전 중 일본에 거주하고 있던 몇 안 되던 서방기자의 한 사람으로서 로베르 길랭은 히로시마와 나가사키의 핵폭탄 투하를 일본에서 겪은 서방기자 중 하나였다.

그는 일본인과 결혼하여 두 자녀를 두었고 일본에 거주하면서 동아시아 관련 기사뿐만 아니라 일본과 중국에 관한 저서도 여러 편 발간한 그야말로 르 몽드 내 아시아 전문 기자라고 할 수 있다. 그가 쓴 한국 관련 기사 중에는 한국전 당시의 기사인 "조용한 아침은 다시 오지 않을 것이다"(1951.9.15)와 같은 한국전쟁의 참상을 보도한 기사, "이승만의 태도는 하리슨 장군이 한국 군 포로를 옮기는 것에 동의하는 것을 방해하고 있다"(1953.5.7), "끔찍한 노인네(Viellard Terrible)"(1965.7.20)와 같은 이승만 관련 기사, "일본, 한국과 긴장"(1959.6.13), "일본과 한국은 그들의 오래된 갈등을 청산하기로 결정했다"(1965.4.14)와 같은 한일관계에 관한 기사 등 1970년까지의 다양한 한국 문제가 포함되어 있다.

그는 길랭 이후의 한국 문제를 썼던 르 몽드 기자들과 마찬가지로 일본에 거주하면서 한국 문제를 썼기 때문에 한국 문제에 있어서의 일본적 시각이 상당히 많이 반영되어 있으며 일본에 거주하고 있던 외국 기자 및 주일 외교 관들을 중심으로 취재하여 그들의 시각이 반영된 기사를 많이 송고하였다. 특히 이승만 정권과 장면 정권, 그리고 박정희 정권으로 이어지는 1970년대 까지의 한국 정치에 있어서 미국의 역할에 대해서 많은 관심을 두고 기사를 썼다. 한국 문제에 있어서 미국의 역할이라는 시각은 이후 르 몽드의 한반도 문제를 보는 중요 시각이 되었다.

필립 뽕스 역시 르 몽드 일본 특파원으로서 일본 문화에 관한 『일본인의 일본(Le Japon des Japonais)』과 같은 일본 관련 저서를 펴낸 일본 전문가 이다. 북한을 방문하기도 했던 그는 최근까지도 르 몽드에 북한 관련 기사를 쓰고 있다. "북한의 숨겨진 영웅들"이나 "장성택: 권력에서 처형까지"와 같은 북한 정치에 관한 기사를 쓰고 있다. 필립 메스메르는 역사와 저널리즘을 전공하고 르 몽드와 렉스프레스(L'express)의 특파원으로 동경에 거주하고 있다.

그는 한 인터뷰에서 한국어는 못하지만 한국인의 에너지와 관용을 좋아한다고 말했다(http://maxisurmoi.unblog.fr/2014/09/24/mieux-vaut-tard-que-tres-tard/ 검색일: 2015.12.28). 이 인터뷰에서 그는 한국의 급속한 경제

〈그림 3〉 기사 작성 출처

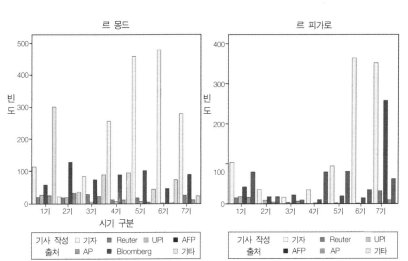

발전은 인적 자원 덕택이며, 이를 위해서 엄청난 교육열이 나타난다고 말했다. 같은 맥락에서 그는 르 몽드에 "한국 대학입시는 종교이다"(2013.11. 13), "한국 교육열"(2013.9.19), "한국: 지나친 학위가 일을 죽인다"(2014.1. 26)와 같은 한국의 지나친 교육열에 관한 많은 기사를 쓰고 있다.

르 피가로의 경우에는 한국 특파원이 상주하고 있는 것으로 나타났는데 관심이 증대하면서 6기, 7기에는 기자 송고 기사가 전체 기사의 대부분을 차지하고 있다.

4. 기사 소스의 출처

누가 기사를 썼는지도 중요하지만 기사 발신지가 어디인지도 기사의 내용을 결정하는 데 중요한 영향을 미친다. 기사의 소스 출처는 기사 발신지의 출처를 말하는 것으로 어디로부터 기사가 나왔는지 하는 것이다. 즉 기사가

〈표 8〉 기사 소스의 출처

	서울	서울 외 지역	타국가	국제기구	기타
르 몽드	49.8%	13.1%	26.6%	2.6%	7.8%
르 피가로	49.4%	5.5%	18.7%	2.4%	23.9%

서울 중심으로 쓰였는지 아니면 한국의 다른 지역을 중심으로 쓰였는지, 혹은 타국가와의 비교 및 타국가에서 쓰였는지[9] 혹은 국제기구가 그 출처인지를 살펴보았다. 이것은 한국적인 혹은 서울 중심의 시각을 반영한 기사인지, 아니면 타국의 의견을 중심으로 해석된 기사인지를 알아볼 수 있는 중요한 정보가 된다.

프랑스 언론의 경우에는 서울이 출처인 기사가 가장 많은 것으로 나타났다. 양 신문 모두 전체의 50% 가까이가 서울이 출처로 되어 있고, 20% 가까운 기사는 외국이 출처로 되어 있다. 르 피가로의 경우에는 서울 외 지역은 상당히 적은 비율이며 영국, 독일의 신문 역시 르 몽드보다는 다소 떨어진다. 이것은 르 몽드 기명 기사의 대부분은 일본의 특파원이 작성한 것이기 때문에 타국가(대부분 일본) 비율이 높은 것이다. 반면 르 피가로는 한국에 상주하는 특파원이 있기 때문에 타국가의 비율은 낮은 것으로 보인다.

이를 시기별로 보면 르 몽드는 전 기간 중 1시기만을 제외하고 나머지 기간을 통해서 서울이 가장 많이 기사 소스 출처로 나타났는 데 비해서, 르 피가로의 경우에는 전체적으로 여러 출처들이 비슷하지만 최근에 오면서 즉 6기와 7기에 오면서 서울발 기사들이 많은 것으로 나타난다. 르 몽드의 경우 1기(1945~1955)에는 서울보다 서울 외 지역이 많은데 이것은 한국전 관련 보도에서 서울 이외의 지역 즉 부산이나 아니면 다른 전선이 형성된 곳 근처에서 주로 기사가 작성되고 있어서 그렇게 나타난 것으로 보인다. 반면

---

9) 한국에서 발생한 사건이지만, 도쿄에서 외교관들의 해석이나 혹은 미국 워싱턴에서의 해석 등을 기사의 출처로 한 기사들이 많이 있다.

〈그림 4〉 기사 소스 출처

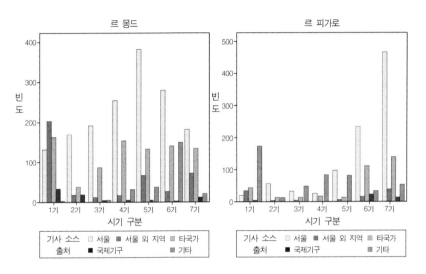

르 피가로는 초기에는 타국가에서 기사가 많이 작성되고 있다. 특히 1기에는 타국가의 비율이 상당히 높은 것으로 나타났는데 이것은 한국전 당시 한국보다는 기타에서 기사를 작성하여 송고한 것으로 보인다. 이는 이전까지는 주로 외국 및 다른 곳으로부터 기사를 많이 송고하였지만 최근에 오면서 한국에 보다 많은 관심을 둔 것으로 보인다.

5. 기사의 정보원

다음으로 기자가 기사를 작성할 때 중요 정보를 어디에서부터 얻었는지하는 정보원의 문제이다. 기사의 정보원은 기사의 논조와 국가 이미지를 표현하는 데 상당히 직접적인 영향을 가진다. 기자가 가진 한국에 대한 기본적인 생각이 물론 기사의 논조와 국가 이미지에 가장 기본적인 내용이기는 하지만 정보를 어디서 얻느냐에 따라서 이는 달라질 수도 있고 혹은 강화될 수도 있다. 그래서 기사가 주로 어느 정보원에 기반을 두고 작성되었는지 중요하다. 전체적으로 르 몽드, 르 피가로 모두 정부 및 관료가 기사의 정보원인 경우가 많다.

르 몽드는 보다 정부 및 관료에 많이 의존을 하고 있는 반면 르 피가로는 기타에 많이 표시가 되어 있다. 르 몽드가 정부 및 관료로부터 정보를 많이 얻고 있지만 르 몽드 기사의 내용은 정보원이 제공해준 정보를 그대로 기사에 싣지 않고 정보원의 정보를 기자가 해석하여 싣고 있다. 특히 경제 관련 기사에는 정부의 관료들로부터 정보를 많이 수집하고 있다. 또한 1997년 외환위기 이후의 한국 경제의 개방화 과정에서 나타난 변화에 대해서 르 몽드 기자들은 정부관료로부터 정보를 얻어 기사를 썼다.

한편 대학교수들 역시 이들에게 좋은 정보원이 되고 있는데 전체 기사의 2.5%(르 몽드), 1.3%(르 피가로)가 학계로부터의 정보를 바탕으로 기사가 작성되고 있다. 기사의 5.4%는 국제기관이 정보원으로 분류되어 있다. 이 국제기관에는 UN 관계자, OECD 관계자, UNESCO 관계자 등이 포함되어 있다. 기타에는 뉴욕타임스나 워싱턴 포스트와 같은 프랑스 이외 국가의 언론관계자들이나 외교관 등이 이에 포함되어 있다. 이렇게 본다면 사실상 분류가 어려운 기타로부터 프랑스 신문들은 정보를 많이 얻고 있는 것으로 보인다.

특히 프랑스 언론 한국 관련 기사 작성자들은 한국어가 능숙치 않거나 전혀 하지 못하기 때문에 주로 영어를 사용하여 정보를 수집하고 있기 때문에, 한국 내에서 정보를 얻기보다는 영어를 통해서 정보 수집이 가능한 정보

〈표 9〉 기사 정보원

	정부/관료	정치인	국제기관	경제단체/ 연구소	학계	익명	기타
르 몽드	39.9%	.9%	5.4%	2.1%	2.5%	1.0%	48.1%
르 피가로	30.9%	1.1%	2.9%	1.5%	1.3%	.1%	62.1%

원과 소통을 통해서 정보를 수집할 수밖에 없다. 그렇기 때문에 사건 초기의 한국인 이름의 스펠링을 잘못 쓴다거나 혹은 한국의 역사나 문화에 대한 잘못된 정보가 간혹 눈에 띄는 문제가 나타난다.

6. 기사 유형

기사 유형에는 단신기사로부터 기획기사, 분석기사, 인터뷰 등 다양한 기사들이 많이 있다. 일반적으로 신문사에서 사설이나 칼럼을 통해서 혹은 기획 및 분석 해설기사를 통해서 어떤 주제를 다룬다는 것은 그 문제를 중요하게 여기는 것으로 해석할 수 있다. 르 몽드는 르 피가로에 비해서 기획 및 분석 해설기사가 많이 나타나고 있으며 스트레이트기사는 그만큼 적게 등장한다. 한 연구자는 르 몽드가 발행부수와 관련 없이 프랑스 사회에 미치는 영향을 언급하면서 기사의 내용이 상당히 수준이 높고 분석적인 기사가 많아서 프랑스 여론 지도층에게 상당한 영향을 미친다고 했다.[10] 이런 점은 〈표 10〉에서도 나타나듯이 르 몽드는 한국 관련 많은 분석기사를 내놓고 있다.

이 기사들에서 한국에 관한 이미지와 한국 사회의 이해를 심층적으로 보

〈표 10〉 기사 유형

	스트레이트	사설/칼럼	기획/분석/해설기사	인터뷰기사	단신	기타
르 몽드	38.9%	1.1%	57.7%	.9%	1.2%	.2%
르 피가로	54.0%	.9%	32.2%	1.4%	9.2%	2.2%

---

10) 프랑스 서파리대학교 정치사회연구소 연구원인 이길호 박사의 인터뷰 내용 중(2015. 5.16).

도하고 있다. 한국의 급속한 경제성장의 그늘은 무엇인지("모든 희생을 치루고라도 수출을"(1977.3.31)), 한국 자본주의의 특징인 재벌은 무엇인지("한국의 거대 기업은 강제로 특화되고 있다"(1991.5.1); "한국: 한강의 세 가지 교훈"(2013.3.1)), 남북정상회담이 동북아시아 질서에 미치는 영향은 무엇인지("독일식의 통일보다는 화해의 첫 돌"(2000.6.11)) 등에 대한 상당히 분석적인 기사가 눈에 띄며 최근에는 한국의 교육열("한국 교육열"(2013.9.19)), 여성들의 주식투자 열풍(1987.5.23), 한국 사회의 성형문화, 화장품 문화 등 문화적 코드에 대해서도 상당히 분석적인 기사를 내놓고 있다. 반면 르 피가로의 경우에는 프랑스 경제인연합회(MEDEF) 등을 중심으로 하는 기업인들의 구독이 높기 때문에 한국의 경제상황 및 사회상황, 정치적 현황에 대한 스트레이트기사가 많이 나오고 있다.

인터뷰기사도 적지 않게 실리고 있었는데 르 몽드는 워낙 전체 기사 수가 많아서 0.9%밖에 되지 않지만 상당히 다양한 한국 인물들의 인터뷰를 내보냈다. 르 피가로의 경우에도 1.4%의 인터뷰기사를 실었다. 르 몽드가 인터뷰한 인물 중에는 김대중, 김영삼, 노태우 등 한국 대통령의 인터뷰기사가 많았고 대통령 이외에는 강우석, 강제규 등의 영화감독 인터뷰도 많이 눈에 띈다. 또한 홍세화의 인터뷰기사나 한명희(전통음악가)의 인터뷰도 실었다. 이를 통해서 르 몽드는 한국 문화 관계자들에 많은 관심을 가지고 있음을 알 수 있다. 한편 르 피가로의 경우에는 영화감독으로는 박찬욱과 임권택의 인터뷰기사가 실렸고 대통령으로는 김영삼, 노태우, 김대중, 이명박의 인터뷰를 실었다. 이외에 반기문(당시 외무부장관)과 한명숙(당시 총리)의 인터뷰기사를 볼 수 있다. 이외에 르 피가로에서는 위안부 여성의 인터뷰기사를 실었다.

이를 시기별로 다시 자세히 보면 전체적으로 르 몽드는 기획·분석기사가 많지만 특히 4기를 지나면서 많은 분석기사를 내고 있고 르 피가로의 경우에는 6기, 7기에 오면서 기획 및 분석기사가 많아졌다. 그러나 전체적으로 르 몽드는 한국에 관하여 기획 및 분석 해설기사 위주의 보도를 많이 하고

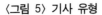

〈그림 5〉 기사 유형

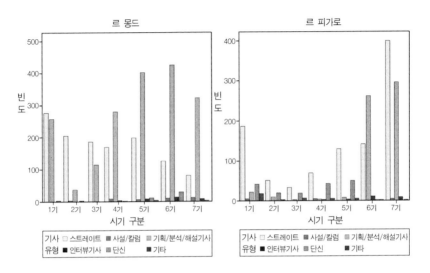

있고 르 피가로는 스트레이트기사 중심으로 많이 보도하고 있다. 가장 최근인 7기를 보면 르 몽드는 분석기사가 훨씬 많은 데 비해서 르 피가로는 보다 많은 스트레이트기사를 내고 있다. 이는 위에 해석한 대로 르 피가로의 주독자층이 프랑스 기업인들이기 때문이다. 이들 경제인들을 위한 보다 다양한 한국 상황에 대한 정보를 제공하고 있는 것으로 보이며, 르 몽드는 한국 사회에 대한 분석에 관심이 많음을 알 수 있다.

7. 논조 및 국가 이미지

이 연구에서 최종적으로 관심을 가지는 것은 각 언론들에 있어서 그 논조 및 기사에서 나타난 한국의 이미지이다. 얼마나 긍정적인지 혹은 부정적인지 하는 것이 가장 중요한 관심이다. 영국, 독일, 프랑스 등 유럽 언론 전체를 대상으로 보았을 때 유럽 주요 신문들의 한국 기사에 있어서의 논조는 중립적인 기사가 가장 많고 부정적인 기사가 그다음으로 그리고 긍정적인 기사가 다소 적은 것으로 나타났다. 이를 평균으로 보면 1.89[11]로 다소 부정적인 것으로 나타났고 국가 이미지는 1.90으로 논조와 거의 유사하게 다소 부정적인 국가 이미지를 보여주고 있다. 프랑스 언론은 유럽 언론 평균과 거의 유사하게 르 몽드가 1.90, 르 피가로가 1.97의 논조 평균을 보였고, 국가 이미지에서는 르 몽드가 1.86, 르 피가로는 이보다는 다소 높은 1.96의 평균을 보이고 있다. 전체적으로 프랑스 언론들의 한국 기사에서의 논조는 다소 부정적으로 그리고 국가 이미지도 다소 부정적 혹은 중립적인 이미

〈표 11〉 프랑스 언론의 분야별 논조 및 국가 이미지

(단위: 건수, 평균값 제외)

		정치	경제	사회	문화	과학	스포츠	기타	합계
논조	부정/비판	674	172	110	35	16	12	0	1,019
	중립/모호	2,368	531	215	139	50	81	1	3,385
	긍정/우호	283	143	18	161	20	29	1	655
전체		3,325	846	343	335	86	122	2	5,059
평균값		1.882	1.966	1.732	2.376	2.047	2.139	2.500	1.928

		정치	경제	사회	문화	과학	스포츠	기타	합계
국가 이미지	부정/비판	810	174	156	36	16	9	0	1,201
	중립/모호	2,183	502	169	185	44	80	0	3,163
	긍정/우호	332	170	18	114	26	33	2	695
전체		3,325	846	343	335	86	122	2	5,059
평균값		1.856	1.995	1.598	2.233	2.116	2.197	3.000	1.900

11) 부정적을 1, 중립적을 2, 긍정적을 3으로 하여 각 기사를 코딩한 이후의 평균값을 구한 값이다. 따라서 평균값이 1에 가까울수록 부정적이며, 2에 가까울수록 중립적이 되고 2보다 클수록 긍정적이라고 할 수 있다.

지로 비치고 있다고 할 수 있다. 전체적으로 논조와 국가 이미지에 있어서 르 피가로가 르 몽드보다 한국에 대해서 조금 중립적으로 보도하고 있다.

이러한 전체적인 평가는 기사 분야별로 다소간 차이를 보인다. 프랑스 언론 전체를 대상으로 보면 논조에서는 사회가 가장 부정적이다. 다음이 정치 기사에서 부정적인 논조로 나타났고, 문화가 비교적 긍정적인 논조로, 과학과 스포츠가 다소 긍정적인 논조를 보이고 있다. 국가 이미지도 이와 같이 가는데 사회에서 가장 부정적인 국가 이미지를 보여주었고, 정치가 그 다음의 부정적인 이미지이다. 경제는 거의 중립적으로, 문화는 상당히 긍정적인 이미지에 가까웠고, 과학과 스포츠 역시 다소 긍정적으로 보인다.

시기별로 국가 이미지의 변화를 살펴보면 르 피가로에서는 2기(1956~1965)가 가장 부정적 이미지를 보여주었고, 이후 3기(1966~1975)는 가장 좋은 국가 이미지로 나타났다. 르 몽드의 경우에는 오히려 3기가 가장 부정적인 국가 이미지를 보여주었고 7기에서 가장 긍정적인 이미지를 보여주었다. 르 피가로가 3기를 비교적 긍정적인 이미지로 본 것은 군사정권이긴 했지만 비교적 정치적으로 안정되고 경제성장이 이루어진 시기이기 때문인 것으로 해석할 수 있다. 반면 르 몽드에서는 이 시기를 가장 부정적인 국가 이미지로 보여주었다는 것이 르 피가로와 좋은 대조를 이룬다.

르 몽드에서는 이 시기의 권위주의적인 군사정권의 속성, 통제와 억압적 특성의 정부에 대해서 비판하고 있다. 특히 1960년대 말의 파리 유학생 실종사건 등의 보도에 있어서("'북한간첩' 재판이 서울에서 열린다. 프랑스에서의 실종사건"(1967.11.10) 등)[12] 상당히 비판적인 논조로 정부를 비판하고 있으며, 모리스 뒤베르제(Maurice Duverger)와 같은 저명한 정치학자가 르 몽드에 기고한 글을 통하여서도 한국 정권을 상당히 비판하고 있다("긴장의 희생자?"(1969.4.28)). 이 시기 대부분의 한국 정치 관련 기사의 제목

---

12) 이 기사는 알랭 부크(Alain Bouc)의 기명 기사로서 프랑스에서 실종된 한국유학생들이 '북한 간첩'이라는 기소를 받고 서울에서 재판을 하고 있다는 기사이다.

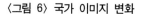

〈그림 6〉 국가 이미지 변화

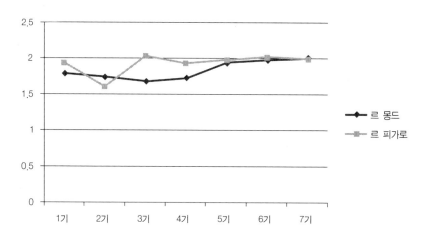

은 통제, 억압, 긴장, 감시 등의 단어가 기사 제목에 등장하고 있어서 이 시기 한국 사회에 대한 르 몽드의 시각을 제목만 보아도 잘 알 수 있다.

르 몽드의 한국 국가 이미지가 부정적인 이미지에서 중립적인 이미지로 변화되는 것은 1987년 민주화 이후 시기인 5기(1986~1995)가 지나면서부터이다. 반면 르 피가로에서는 급속한 경제발전을 이룩하는 이 3기에 대한 긍정적인 한국의 이미지를 보여주었으며 특히 정부 주도의 수출정책의 성공에 대해서 긍정적인 기사들이 많이 실렸다. 이런 점들이 르 피가로와 르 몽드가 한국에 대해서 상당히 다른 시각을 보여주는 대표적인 예라고 할 수 있다.

종합해보면 논조와 국가 이미지에 있어서 전체적으로 다소 부정적인 경향이 있지만, 사회 관련 기사가 특히 부정적이며 정치 관련 기사 역시 부정적인 경향이 있다. 반면 문화 관련 기사는 두 신문 모두 상당히 긍정적인 보도를 하고 있음을 알 수 있다. 시기별 변화에서 보면 르 몽드와 르 피가로가 상당히 다르게 한국을 보고 있음을 알 수 있다. 르 몽드는 3기를 가장 부정적으로 보았고, 르 피가로는 2기를 가장 부정적으로 보여주었다. 최근에 오면서 두 신문은 유사한 정도의 중립적인 성향으로 보도하고 있다.

그러면 르 몽드와 르 피가로에서는 어떻게 한국이 묘사되고 있는가? 각 언론마다 한국에 관한 이미지는 반복적으로 재생산되고 있다. 기본적인 인식은 크게 바뀌지 않지만 기본적 인식에 한국 사회의 변화가 새로 덧입혀지면서 새로운 한국의 이미지를 보여주고 있다.

『르 몽드』에 나타난 한국의 이미지

제2장 『르 몽드』에 나타난 한국의 이미지

I. 1기, 1945~1955: 독립 이후의 한국과 한국전쟁, 그리고 이승만

　　　　　　　　　1945~1955년까지의 르 몽드 기사는 크게 세 종류로 나뉘어진다. 해방 이후의 한국에 대한 인상, 2차 세계대전 종전 이후의 국제질서 속에서의 한국에 대한 위치, 두 번째는 한국전쟁 즉 프랑스는 한국전쟁에 유엔군의 일원으로 전투병력 지원 16개국 중에서 3,481명을 파견하였고, 이 중에서 최종 262명이 사망한 국가로서 자국의 병사가 한국전에 참전하고 있었기 때문에 상당히 자세하게 전쟁 상황을 소개하고 있었다. 마지막은 휴전협상 이후 1954년 제네바협상과 이후의 국제정세의 변화와 더불어 한국의 위치를 설명하는 기사들이 많이 있었다.

　전체 기사 건수는 〈표 1〉과 같다.

　1950년 전쟁과 더불어 기사 수는 급증하면서 전세의 자세한 상황이 보도되고 있고 1953년 휴전협정을 전후하여 지루한 휴전협상과 포로석방 문제

〈표 1〉 1기 르 몽드 기사 수

1945	1946	1947	1948	1949	1950	1951	1952	1953	1954	1955	합계
6	6	5	25	16	226	59	42	122	51	13	571

등에 대해서 각 진영의 입장과 이승만 정부의 주장에 대해서 다루고 있다. 마지막으로 휴전협정 이후 1954년의 대부분의 기사는 제네바협상(1954. 4. 26~7. 21)의 진행과정에 대해서 다루고 있다.

1. 2차 세계대전 직후의 한국 상황: 조용한 아침의 나라 그리고 전쟁이라는 알을 품은 암탉

2차 대전 이후 한국 상황에 대해서 르 몽드가 다루고 있는 내용은 크게 3가지로 나눌 수 있다. 첫째는 한국의 지정학적인 위치에 관한 것이다. 르 몽드는 여러 차례의 신문보도를 통해서 한국의 지정학적인 위치가 해양세력과 대륙세력 모두 탐내는 지역이라는 점을 강조하고 있다. 1945년 12월 22일의 기사 "한국은 독립을 원한다"에서 한국은 주변국가들의 탐욕의 대상이었고 오늘날에는 더욱 그러하다고 하면서 남쪽에는 미국이, 북쪽에는 러시아가 자리 잡아서 패권을 다투고 있는 지역으로 묘사하고 있다.

1947년 3월 13일 자 "한국과 그 점령국" 기사에서도 한국을 주변국가들이 탐내는 지역이라고 말하고 있다. 유사하지만 다른 표현으로 1948년 8월 12일 자 "한국, 경계선의 나라" 기사에서도 한국은 지리적 위치 때문에 국제적인 관심의 대상이 되고 있는데 불행하게도 그 관심은 한반도의 위치가 하나의 전선이 됨으로써 대륙세력과 해양세력 사이의 갈등의 접전이라고 쓰고 있다. 1950년 6월 26일 전쟁 이튿날의 전쟁 소식을 전하는 기사 "조용한 아침의 나라에서"라는 기사에서는 한국을 "마치 전쟁이라는 알을 품은 암

닭"이라고 표현함으로써 한국의 국제적 위치에서의 불행한 역사를 한마디로 묘사하였다. 이러한 르 몽드의 시각은 한국에 대해서 유럽인들이 기본적으로 관심은 없지만 프랑스가 오래전부터 국제정치에서 강조해왔던 시각, 즉 지정학적인 관심을 한국에도 적용하고 있음을 알 수 있다.

다른 기사 1951년 9월 15일 기사 "조용한 아침은 다시 오지 않을 것이다"에서 "아시아의 지도를 한번 봐라. 그 속에서 한국은 어디에 있으며 주변국가들은 어떻게 되고 있는지"라고 쓰면서 한국의 상황을 아시아 지도 속에서 파악하는 지정학적인 접근을 하고 있다. 그래서 기본적으로 조용한 아침의 나라로 동쪽에 멀리 떨어져 있는 조그마하고 조용한 국가이지만 국제적으로 온갖 열강들의 대결의 장일 수밖에 없는 국가로 인식하고 있다.

이런 지정학적인 위치가 낳은 세 가지 결말은 첫째가 전쟁이 끊이지 않는 전쟁 지역이 된 것이다. 1984년 청일전쟁, 1904년 러일전쟁, 결국 일본의 식민지가 되었고, 6.25전쟁까지 포함해서 한국에 전쟁이 끊이지 않은 것이다. 이러한 시각은 한국을 지나치게 객체화시키는 것이다. 그렇게 따지자면 세상 어디에 다른 국가가 넘볼만한 요소가 없는 국가가 있겠는가? 어느 국가든지 다른 국가에게는 약한 국가를 점령하고 자신의 영향권으로 하는 것이 유리한 것이다. 반도국가, 지정학적인 통로 등의 지정학적인 위치는 해당 국가가 자신의 약점 혹은 강점을 설명하는 논리로는 적당할지 모른다. 그렇지만, 다른 국가가 그 국가를 점령하는 데 그러한 지정학적인 이유를 사용하게 되면, 그것은 침략을 정당화하는 논리일 수밖에 없다. 결국 프랑스는 한국을 객체화하고 강대국의 논리로 바라보고 있는 것이다. 두 번째는 그래서 한국은 독립을 해야 한다는 것이다. 한국민이 독립을 원하기도 하지만 소련은 한국이 미국의 영향권에 들어가는 것을 원하지 않고, 미국은 한국이 중국이나 소련의 영향권이 되는 것을 원하지 않기 때문에 독립국가가 되는 것이 가장 나은 방안이라는 것이다. 그러나 이것 역시 한국을 객체화하고 있는 설명이다. 주변의 국가들이 다른 국가의 영향권이 되지 않도록 원한다는 것은, 그만큼 자신의 영향권이 되길 바란다는 뜻이다. 그렇기 때문에 연약한 독립국가는 주변국가들에게 더욱 위험이 될 뿐이며 점령의 유혹을 느끼게 할 것이다. 세 번째, 한국이 가지고 있는 지정학적인 위치는 2차 대전 이후 아시아에 불고 있던 공산화의 바람을 생각하면, 한국이 공산주의 국가가 되는 것이 바람직하다는 의견과 연결되고 있다. 아시아의 지도를 보면 공산주의 바이러스에 감염된 내전이 인도네시아로부터 인도차이나, 중국, 한국에까지 뻗치고 있다(1950.6.26). 아시아 지도에서 보면 한국의 위치는 국제공산주의에 예속되어서 북한에 유리하게 가는 것이 자연스럽다고 쓰고 있다(Robert Guillian, "조용한 아침은 다시 오지 않을 것이다," 1951.9.15). 지정학적인 위치가 주는 이러한 결말에 물론 저항할 수도 있지만 그 저항은 상당히 힘들고 위험하다고 지적하고 있다.

르 몽드가 다루고 있는 두 번째의 내용은, 2차 세계대전 이후 한국에 대해서 간단하게 혹은 짧게 언급되고 있지만 한국의 국민성에 대해서 상당히 긍정적으로 바라보고 있다는 점이다. 즉 일본식민지배와 더불어 한국의 국민감정이 살아나고 있기 때문에 외세에 대해서 적극적으로 저항하고 독립국가를 이루려는 의지를 가지고 있다고 판단하고 있다. 그러나 한국민들은 교육을 거의 받은 것이 없고 민주주의 경험이 없으며 봉건적 잔재가 많아서 독립국가를 이루는 데 적절하지 않다는 의견을 내놓고 있다(1945.12.22). 그래서 독립국가 수립을 하기 위해서는 기술자, 교수, 행정가 등을 길러야 하고 주변국가들의 간섭이 없어야 함을 역설하고 있다. 그래야 국민감정이 살아나고 사라지지 않을 것이기 때문에 외부에 의해 만들어진 질서보다는 스스로 국가를 만들 수 있도록 해야 한다는 의견을 내놓고 있다.

르 몽드가 다루는 세 번째의 내용은, 일본의 한국 지배에 대해서 상당히 긍정적으로 보고 있다는 점이다. 1948년 8월 12일 자 "한국 경계선의 나라" 기사에서 일본의 식민지배를 지적이면서 냉혹한 지배라고 일컬었다. 일본이 국민의 식민지배는 실패했지만 반도국가로서의 한국의 가치를 곡창지대로 바꾸면서 상당히 국제적 가치를 높였다고 주장했다. 그 기자는 목축, 수렵, 섬유산업, 비료산업을 발전시켰고 광산개발을 했다고 했고 또한 철도, 도로를 닦아 한국의 산업발전에 기여했다고도 설명했다. 물론 정치적 강압이 없었다고 하지 않았지만 경제발전에 대해서는 자세히 언급하고 정치적 억압은 정치적 억압이 있었다고만 함으로써 상당 부분 일제의 경제적 역할에 대해서 긍정적인 이미지를 가지고 있음을 보여주었다. 1950년 6월 26일 자 기사에서도 일본지배로 인구가 증가했고 철도, 도로 등도 발달했다고 썼고 석탄광산, 텅스텐, 철 등의 광산업과 섬유산업의 발달, 근대화된 농업의 발달 등을 언급하였다.

2. 한국전쟁에 나타난 한국

프랑스는 16개 참전국 중 하나였고 3,481명의 자국 군인이 싸우고 있었기 때문에 전쟁 상황에 대해서 자세히 소개하고 있다. 전쟁 상황에 대해서 소개한 짤막한 기사들과 더불어 한국전에 대한 자세한 보도는 한국전에 대한 주변국들의 의도, 그리고 전쟁의 소용돌이 속에 빠진 한국민에 대한 연민 그리고 남한 군대의 지리멸렬함이 대표적인 내용이다.

첫째, 전쟁 자체가 사실상 국제전적인 성격을 띠고 있었기 때문에 르 몽드는 기사는 한국전에 나타난 소련과 미국의 의도에 대해서 자세히 다루고 있다. 이미 지정학적인 한국 접근에서 나타났듯이 소련과 미국 모두 한국에서 자국의 중대한 이익을 발견하고 있었기 때문에 전쟁에 적극 개입하였고 이러한 개입은 결국 자국의 이익을 위해서라는 것이 르 몽드의 입장이다. 그래서 르 몽드는 기본적으로 모든 국가들이 한국 문제에서 손을 떼는 것이 한국에게 가장 좋다는 의견을 피력하고 있다.

1950년 7월 1일 자 기사 "하나의 전쟁이지만 유일한 전쟁은 아니다(Une guerre mais pas la guerre)"에서 소련은 사실상 미국의 군사개입 가능성에 대해서 회의하고 있었다. 상황이 전쟁으로 가게 되더라도 미국은 개입하지 않을 것이며, 그 이유는 미국이 잘못하면 커다란 수렁으로 빠질 가능성을 배제할 수 없기 때문이라고 분석했다. 또한 소련은 전쟁이 속전속결로 끝나서 미국이 설령 참전을 결정하더라도 실제 참전이 있기 이전에 전쟁이 끝나게 될 것이라고 생각했었다. 사실 전쟁 직전 소련은 북한에 30만의 정예군대를 정비해두었지만 한국에는 5만의 군사밖에 없었다. 그렇기 때문에 미군의 참전이 없었다면 한국전은 사실상 쉽게 북한의 승리로 끝날 수밖에 없다는 소련의 판단은 여기까지 맞았지만, 미국의 참전에 대해서 회의했다는 결정적인 실수를 저질렀다는 지적은 정확했다. 미국의 경우에는 개입은 자의이기보다는 어느 정도 강요된 것이었고, 르 몽드는 위의 기사에서 미국의 참전이 확전으로 가게 했는가 아니면 전쟁을 끝내게 할 수 있을 것인가 의문을 던지면서 국제전으로의 확전을 가져온 것은 아닌가라고 희미한 결론을 던지고 있다.

두 번째, 한국전에 대한 르 몽드 기사의 내용은 한국전으로 희생된 한국민에 대한 연민이다. 1950년 9월 6일 자 "우리는 이슬처럼 죽을 것이다"라는 기사에서 샤를르 파브렐(Charles Favrel)은 전쟁은 끝날 기미가 보이지 않고 폐허가 된 국토, 전쟁으로 지친 국민들을 묘사하면서 전쟁 때문에 학교에서 아이들이 모두 사라졌지만 아이들이 그리다 만 그림이 칠판에 남아있듯이 이들의 꿈조차 사라지지는 못하게 할 것이라는 희미한 희망을 보이고 있다. 그러나 군대는 희망을 잃었고 국민들은 이슬처럼 사라지게 될 것이라는 국민들에 대한 연민을 나타내고 있다.

다른 기사 1951년 2월 12일 자 기사 "한국민을 위한 연민"에서 역시 샤를르 파브렐은 서울의 인공치하, 서울 수복, 1.4 후퇴, 재탈환 등의 과정에서 인공치하에서 공산당에 의한 처형, 이후 국군의 서울수복과 재수복과정에서 인공치하에서의 부역자에 대한 처벌, 그리고 양쪽 군대의 철수과정에서 나타난 양민의 학살에 대해서 자세히 기사를 쓰면서 "주인이 바뀐 평양과 서울에서는 총살이 이어졌고 이렇게 몇 번이나 해방과 신의 가호가 번갈아 뒤바뀌면서 사람들은 지쳤다. 서로 땅을 차지하기 위해서 싸웠지만 얻은 것은 아무 것도 없었다. … 전 세계가 목도한 것은 몰살뿐이었다"라고 썼다.

그리고 퐁텐느의 우화 '토끼와 농부'의 이야기를 통해서 토끼를 잡으려던 농부는 영주의 손에 의해서 모든 것을 잃고 초토화된 농토만 남게 되었다는 이야기를 하면서 하잘것없는 토끼 때문에 영주의 무기를 부른 농부는 자신도 죽임을 당하고 농토도 폐허가 되었다고 비유하고 있다. 전쟁으로 땅과 형제와 부모와 친지를 잃은 가족과 부상당한 군인을 묘사하면서 이런 전쟁의 모습 때문에 국민들은 자신들의 사전에서 연민이라는 단어를 지워버렸다고 썼다. 그는 이 사람들과 그들의 '주의'를 동정해야 하는지 증오해야 하는지 알지 못한다고 쓰고 있다.

마지막으로 한국전에 관한 기사에서 나타난 것은 한국 군인들의 모습이다. 르 몽드 기자는 한국 군인들이 최신식의 미국 무기로 무장하고 있지만 훈련도 안 되어 있고 지리멸렬하고 사기도 저하되어 있다고 보았다. 1950년 6월 28일 자 "이승만의 아름다운 군대가 그렇게 잘 행진했지만 …"이라는 기사에서 샤를르 윈터(Charles Winter)는 이승만의 군대가 미국 소총과 포탄, 새 장비로 무장되어 있었지만 실제 전투에서는 전혀 군기가 없이 지리멸렬했다고 보았다.

1950년 7월 3일 기사 "수원의 혼란스러운 상황"에서도 수원에 본부를 두었던 수도경비사령부가 적의 갑작스러운 공격을 받고 후퇴해서 대전으로 내려갔는데 급하게 후퇴하는 군대는 기진맥진했고 불안정했었다고 적고 있다. 이러한 한국 군인들의 모습은 곧이어 이승만 정권의 부패에 대한 강한 비판으로 이어졌다. 이승만 정권은 전혀 민주주의적이지 않은 방법으로 통치했고 군대와 경찰을 자신의 권력강화를 위해서 활용했다고 적었다(1950. 6.28). 심지어 제주도반란을 진압하기 위해서 동원된 군대 중 일부가 여순에서 반란을 일으켰고 이후 이들 중 일부는 공산주의 게릴라가 되어 산으로 들어갈 정도로 군기가 해이해졌다고 적고 있다.

3. 이승만과 한국 정치

1945~1955년의 기사 중 가장 많이 언급된 개인은 아마도 이승만일 것이다. 기사 제목 목록을 보면 이승만으로 시작하는 기사가 가장 많이 있다. 그러나 이승만에 대한 언급은 긍정적이기보다는 상당히 부정적이다.

우선 르 몽드는 그를 "Vieillard terrible(끔찍한 노인네)"라고 칭하거나 때로는 독재자 등 부정적인 지칭으로 그를 부르고 있다. 이미 한국전 전인 1948년 8월 12일 기사에서 한국 국민은 풍부한 자원과 기름진 땅을 가졌으면서도 말할 수 없는 빈곤함에 처해 있다고 쓰면서 그것은 고루하고 잘못된 정부가 원인이라고 적고 있다. 그러나 실제로 르 몽드는 구체적으로 정부가 어떤 잘못을 저질렀는지는 쓰지 않고 있다.

다른 기사 1950년 6월 28일 자 "이승만의 아름다운 군대" 기사에서 이승만을 비민주적이고 자기중심적이며, 반정부적인 인사 및 주변에 대해서 극도의 공포를 가지고 있는 인물로 묘사하고 있다. 또한 경찰로 통치를 했고 독재자에 고집불통이라는 인식을 가지고 있었다. 미국이 한국의 지도자로 김구가 아닌 이승만을 왜 택했는지 훌륭한 선택은 아니었다고도 적고 있다. 심지어 이승만보다 북한의 김일성을 더 좋아하는 사람도 남한에 있다고 적고 있다.

두 번째 이승만에 대한 평가는 주변국가 특히 미국을 당황하게 하는 저돌적인 인물이라는 것이다. 한창 휴전협상이 진행되는 과정에서 이승만이 보여준 태도는 미국과 주변국가들을 당황하게 하였고 휴전협상을 지연시키는 결정적인 요인이 되었다. 1953년 6월 23일 기사 "이승만의 반란은 유엔의 단결을 위협하고 있다"에서 이승만은 휴전협정이 진행되는 사이 반공포로를 전격 석방하는 겁 없는 행동을 함으로써 미국과 영국의 관계를 나빠지게 했고 다른 유엔군들과도 곤란한 관계에 빠지게 했다. 또한 이승만은 미국의 휴전협상 진행에 대해서 반대하면서 압록강까지 진군을 요구했는데, 이러한 그의 요구에 대해서 르 몽드 기자는 말도 안 된다는 반응으로 기사를 쓰고 있다. 즉, 유엔군의 참전 목적은 불법 남침한 북한군을 응징하는 것이지 한 반도의 통일을 목표로 한 것은 아니었기 때문에 어느 정도 북한군의 불법 남침이 끝났으면 휴전은 당연하다는 것이다. 이것이 당시의 미국의 입장이 었기 때문에 이승만의 이러한 태도에 대해서 유엔의 단결을 위협하는 행동 이라고 적고 있다. 1953년 5월 7일 자 기사에서도 이승만과 그의 정부는 합리적인 선택보다는 억지를 쓰는 경향이 있다는 평가를 하고 있다.

또한 1954년 7월 30일 자 기사에서 이승만의 미국의회 연설을 다루면서 이승만이 "200만의 아시아군대를 창설해서 중국 공산당에 대항해서 싸우 자"는 그의 주장은 "공산주의와 자유주의가 함께 공존할 수는 없으며 중공 의 250만 군대는 충성심이 없어서 200만의 군대를 만들면 이길 수 있을 것 이다. 중국 공산주의를 이기면 곧 이어서 아시아에서 한국과 인도차이나 전 쟁이 승리를 거두게 될 것이고 러시아는 다시 미국을 상대로 전쟁을 할 엄 두를 내지 못할 것이다. 러시아가 중국과의 전쟁에 참전해서 육군을 보낸다 면 소련의 개입은 결국 미국이 소련의 산업시설을 공습할 명분을 제공하게 될 것이며 소련이 폭탄을 생산하기 전에 산업시설을 파괴할 수 있을 것이 다. 몇 년 안 되어 소련은 미국을 정복할 수단을 가지게 될 것이기 때문에 지금이 움직여야 할 시기이다."라는 것이다. 이러한 그의 주장에 대해서 미 국 정가의 중요 정치인들의 평가를 통해서 시의적절하지 않으며 부적절한 주장이라는 의견을 내놓았다.

세 번째 이승만에 대한 평가는 상당히 외교적이라는 것이다. 1952년 12 월 30일 자 "이승만의 도쿄 방문" 기사에서 이승만이 요시다 일본 총리의 초청으로 도쿄를 방문하게 될 것이라고 쓰면서 이승만의 도쿄 방문은 상당 히 의미가 있다고 적고 있다. 이승만은 기본적으로 반일을 기치로 내걸었기 때문이고 그의 이제까지의 행적으로 보아서는 일본 방문 그것도 일본 총리 의 초청으로 방문하는 것은 상당히 의외이다. 그러나 이승만은 이러한 방문 은 미국의 동아시아정책의 일환인 태평양방위군 조직에 있어서 한국에 유리 하게 조직하도록 하기 위한 포석이며, 대공산주의 투쟁에서 우선 일본과의 협력 가능성도 없지 않다는 점에서 그의 태도가 상당히 외교적임을 시사했다. 또한 휴전협정 이후 중립국 감시단의 일원인 체코와 폴란드 대표단의 철수를 명령한 이승만의 태도에 대해서 1955년 8월 9일 자 기사에서 이러한 그의 요구를 일종의 진정성 없는 외교적 행동으로 보고 있다. 워싱턴에서 진행되고 있는 미국의 한국에 대한 경제적 지원에 대해 유리한 위치를 점하기 위한 태도로 해석한 것이다.

II. 2기, 1956~1965: 4.19 학생혁명 그리고 5.16 군사쿠데타

1956~1965년까지의 시기 동안 기사들은 주로 4.19와 5.16 관련 기사가 많다. 1960년 4.19 학생혁명이 나기 이전까지의 기사들의 숫자는 미미한데 이들 기사들은 전쟁 이후의 한국 상황, 그리고 유엔의 활동이 주를 이룬다.

4.19 이전의 시기에 있어서 한국 관련 기사에서 가장 눈길을 끄는 것은 한일관계와 미국이다. 여러 기사에서 한일관계의 갈등에 미국이 불편해하고 있다는 내용을 전하고 있다. 예를 들어 1959년 4월 2일 자 "적십자가 한국에 감금된 어부의 운명을 조사할 것이다"라는 기사에서 이승만이 자의로 만들어 놓은 "리라인"에 따라 리라인 안에서 어업활동을 벌였던 일본 어부를 한국 정부가 감금하고 처벌하였으며 형 집행이 끝난 이후에도 일본으로 돌

〈표 2〉 2기 르 몽드 기사 수

1956	1957	1958	1959	1960	1961	1962	1963	1964	1965	합계
7	13	18	15	56	42	23	37	24	35	270

려보내지 않은 것에 대해서 일본 정부가 강하게 항의하였다. 결국 국제적십자에서 조사할 것이라는 내용과 더불어 일본은 이에 대한 '대응으로' 재일동포의 북한귀환을 허락한 것에 대해서 이승만 정부가 강하게 반발한 내용(1959.6.13), 남북한 문제가 일본과의 관계로 복잡해지는 것에 대해서 미국 정부가 우려한다는 내용을 전했다. 이러한 기사 내용들은 아시아에서의 미국의 역할에 대해서 강조하는 것들이었고 결국 4.19와 이승만 하야에 있어서 미국의 역할에 대한 주장과 더불어 르 몽드의 일관된 시각 즉 한국 문제에 있어서의 미국의 중요성에 대한 것을 다시 한번 확인할 수 있었다.

1. 4.19 학생혁명

르 몽드의 4.19 관련 기사는 6.25전쟁 관련 기사에는 미치지 못하지만 상당히 자세하게 많은 기사를 내놓았다. 이 중에는 AFP, Reuter, UPI 등 통신사 기사를 바탕으로 기사화된 것도 있고 기자의 실명이 들어 있는 기사, 실명은 없지만 르 몽드 기자의 분석기사 등 다양한 기사들이 한국 사정을 해석·분석하면서 프랑스 독자들에게 알리고 있었다.

4.19 기사를 통해서 르 몽드가 강조하고자 했던 것은 4.19 원인에 있어서 이승만의 권위주의, 독재 그리고 정치권력의 부패 문제가 첫 번째로 꼽는다. 두 번째는 학생들에 대한 분석이다. 기본적으로 비정치적이며 깨끗한 정치를 원하는 학생데모의 본질을 영웅적이라고 표현하고 있다. 세 번째는 미국의 역할이다. 이승만의 하야에서부터 한국 민주주의의 전개에 있어서 미국이 중요한 역할을 하고 있음을 시사하고 있다. 마지막으로 4.19에도 불구하고 한국 정치가 안정되지 못하는 것에 대해서 르 몽드는 한국과 같은 신생 국가에서 당장 민주주의 안정을 바라는 것은 시기상조이며 인적 자원이 너무 없다는 주장을 펴고 있다.

1) 4.19의 원인: 이승만 정권의 부패, 독재, 권위주의

르 몽드는 여러 기사들을 통해서 4.19 학생데모는 3.15 선거의 부정으로부터 출발했지만 실상은 광범위한 이승만 정권의 부패와 그의 독재적인 통치 스타일 그리고 권위주의 정권에 대한 저항이라고 보고 있었다.

1960년 3월 17일 자 "이승만의 승리"라는 기사에서는 이승만의 정권은 기본적으로 권위주의적이었으며 그의 반대 세력은 좌파나 진보적 혹은 중도 세력이 아니고 정치적으로는 반공으로 같은 입장을 가졌지만 그의 권위주의적인 통치 스타일에 반대하는 민주당이라고 지목하였다. 같은 기사에서 3월 15일의 선거가 절차를 어겼다고 민주당이 대법원에 제소했다고 하더라도 그들의 청원이 받아들여졌을 것 같지는 않다는 내용을 통해서 그의 권위주의적인 통치스타일을 재차 강조하고 있었다. 또한 한국에서는 진보와 중도 세력이 오랫동안 아무 말도 할 수 없었다는 상황 설명을 통해서 이승만은 상당히 정치적 억압을 펴고 있었음을 보여주었다.

1960년 4월 13일 자 "남한의 심각한 소요" 기사에서는 민주당이 대법원에 3.15 선거 무효 소송을 제기한 이유를 열거하면서 투표사무소에 야당 참관인을 받아들이지 않은 지방정부, 개표부정 및 투표함의 교체 등을 언급한 것으로 소개하면서 이승만 정권의 권위주의적인 독재의 성격을 간접적으로 전했다.

1960년 4월 20일 자 "씁쓸한 승리"에서는 기본적으로 3.15 선거에서 이승만과 이기붕이 당선되었지만 이 승리는 씁쓸하다는 전제로부터 출발하면서 결국 이승만 정권을 한국 민주주의 저해의 원인으로 지목하였다. 이 기사에서 기자는 이승만이 지방정부와 언론까지 장악하여 독재시스템 속에서 선거를 치렀다고 지적했다. 또한 1956년 선거보다도 더욱 부패하고 독재적인 스타일이 강화되었다고도 쓰고 있다.

1960년 4월 29일 자 "서울의 비극" 기사에서는 이승만의 하야와 더불어 이승만 정권의 문제점을 개인적인 정권유지, 부패, 미국 후원의 남용이라고 지적하면서 이 때문에 미국이 이승만 정권에 대한 지지를 철회하고 있다는 전했다.

또한 1960년 5월 5일 자 "부두노동자들 파업하다" 기사에서 부두노동자들이 처음 데모를 할 때는 그들의 노조 간부들이 이승만 정권 독재의 도구여서 이들에 반대했다고 씀으로써 이승만 정권이 노조까지 정권 독재의 도구로 삼았다고 쓰고 있다.

이러한 기사들을 종합해볼 때 르 몽드는 정확하게 4.19 시위가 단지 3.15 부정선거 때문만이 아니라 이승만 정권의 광범위한 부패, 독재 스타일, 권위주의적 속성 때문이라고 지적하고 있음을 알 수 있다.

2) 4.19에 있어서 학생시위의 중요성

르 몽드는 이승만 정권의 광범위한 부패 및 권위주의에도 불구하고 학생운동이 없었다면 정권이 쉽게 무너졌을까 하는 의구심을 가지고 있었다. 미국도 망설이고 있었고 민주당은 이승만을 대신할 만한 의지도 능력도 없었기 때문에 학생운동 덕분에 이승만 정권이 무너질 수 있었다고 지적하고 있다. 그래서 곳곳에서 학생들을 "영웅" 혹은 그들의 행동을 "영웅적"이라고 설명하고 있다. 또한 앞으로 한국 정치가 당장에 안정되고 민주주의가 정착되리라고 기대하는 것은 시기상조이지만 혹시 혼란이나 다시 부패정권이 등장하게 되더라도 학생들이 지켜보기 때문에 부패, 혼란의 경우 학생들이 다시 이들을 심판할 것이라는 상당히 낙관적인 기대를 하고 있다(1960.6.21. "아이크의 한국 방문, 민주주의에 대한 격려").

우선 르 몽드는 한국 학생들은 기본적으로 정치에 관심이 없다고 하면서 그들이 원하는 것은 단지 이승만 정권의 몰락이 아니라 깨끗하고 정직한 정부의 등장이라고(1960.6.21. "아이크의 한국 방문, 한국 민주주의에 대한 격려") 말하면서 정치인들이 과거로부터 교훈을 얻지 못한다면 학생들이 다시 일어날 것이라고 암시하였다. 1960년 5월 2일 자 기사 "학생들이 부패일소를 완성하기를 요구하면서 서울에서 다시 봉기"에서 헌법개정과 의회해산을 요구하는 학생들의 '영웅적인' 행동에 대해서 '감히' 군대와 경찰이 이번에는 발포하지 못할 것이라고 하면서 이들의 행동을 영웅적인 행동으로, 그리고 군대와 경찰도 이에 대해서 어느 정도 인정하고 있음을 시사하였다. 1960년 4월 29일 자 기사 "서울의 비극"에서는 미국이 대안으로 생각하고 민주당이 3.15 선거에서 역할을 다하지 못하면서 한국 민주주의 진보 가능성이 없어졌다. 이런 상황에서 학생시위와 민중소요가 돌연 나타나서 한국의 민주주의를 진화시켰다고 설명하면서 학생시위의 중요성에 대해서 강조하였다.

3) 한국 정치에 있어서 미국의 역할

르 몽드는 1950년대와 마찬가지로 한국에 있어서 미국의 역할에 큰 관심을 보이고 한국 관련 기사에서 미국적 요인을 자주 연결시키고 있다. 특히 4.19에 있어서도 직·간접으로 미국이 영향력을 행사했음을 보여주고 있다. 한국에서 시위가 한창인 상황이었던 1960년 4월 21일 자 "미국은 이승만 정권의 독재적 성격을 걱정하다"라는 기사를 싣고 믿을 만한 소식통이라는 모호한 근거를 가지고 미국이 한국의 언론, 집회, 선거의 자유에 대해서 심각한 우려를 나타내고 있다고 전했다.

또한 미국 국무장관이 주미한국대사를 불러서 상당히 강한 어조로 금번 사태에 대한 우려를 표명했고 이러한 우려는 비공산주의국가에 대한 우려 가운데 가장 강한 것이라고 소개했다. 특히 이승만의 하야 결정에 대해서 르 몽드는 이승만 사임이 자의인지 타의인지 확실하지 않다는 분석을 실으면서(1960.4.29. "서울의 비극") 이승만 사임에 있어서의 미국의 역할을 암시했다. 그 기사에서는 일본의 요시다 총리나 태국의 피불 송그람 총리가 미국의 후원으로 권력을 유지한다고 지적하면서 이승만이 이제는 다시 권좌에 돌아오지 못할 것이라고 직시하였는데 이것은 이승만에 대한 미국의 지지 철회가 결국 이승만 정치적 생명의 종말임을 암시한 표현이라고 할 수 있다.

다른 한편으로 같은 기사에서 르 몽드는 그러나 미국 정부는 명시적으로 이승만을 반대할 수 없는 딜레마를 지적했다. 그것은 오랫동안 미국이 이승만을 지지해왔기 때문에 이제 와서 이승만에 대한 지지를 철회한다는 것은 자신에 대한 부정이기 때문에 명시적으로 이승만을 반대한다는 것을 표명하기는 어렵다고도 지적했다.

미국의 입장에서는 한국을 공산주의로부터 지켜내기 위해서 막대한 물적·인적 자원을 투자한 한국이 독재와 권위주의로 얼룩지는 것을 두고 볼 수 없어서 한국 민주주의 안정을 위해서 상당한 압력을 행사하고 있다는 해석을 내놓고 있다. 또한 이것을 한국의 정치인들도 이미 알고 있기 때문에 허정 과도정부에서는 우선과제로 미국과의 관계 개선을 꼽았다고 쓰고 있다(1960.4.28. "이승만이 마침내 자신의 사임을 제출할 수밖에 없었다"). 이와 더불어 혼란 이후에 들어설 새로운 정부는 다양한 시도를 하겠지만 미국식 민주주의 틀 안에서일 것이라는 르 몽드의 예측(1960.7.31. "한국의 선거") 역시 같은 맥락에서 이해해야 할 것이다.

르 몽드는 또한 아이젠하워의 한국 방문에 대해서 여러 차례 기사를 송고했는데 이들 기사에서 아이젠하워의 한국 방문을 민주주의에 대한 격려(1960.6.21)라고도 했고 한국민들은 아이젠하워 한국전 종전에 대한 감사, 그리고 이승만 정권의 종말에 한국민들을 위해서 긍정적인 영향력을 행사해 준 것에 대한 감사의 표시라고 적으면서 4.19에 대한 미국의 간접적 영향력을 시사하고 있다.

4) 신생국가 민주주의의 문제점

한국의 4.19 소요와 새로운 선거 이후에도 한국 정치가 안정될 기미를 보이지 않고 새로운 불안이 나타나는 상황에 대해서 르 몽드는, 신생국가에서 당장의 민주주의의 안정을 바라는 것은 시기상조라는 입장과 그러기 위해서는 인적 자원이 너무 없다는 해석을 하고 있다(1960.7.31. "한국의 선거"). 선거가 끝나고 새로운 정부가 구성되겠지만 국민들을 만족시킬 수는 없고 학생시위가 다시 일어나는 이유는 인적 구성 자체가 구태의연하기 때문이라고 쓰고 있다. 과도정부하에서도 부패일소가 이루어지지 않았는데 그 것은 사람이 너무 없기 때문이라는 것이다.

이전의 기사에서도 한국이 민주주의를 하기 위해서는 교육이 부족하고 전문행정가의 양성이 절대적으로 필요하다고 주장했던 것과(1945.12.22. "한국은 독립을 원한다") 같은 맥락이라고 할 수 있다. 그래서 르 몽드는 한 국과 같은 신생 민주주의 국가에서 당장의 민주주의 안정을 바라는 것은 시기상조라는 견해를 피력했다.

2. 5.16 군사쿠데타

르 몽드는 5.16 군사쿠데타에 큰 관심을 보이고 많은 기사를 실었다. 특 히 로베르 길랭같은 기자는 A4용지 5페이지 정도 분량의 특별기사를 3회에 걸쳐서 낼 정도로 상당히 관심을 보이고 있었다. 그리고 그 기사 내용 역시 한국 정치, 경제, 그리고 미국 및 일본과의 관계 등 광범위한 분야를 아우르 는 거의 한편의 논문과 같은 분석기사로 한국을 자세히 소개하고 있었다.

또한 1960년대 당시의 동아시아 정세가 1954년 제네바협상에 의해서 독 립을 얻었던 두 프랑스 식민지 라오스와 베트남이 공산주의 민족주의자와 우파 사이의 내분을 겪고 있었던 상황이었는데 이들의 상황과 한국의 상황 을 비교하면서 한국은 이들 국가들에 비해서 안정되고 잘 훈련된 60만 군대 가 있고 인적·물적 자원과 정치적 경험을 가지고 있기 때문에 훨씬 미래의 전망이 밝다는 의견을 내놓고 있다.

그러나 첫 번째 시기 즉 1945~1955년까지 르 몽드의 한국관의 근거에는 반도국가, 주변국들에 의해서 분쟁에 휘말리는 국가라는 한국의 객체성이 기본 관점이었다면 두 번째 시기의 기본 관점은 미국이 후원하고 있는 국가, 아시아에 있어서 미국의 후원을 받은 민주주의의 시험대라는 관점이 전제되 어 있다. 한국 국내 정치에 대해서는 분파주의의 병폐가 자주 언급되고 있다. 정치의 분파성, 정당의 파편화가 프랑스 정치의 주요 특징으로 언급되고 있고 4공화국의 실패는 한국 2공화국의 무능과 상당히 유사함에도 이런 시각은 전혀 기사에서 읽을 수가 없고 한국은 지속적으로 라오스, 베트남 혹은 중국과 비교되고 있어서 프랑스 기자가 서구국가와 아시아국가를 상당히 분리해서 생각하고 있음 또한 알 수 있다. 5.16 관련 기사에 있어서 르 몽드의 전체적인 시각은 세 가지 관점 즉 군사정권에 대한 기대, 두 번째는 군사정권의 부정적인 측면 즉 군부지배, 엄격한 통치, 내분, 세 번째는 군부정권과 미국의 관계이다.

1) 군사정권에 대한 기대반 의심반

이 시기 르 몽드의 기사들은 일견 5.16에 대해서 어느 정도 기대를 가지고 있었던 것으로 보인다. 우선 가장 먼저 눈에 띄는 것은 한국에서도 아직까지 사건의 명칭에 대해서 논란이 존재하고 있을 만큼 5.16이 쿠데타인지 아니면 혁명이라고 부를 수 있는지 판단이 서지 않는데, 르 몽드 기사에서는 처음 5.16이 났을 때에는 반란(insurrection), 군사쿠데타(putsch), 정변(pronunciamento) 등의 단어를 사용하고 있지만 1961년 5월 23일 자 기사부터는 혁명(révolution)이라는 단어를 아무런 인용부호 없이 그냥 사용하고 있다.

물론 군사독재(dictature militaire)나 군부정권(régime militaire) 등의 용어는 사용하고 있지만 군부정권이라는 용어는 어느 정도 가치판단이 보류된 중립적인 단어라고 할 수 있다. 즉 군인으로 구성되어 있는 정권이라는 용어로 사용하여 가치판단이 어느 정도 보류되었다고 할 수 있다. 그러나 반란이나 군사쿠데타에 비해서 혁명이라는 용어의 사용은 분명히 이미 새로운 질서가 성립했고 엄청난 사회적 변화를 가져왔다는 의미가 내포되어 있다.

르 몽드 기사는 4.19에 대해서도 혁명이라는 용어를 사용했고 보다 자주 학생시위(manifestation estudienne)라는 용어를 사용하고 있다. 하여튼 르 몽드 기사에서 이미 5월 23일 기사에서부터 혁명이라는 용어를 사용하고 있는 것은 어쨌든 르 몽드는 군사쿠데타로 인한 정변이 새로운 질서를 만들었다는 것을 기정사실로 받아들이고 있음을 알 수 있다. 그리고 지속적으로 미국에 대해서 무너진 합법적 정부를 지원하는 것보다는 군사정부를 지원해야 한다고, 군사정부가 미국이 아시아 및 한국을 지키기 위한 마지막 카드라는 점을 강조하고 있다(Robert Guillain, "마지막 카드," 1961.7.20).

두 번째로 르 몽드가 군사정권에 대해서 어느 정도 기대감을 감추지 않고 있는 것은 5.16 이전까지의 한국 상황이 너무 안 좋았다는 점에 기초하고 있다. 즉 5.16 관련 기사에서 르 몽드는 5.16 이전까지의 한국 상황이 정치적으로 너무 혼란스러웠고 경제는 파탄상황에 이르러서 군사정권이 등장할 수밖에 없었다는 점을 강조하고 있다. 1961년 5월 17일 자 "쿠데타의 주동자가 원하는 것은 무엇인가?" 기사에서 쿠데타 주동자들이 원하는 것은 한국 내의 정치적 안정을 원하는 것이라고 알려졌다고 쓰고 있는데 여기에서 기자는(Robert Guillain) 1960년 학생혁명 이후의 장면 정부는 허약하고 효율이 전혀 없었기 때문에 한국 정치가 너무 혼란스러웠다고 적고 있다.

1961년 7월 18일 자 "권좌의 장교들" 기사에서는 박정희 국가재건회의 의장을 라오스의 콩레(Kong Le)[1] 대위나 중국인민군의 간부 등과 비교하면서 박정희와 더불어 권좌의 장교들이 봉기한 이유는 구정권에 대한 실망과 혼란이라고 설명하고 있다. "남한의 사이비민주주의 비극을 끝내고 국민들을 착취하는 정권을 벌주고 부패한 정치인들을 내쫓아서 새롭게 국가를 다시 만들려는 그들의 분노와 야만을 볼 수 있었고 그래서 이들이 한국의 콩레"라고 자세히 덧붙이고 있다. 물론 콩레나 인민군과는 달리 반공을 표방하고 있어서 그들의 이데올로기는 다르지만 그들이 구정권의 무질서와 폭정에 대한 실망과 분노로부터 쿠데타를 일으킨 점은 같다고 설명했다. 그들을 권력에 눈이 어두운 정치인이나 자신의 이익을 위해서 국가를 이용하는

---

1) 라오스 낙하산부대 대위로서 1954년 제네바협상에 따라 프랑스부터 독립한 라오스에서 친미정권에 대항해 쿠데타를 일으킨 중도파 군인.

무리들과 다른, 비교적 '순수한' 의도로 정변을 일으켰다는 점에 대해서 그 다지 의심하지 않고 있다.

구체제의 문제점들을 위의 기사에서 크게 3개로 적고 있는데 첫째가, 정 부의 비효율성, 즉 "정직한 총리의 우유부단함이 여당 내의 당파 싸움을 가 속화시켰고 거리의 시위를 만연케했다"고 했다. 두 번째는 부패인데, 이승 만 정권의 조직화된 부패와는 스타일이 다른 무정부상태의 부패, 정부가 부 패를 다스릴 만한 힘이나 의지가 없었다고 비판했다. 세 번째는 지나친 빈 곤은 오히려 남한의 공산화를 가져올 수도 있는 위험에 처하게 할 정도였다 는 것이다.

길랭의 다른 기사 "민주주의의 쇼윈도우"(1961.7.19)에서 그는 이승만 정 권과 장면 정권하에서 어마어마해진 암시장, 도시와 농촌의 빈곤, 이승만과 장면 정권의 경제정책의 실패 등을 나열하고 여기에 장기계획 없이 들어온 미국의 원조는 한국 경제를 피폐화시켰다고 적었다. 물론 장면 정부의 경제 개혁이 성공할 시간이 없이 바로 5.16이 일어났지만 장면 정부에 보다 많은 시간이 있었다고 하더라도 정부의 비효율성과 무능 때문에 과연 개혁이 성 공했을지에 의문이 있다. 이것은 곧 군사쿠데타가 있을 수밖에 없었던 원인 이며, 다른 한편으로 군사쿠데타가 성공하기 위해서 반드시 해결해야 하는 숙제라는 점을 짚고 있다. 군사정부가 경제만 성공하면 국민들은 그 정부를 지지할 것이라고 생각했고(1961.7.20. "마지막 카드") 군사정부가 시작한 성역없는 부패일소행동에 대해서도 긍정적인 기대를 하고 있다(1961.7.18. "권좌의 장교들"). 심지어 박정희를 대면하고 쓴 듯한 그에 대한 묘사에 있 어서도 그에 대한 긍정적인 표현을 느낄 수 있다. 그에 대해 신중하면서도 진지한 모습이었다고 쓰고 있다.

1961년 7월 18일 자 "권좌의 장교들" 기사에서 길랭은 박정희에 대해서 "작은 키에 마른 몸매이지만 그 앞에만 서면 굳게 다문 입과 웃음기 없는 시선의 강렬함, 단추 구멍 같은 눈으로 된 그의 마스크 뒤에 있는 것이 무엇 인지 그의 의도를 알아내기 위해서 그의 왜소함을 잊게 된다. 절제된 행동으로 그는 자신에게 던져진 질문을 움직이지 않고 주의해서 듣고 생각하는 충분한 시간을 가진 뒤에 가르치듯이 설득하듯이 낮은 목소리로 대답한다"고 적었다.

요약하면 이승만 정권과 장면 정권의 무능과 부패, 정치적 불안정, 경제적 피폐는 휴전 이후 8년이 지나는 동안 계속되어 오면서 국민들에게 많은 실망과 불안을 안겨주었기 때문에 이를 해결하기 위해서 군대가 일어났다고 르 몽드는 보고 있다. 이것은 1960년대 신생독립한 아시아 국가들이 가지고 있었던 병폐와 크게 다르지 않았고 그에 대해서 군이 개입한 것조차도 상당히 유사했던 '일반적인' 현상의 한국적 표현으로 기자들은 보고 있었다. 그런 점에서 군사정권이 이러한 문제를 해결할 수 있을까 하는 의심 반, 기대 반의 시선으로 지켜보고 있었다고 할 수 있다.

2) 군사정권에 대한 비판

르 몽드 기자들은 군사정권에 대해서 기대 반 의심 반의 불안한 시선을 거두지 않고 있었지만 기본적으로 군사정권을 바라보는 시각은 그것이 민간정부가 아닌 군사정권이며 그것이 합법적인 권력 승계가 아닌 비합법적·물리력에 의한 권력 승계라는 점이다. 군사정권에 거는 기대에 대해서 여러 기사들에서 자세히 쓰고는 있지만, 그것은 군사정권을 일종의 기정사실로 받아들이고 그 군사정권이 이런 과제들은 꼭 해냈으면 하는 바람이 들어있는 기사들이다. 그렇다고 이러한 바람이 군사정권을 지지하는 것은 절대 아니다.

첫째, 군사정권에 대한 비판은 그것이 민간정권이 아니고 군사정권이며 합법적인 헌정의 중단이라는 것이다 1961년 5월 23일 자 "미국의 대경실색한 눈 아래에서 한국에 군사독재가 이루어지다" 기사에서 "새로운 군사내각이 들어섰는데 그 모습은 모두 군복을 입고 있었으면 14명의 장관 중 10명이 군인이다. 심지어 그들 중에는 총을 허리에 차고 있는 사람도 있었다. 이들은 모두 40대 미만이다. 국가재건회의도 모두 군복을 착용하고 있었는데 심지어 관중도 군인이었다. 혁명의 주모자인 박 장군은 조용히 앉아 있었다. 새로운 정권에서 눈에 띄는 것은 민간인이 한 명도 없다는 것이다"라고 적으면서 내각의 모습을 정확하게 군사정부로 묘사했다.

두 번째, 군사정권의 조치가 너무 강경한, 군·경찰에 바탕을 둔 통치라는 점이다. 1961년 7월 20일 자 "마지막 카드" 기사에서 미국이 군사정부에 요청하는 네 가지 중 인권보장이 들어가는데 그것은 경찰에 의한 통치와 법에 의한 지배의 회복이라고 쓰고 있다. 군사정부가 미국의 요구에 대해서 정권의 통치를 순화할 어떤 대책도 내놓지 않고 있으며, 민주적 헌법 질서의 회복에 대해서도 아무런 말이 없이 오히려 정권을 강경화하고 있다고 비판하고 있다. 강압적 통치 방법과 군대와 경찰을 동원한 통치가 끝도 없이 계속될 것을 암시하고 있다. 이 기사에서 기자는 독재정권에서 스스로 민주주의를 도입하는 일은 결코 없고, 독재정권은 또 다른 독재정권을 낳아서 결국 민주주의는 멀어질 것이라는 예측을 하고 있다. 그래서 미국 케네디 정부가 군사정권의 승인을 망설이는 이유에 대해서 동의하고 있다.

또한 끊임없이 이어지는 숙청과 체포 등에 동반되는 인권유린에 대해서도 군사정권이 가진 문제로 지적하고 있다. 1961년 7월 20일 자 "마지막 카드"에서도 이 군사정권의 문제점을 군사정부가 쓰고 있는 폭력적인 통치 방법이라고 하면서 지속적으로 이러한 폭력적인 통치방법으로 통치한다면 지식인과 학생들이 결국 비밀스러운 반정부활동을 할 수밖에 없을 것이라고 예측했다.

세 번째의 비판은, 군사정권 내의 분파 간 갈등이다. 르 몽드가 1기의 한국 정치를 보는 기본 시각이 반도국가였다면 2기의 한국 정치를 보는 기본 시각은 분파주의, 내분이다. 군사정변의 성공 이후 첫 번째 군사정권의 일인자는 장도영이었고 장도영이 한 달 반 만에 제거되고 박정희와 송요찬의 이두마차로 군사정권이 유지되었다. 그리고 1963년 대통령선거에서 박정희가 대통령에 당선되면서 외양상으로 권력의 민간이양과 박정희의 독재체제가 성립되었다. 이 과정까지 오면서 군사정부 내의 여러 차례의 권력싸

움과 숙청이 있어왔다.

1961년 7월 5일 자 "사람들의 경쟁이 안정을 늦춘다" 기사에서 장도영의 사임과 박정희의 전면 등장을 보면서 군대 내에 상존하고 있는 집단 간의 권력투쟁이 해소될 때만이 안정이 될 수 있다고 적었다. 1961년 7월 20일 자 "마지막 카드"에서 길랭은 이 군사정부를 상당히 불안정한 팀으로 보고 있다. 군사정부 내의 끊임없는 권력투쟁으로 군대 내 온건파를 강경파가 몰아내고 권력을 잡았지만 실상 박정희가 이들의 핵심세력으로는 볼 수 없고 '김재춘'을 핵심세력으로 지적하며 또 다른 갈등의 가능성을 적었다. 또 다른 곳에서는 박정희와 김종필의 갈등 가능성에 대해서 적으면서(1963.3.18. "강한 권력의 톱니바퀴 속의 한국") 군사정부 내의 권력투쟁 때문에 정치적 안정이 어렵다는 것을 지적하고 있다.

다른 한편으로 군사정부 내에서뿐만이 아니라 기본적으로 한국 정치가 가지고 있는 병폐를 분파주의로 보고 있다. 1963년 3월 18일 자 "강한 권력의 톱니바퀴 속의 한국" 기사에서 한국 정치의 분파주의는 오래된 병폐라고 지적했다. 민간이양을 위해서 선거를 하지만 박정희의 공화당 이외의 정당들은 지리멸렬하게 분파로 나눠진 작은 정당이어서 도저히 이기기는 어렵다고 적고 있다.

3) 군사정권과 미국의 관계

5.16 쿠데타에 대한 기사 가운데 가장 많은 내용을 차지하는 것이 군사정권과 미국과의 관계이다. 대부분의 기사들은 미국이 과연 군사쿠데타에 대해서 알고 있었을까? 혹은 군사정권을 승인할까로 분석이 이어졌고 케네디 대통령이 과연 처음에는 장도영, 이어서는 박정희를 만날까 하는 것이며 연관하여 군사정권의 성공 여부는 경제재건에 달려있는 데 이를 위해서는 군사정부가 미국의 승인을 받아 원조를 확대하고 일본과의 화해를 통해서 재정적 지원을 확대하는 것이라고 적고 있다.

군사정부와 미국은 기본적으로 사이가 불편할 수밖에 없는데 그것은 첫째, 군사쿠데타는 미군 사령관에 대한 명령 불복종이기 때문이다. 르 몽드는 기본적으로 한국군이 유엔군사령관의 지휘 아래에 있고 유엔군사령관은 미국의 맥그루더 장군이기 때문에 미국의 지휘 아래에 있다고 전제하고 있다. 르 몽드는 한국군 내부에서의 쿠데타가 미군의 동의 없이 이런 것이 가능하리라고 아무도 상상하지 못했다고 적고 있다(1961.5.17. "한국의 혼란"). 그래서 미국 측에서는 주한대리대사와 유엔군사령관의 즉석 성명을 통해서 미국은 이에 대해 전혀 몰랐고 한국의 합법정부만을 지지한다는 발표를 했다고 적고 있다. 그래서 미국을 비롯한 외국인들은 쿠데타 세력이 누구인지, 쿠데타의 목적이 무엇인지 전혀 알지 못한다고 적었다(1961.5.17. "쿠데타의 주동자가 원하는 것은 무엇일까"). 또한 군사정부는 정변 이후 초기에 군내에서 유엔사령관에 복종하는, 즉 '혁명세력'에 반대하는 장성들을 모두 체포하였다. 이것은 결국 미국의 지휘권에 대한 도전이며 명령에 대한 불복종이라고 르 몽드는 썼다(1961.7.20. "마지막 카드").

두 번째, 미국과 군사정권의 관계가 불편한 이유는 1961년의 한국은 결국 미국의 작품이며 군사쿠데타가 발생했다는 것은 그 작품이 잘못되었다는 것을 보여주는 것이라는 시각이다. 두 가지 점에서 군사쿠데타는 미국의 한국 정책이 실패라는 것을 보여주는데, 첫째 한국군 자체가 미국의 지원에 의해서, 미국의 계획에 의해서 만들어진 미국정책의 결과이다. 그런데 그 군대가 쿠데타를 일으켰다는 것은 미국이 만든 군대에 의해서 미국이 공격을 당한 것과 같다는 것이다(1961.5.26. "워싱턴과 한국"). 미국이 지켜보는 가운데 그 지휘 아래에서 쿠데타를 계획하고 그것을 실행에 옮겼다는 것에 미국은 자신들의 정책이 실패했음을 스스로 보여준 것과 다름이 없다는 것이다.

다른 한편으로 4.19 혁명 이후에 성립한 장면 정권은 미국이 이승만을 대체하기 위해서 준비해놓은 카드였던 셈이다(1961.5.26. "워싱턴과 한국"). 물론 그 대안이 스스로 이승만을 대체하지는 못했고 학생운동의 매개를 통해서 이승만 정권이 무너지고 그 대안이 정권을 획득했지만 어쨌든 장면 정권은 미국의 지원이 없었다면 이루어지지 못했을 것이라는 것이 르 몽드의 판단이다(1961.5.26. "워싱턴과 한국").

1961년 7월 19일 자 "민주주의의 쇼윈도우" 기사에서 길랭은 휴전 이후 8년 동안 미국은 한국에 30억 달러를 원조해주었고 군사적인 지원까지 아끼지 않았다. 그 이유는 북한이라는 공산주의의 "코앞에서 부와 번영을 자랑하는 한국을 만들어 공산주의를 부끄럽게 할 민주주의의 쇼윈도우를 만들기 위해서"라는 것이다. 그런데 군사쿠데타는 이러한 쇼윈도우를 깼고 진열대는 텅텅 비어 북한을 부끄럽게 하기는커녕 오히려 미국의 물질적·인적 지원이 우스운 결과를 가져왔음을 보여주는 것이 되었기 때문에 미국은 군사정부를 달가워할 수는 없을 것이라는 해석이다.

세 번째, 미국이 군사정부와 불편한 관계일 수밖에 없는 것은 한국의 군사쿠데타정부를 인정하게 되면 아시아에 또 다른 국가들에게 일종의 모범이 될 수 있기 때문에 군사정부를 승인하는 것을 주저할 수밖에 없다는 것이다 (1961.7.20. "마지막 카드"). 1960년대 초 아시아의 신생민주주의국가에서는 미국의 지원을 받은 친미정권이 많이 들어섰다. 그렇지만 정치적 경험이 미숙하고 경제가 열악하며 민주주의의 연습이 되지 않아 대부분의 국가들은 민주주의의 공고화를 이루지 못하고 불안정한 정치체제가 나타나고 있었다. 이러한 상황에서 군사쿠데타를 일으킨 정부를 승인한다는 것은 다른 국가들이 미국의 정책에 대해서 잘못된 해석을 할 수도 있기 때문에 케네디 정부는 한국의 군사정권을 승인하는 것에 주저할 수밖에 없다는 것이다.

한편 군사정부 입장에서는 미국의 지원이 절대적으로 필요한 상황이었다. 즉 불법적인 방법, 폭력적인 방법으로 권력을 가졌기 때문에 국민의 지지를 받기 위해서는 빠른 시일 안에 성과를 보여야만 했다. 그것이 경제재건이다. 그러나 경제재건을 위해서는 미국의 원조가 그 어느 때보다도 절실하다(1961.7.20. "마지막 카드"). 미국 측에서도 한국의 경제가 실패하여 불만이 쌓이면 이들 중 공산주의로 전향하는 사람들이 나타나고 곧이어 공산화될 수도 있는 가능성 때문에 사실상 군사정권은 미국의 "마지막 카드"인 셈이다.

이러한 복합적인 관계가 미국과 군사정권 사이의 불편한 관계에 놓여 있다고 본 기자는 미국의 불편한 입장에도 불구하고 "마지막 카드"를 너무 지나치게 몰지 말고 지원하라고 제언하고 있다. 이러한 분석은 한국 관련 기사이지만 결국 한국 뒤에 있는 미국에 관해서 더 큰 관심을 보이고 있는 르 몽드의 입장이 그대로 드러나는 것이고 한국은 미국정책의 대상으로서 한국 자체의 문제로서보다는 미국정책의 실패로서 5.16을 평가하고 있다고 보인다.

III. 3기, 1966~1975: 독재적 군사정권, 경제발전과 그 한계, 학생 그리고 남북관계

이 시기는 군사독재체제 기간으로서 르 몽드 기사에서는 1965년의 한일국교정상화 관련 기사, 그리고 월남파병기사가 초기에는 많이 나오며 1967년 대선 이후부터는 유럽 학생들의 '강제귀국' 및 이들에 대한 '간첩'재판 기사가 많이 나온다. 이 세 가지 기사는 모두 박정희 권위주의체제의 한 면모들을 보여주는 것이라고 할 수 있다. 1970년대에 들어오면서 정치적으로 더욱 권위주의적이고 독재적인 스타일을 보이는 박정희 정권에 대한 기사와 더불어 한국 사회의 군사주의화에 대한 기사가 많이 나온다.

르 몽드 기사에서는 1965~1975년까지의 한국을 민주주의의 외양을 가지고 있지만 실질적으로는 비민주주의적 요소를 많이 가지고 있는 체제로 보았고 이러한 체제가 나타난 배경에는 군부의 집권, 군부 정치 권력의 강화 그리고 '한국식 민주주의'라고 박정희 정권이 명명하였지만 르 몽드가 '독재'라고 정의한 정치체제의 성립이다.

〈표 3〉 3기 르 몽드 기사 수

1966	1967	1968	1969	1970	1971	1972	1973	1974	1975	합계
11	41	17	28	31	26	41	34	38	57	324

두 번째로 이 시기 르 몽드의 주요 기사는 한국 경제에 관한 기사가 많다. 급속한 경제성장과 그 성장의 한계 및 문제점을 자세히 분석한 기사들을 볼 수 있다. 세 번째 이 시기 르 몽드의 한국에 대한 시각은 학생이다. 삼선 개헌에서 전혀 힘을 발휘하지 못한 야당보다는 정치적 위기 때마다 거리로 나와서 반정부세력의 중심이 된 학생시위에 관한 관심을 볼 수 있다.

마지막으로 르 몽드는 이 시기 한국기사에서 남북관계 및 국제관계를 설명하고 있다. 1960년대 후반부에서는 한일국교정상화, 월남파병으로 이어지는 일련의 사건들 속에서 한미일 삼각동맹체제 구상을 그려냈다. 1970년대 상반기에서는 푸에블로 사건이나 남한에 침투한 공비들의 사건들 그리고 판문점의 여러 사건들을 다루면서, 휴전 이후 15년 이상이 지났어도 여전히 변하지 않은 냉전의 한 모습과 서울을 중심으로 하여 경제발전이 급속히 진행되고 있는 한국의 무사태평한 모습을 대조하고 있다.

1. 군부집권의 강화 및 독재라고 할 수 있는 "한국적 민주주의"

1) 군사정권의 강화

이 시기 르 몽드의 한국 관련 기사 가운데 가장 두드러진 관심은 군부집권의 강화이다. 1965년 기사 35건은 대부분이 한일국교정상화 관련 소식과 이에 따른 한국과 일본에 국교정상화 반대 시위 관련 소식이다. 즉 박정희 정권은 국내의 광범위한 반대 시위에도 불구하고 한일국교정상화를 밀고나간 것이다(1965.6.24. "한일 조약에 반대하는 새로운 시위"). 르 몽드는 마침 1965년 7월 20일 유명을 달리한 이승만 관련 기사를 실으면서 이승만과 박정희의 대일정책을 비교하고 있다(1965.7.20. "끔찍한 노인네"; 1965.4. 14. "일본과 한국은 그들의 오래된 갈등을 청산하기로 결정했다"). 이승만은 독립운동에 일생을 바쳐왔기 때문에 일본을 끔찍하게 싫어해서 전쟁 이후 '리라인(Lee Line)'을 설정하고 이 안에서 조업하는 일본 어선들을 체포하였 다. 그리고 미국의 제안에도 불구하고 일본과의 관계 개선은 꿈도 꾸지 않 았다.

반면 박정희는 쿠데타 직후부터 경제발전의 초석을 마련하기 위해서 일 본과의 관계 개선에 적극적이었다(1962.3.17. "당장에 개선은 없다"). 물론 미국도 일본과 한국의 화해를 바라고 있었지만, 당시의 한국으로서는 경제 재건을 위해서 일본과의 관계 개선이 반드시 필요하여 박정희 정권은 정권 초기부터 일본과의 관계 개선을 추진하였다. 이는 경제발전이라고 하는 당 시의 국가 당면 과제 해결을 위해서도 반드시 필요한 것이었지만 박 정권의 존립 이유 및 성공을 위해서도 피해갈 수 없는 과제였다고 할 수 있다(1961. 7.20. "마지막 카드").

이런 점에서 르 몽드는 한일국교정상화는 박정희 정권의 집권 유지를 위 해서 반드시 필요한 것이었다는 점을 강조하고 있다. 실제 협상결과 국교정 상화 조약의 내용을 보면 한일 간의 어업분쟁의 근원이었던 이승만의 '리라 인'은 사실상 폐지되었고 한국의 영해는 일본의 '승인'을 받아 많이 축소되었 다. 또한 중요한 문제였던 재일동포의 지위 문제도 완전히 합의가 되지 않은 채 마무리되었고, 배상금도 많은 양보를 통해서 원래 보다 축소된 상태로 받 게 되었다. 이러한 과정에서 르 몽드가 강조하고 있는 것은 박 정권이 한일 국교정상화를 통해서 자신의 정권입지를 강화하려는 의도가 있다는 것이다.

두 번째 군사정권의 강화는 베트남 파병이다. 베트남 파병은 베트남에서 남북이 다시 맞붙을 수도 있는 위험한 선택이었는데(1967.5.5. "남한 대통 령의 재선") 박 정권은 이를 강행했다. 그 이유는 잘 알려진 대로 미국의 요청이 있었기 때문이고, 다른 한편으로는 이에 대한 반대급부로 한국군에게 지급되는 미국의 달러 때문이었다. 미국의 요청에 한국이 응한 것은 한일국교정상화와 더불어 아시아에 한·미·일 삼국의 '반공 군사 동맹'의 시초가 되었다고 보고 있다(1965.6.24. "한일조약에 반대하는 새로운 시위"). 그렇기 때문에 이러한 한·미·일 삼국의 동맹을 강화하고 박 정권의 반공을 보여줄 수 있는 좋은 수단이 베트남 파병이었다고 할 수 있다.

마지막 군사정권의 강화는, 1967년부터 시작된 소위 "동백림 사건"으로 알려진 유럽에 거주하고 있는 반정부적 성향의 유학생과 지식인들을 한국으로 강제송환하여 국가보안법 위반으로 재판한 사건에서 나타난다. 프랑스거주 유학생과 지식인들이 포함되어 있었기 때문에 프랑스는 큰 관심을 보이고 이 사건을 보도하고 있다. 르 몽드 기사는 두 가지 방향으로, 이것이 군사정권의 강화를 위한 반대파 숙청의 연장선이며, 다른 하나는 이 사건을 통해서 정권의 가장 큰 반대 집단인 대학과 지식인들에게 족쇄를 채우기 위한 정권의 술수라는 점(1967.11.10. "'북한 간첩' 재판이 서울에서 열린다. 프랑스에서의 실종사건")이라고 밝히고 있다. 군사정권을 강화하기 위한 반정부세력에 대한 처단이라는 것인데, 모든 기사에서 강조하고 있는 것은 정부가 주장하는 것과는 달리 이들은 공산주의자가 아니라 단지 정부를 지지하지 않고 있을 뿐이라는 것이다(1967.7.13. "본에서, 서울과 외교적 단절도 고려하고 있다"; 1967.11.10. "'북한 간첩' 재판이 서울에서 열린다. 프랑스에서의 실종사건"). 또한 박 정권에서는 1967년 대선에서 두 명의 후보가 북한과의 관계 개선을 주장하였다는 이유로 체포되었다고 하였다(1967. 7.13. "본에서, 서울과의 외교적 단절도 고려하고 있다"). 유럽에서 반정부 인사들의 강제귀환을 같은 맥락에서 반정부세력에 대한 처단이라는 의미로 파악하고 있다는 것이다.

두 번째 이 사건에서 강조하는 것은 박정희 정권의 중요한 반대세력으로 시위의 중심에 있는 집단이 대학과 지식인 집단이기 때문에 이들을 경계하려는 것이 정부의 목표라고 했다(1967.11.10. "'북한간첩' 재판이 서울에서 열린다. 프랑스에서의 실종사건"). 한국에서 시위가 날 때마다 그 중심에는 대학과 학생들이 있었고, 이들은 때로 정부의 양보까지 얻어낼 정도로 강한 힘을 가지고 있었다. 그러므로 정권의 강화를 위해서는 이들에 대한 어느 정도의 견제가 필요했고, 이것이 유럽 유학생 및 지식인들의 강제송환과 '북한 간첩' 사건으로 연결되었다는 것이 르 몽드의 시각이다.

이렇게 한일국교정상화, 베트남파병, 그리고 유럽유학생 및 지식인 간첩 사건을 독재정권의 강화를 위한 수단으로 르 몽드는 설명하고 있다.

2) 군사화된 사회

1970년대로 오면 르 몽드는 한국을 비민주적인 정치체제로 보고 있다. 이 비민주적 정치제체는 군사화된 사회, 개인의 자유제한, 국가보안법의 문제점 그리고 그 비민주주의성에 대한 설명을 중심으로 전개된다.

첫째, 군사화된 사회의 모습이다. 1968년 8월 16일 기사 "서울, 자유가 감시되는 곳"에서 "곳곳에 군대가 돌아다니고 국방의 중요성과 정권의 근원[2]이 무엇인지를 다시 한번 생각하게 한다"고 쓰면서 직접적으로 군대 중심 사회의 모습을 보여주고 있다. 이 기사에서는 1968년 1월 김신조 외 31명이 청와대에 대통령을 암살하러 온 사건 이후 국가는 더욱 군대화를 강화하고 있다고 했다. 민방위부대와 예비군이 조직되고 민방위부대는 도시를 순찰하고 있고 예비군은 20분 안에 소집될 수 있다고 설명한다.

기자가 특히 놀란 것은 이러한 군사주의화를 정부가 감추지 않고 오히려 당당하게 공표하는 모습인데, 그 이유를 미국에 한국이 자주국방이 가능하며 믿을 만한 동맹국이기 때문에 미국이 지속적으로 동맹국으로 한국을 생각하게 하려는 것이라고 설명하고 있다. 1970년 7월 20일 기사 "자유의 한 형태"에서는 젊은 민방위원들이 훈련을 하고 있고 등에는 배낭을 짊어지고 무기를 어깨에 둘러메고 있는 상황과 전쟁준비에 매진하고 있지만 동시에

---

2) 르 몽드는 박정희 대통령을 가리키는 용어로 시종일관 '박 장군(Général Park)'이라고 쓰고 있다.

한국 사람들은 자유로운 모습을 보이면서 살고 있는 모습을 대비하고 있다.

1972년 11월 3일 자 "서울에 계엄령이 모든 민주적인 삶을 숨막히게 한다" 기사에서 1972년 박정희 대통령의 계엄령 선포로 모든 정치활동은 중단되고 헌법적 자유는 유보되고 민간 행정 대신 군대와 경찰이 지배하는 모습을 설명하고 있다. 의회와 대학교 정당사무실에는 장갑차와 탱크가 지키고 있고 사방에 무장한 군인들이 총을 들고 감시하고 있는 물리력으로 이루어진 정치질서의 극단적인 모습을 설명하고 있다.

두 번째는, 자유의 제한이다. 1969년 7월 31일 "서울의 학생들은 공화국의 새로운 대통령을 원한다" 기사에서 박정희 대통령의 삼선개헌 시도 움직임에 학생들의 반대가 나타나자 이런 시위를 철저히 진압하는 모습을 담고 있다. 경찰은 여러 장비를 갖추고 곤봉을 사용하여서 시위대 학생들을 해산시키고 있고, 이에 정부는 좀 더 강하게 대처하라고 주문하였다는 내용을 담고 있다. 또한 학생시위는 한국에서 기본적으로 불법일 수밖에 없는 것이 시위법에 의하면 모든 시위는 이틀 전에 대학총장에 의해서 관계당국에 보고해야 하기 때문이라고 적고 있다. 심지어 르 몽드는 자유의 제한을 당연한 것으로 기대하면서 오히려 약간의 자유가 있는 상황을 놀라워하며 그것을 '자유의 한 형태'라고 적고 있다(1970.7.20. "자유의 한 형태"). 신문은 상당히 조심스럽게 쓰고 있지만 국민들은 신문에 발표된 내용보다는 소문이나 뒷이야기들에 더 관심을 갖는다든지, 통행금지로 거리가 조용해졌지만 아침만 되면 남대문 주위에 활기에 넘친다든지, 언론의 검열이 있지만 신문은 약간의 정부 비판은 한다든지 하는 것이다. 그러나 그것도 1972년 10월 유신과 더불어 완전히 끝이 나고 중앙정보부는 낮이고 밤이고 국민을 감시하고 주요 정치인들은 가택연금하고 대학은 휴교한다는 소식을 전하였다(1972.11.3. "서울에 계엄령이 모든 민주적인 삶을 숨막히게 한다").

세 번째는, 국가보안법이다. 1970년 7월 20일 자 "자유의 한 형태"에서 반공법을 '공산주의를 없애는 것만이 목표가 아니라 공산주의자들이 남한을 공격하기 위해서 이용할 수도 있는 것도 모두 없애는 것이 목표'라고 설명한다. 이에 따라서 김영일(필명 김지하)이 '오적'이라는 시로 정부를 비판했고 그는 절대 공산주의자라는 의심은 없지만 이러한 정부에 대한 비판이 광범 위하게 북한을 이롭게 하거나 혹은 북한이 이를 가지고 남한을 공격할 수 있기 때문에 반공법에 따라 그는 체포되었다는 설명을 하였다.

또한 1968년에 큰 사건이었던 유럽의 반체제 지식인들의 북한 간첩 혐의 사건 역시 르 몽드에서는 자신을 반대하는 세력들에 대해서 공산주의자라는 누명을 씌우고 이들을 숙청하는 비민주적 모습으로 보고 있다. 저명한 정치 학자 모리스 뒤베르제는 자신의 제자인 정하용이 위의 사건에 연루되어 사 형선고를 받은 것에 대해서 정권의 자비와 지식의 가치를 존중해달라는 호 소를 르 몽드에 기고하였다(1969.4.28. "긴장의 희생자?"). 이 기고에서 뒤 베르제는 이들을 남북한 긴장관계의 희생자 혹은 남한에 팽배해 있는 공산 주의 위험에 대한 긴장의 희생자로 보았고 정부의 선처를 호소했다.

네 번째는, 비민주주의성이다. 1969년부터 시작된 삼선개헌과정에서의 비민주주의성, 삼선개헌통과과정에서의 비민주주의성, 중앙정보부의 문제, 그리고 마지막으로 1972년 계엄령 선포와 헌법개정 그리고 한국적 민주주 의가 가지고 있는 비민주성의 지적이다. 1969년 시작된 삼선개헌은 박정희 가 원래 헌법을 준수하겠다는 약속을 깬 것이고, 또 의회 내에서 헌법개정을 통과시킨 과정은 상당히 비민주적이었다고 지적한다(1969.9.17. "다수당의 술수는 한국 민주주의의 권위를 약화시킨다"). 일요일 새벽에 야당의원들의 입장을 막고 국회 본회의장이 아닌 별관에서 이루어진, 여당만 참석한 가운 데 통과된 삼선개헌안은 한국 민주주의의 권위를 약화시킨다고 지적했다.

또한 이어서 국회 통과 이후 국민투표에 붙인 것 역시 실상은 비민주적인 데 겉으로만 민주주의의 외양을 쓰고 있다고 지적했다(1969.10.20. "헌법개 정에 대한 국민투표에서 박 장군의 확실한 승리, 상황에 맞춘 모습"). 르 몽드 기자는 "우리는 우리에게 맞추어 옷을 재단한다. 그리고 우리는 계절 에 따라 그것을 바꾼다"라는 박정희의 말을 인용하면서 그것이 민주주의인 지 반문한다. 이어서 르 몽드는 중앙정보부[3]의 활동을 크게 비판하면서 중앙정보부는 정권 통치의 핵심이며 권력의 막강한 도구인데 이 중앙정보부의 활동이 상당히 비민주주적이라고 지적한다. 1973년 12월 5일 중정부장 이후락의 실각을 다룬 기사에서("박정희의 라이벌, 중앙정보부장은 최근 내각 구성의 희생자가 되었다") 중앙정보부는 협박, 공포, 고문, 부패 등을 사용하면서 정권을 뒷받침하고 있으며 중앙정보부가 박정희의 중요한 정치적 라이벌인 김대중을 일본에서 납치한 사건으로 크게 비난을 받고 있다고 적었다.

또한 중앙정보부는 정권이 감추고자 하는 사실들, 예를 들어 야당의 활동이나 인권침해, 자의적 체포 등을 기사화했던 동아일보에 대해서 검열, 위협, 광고주를 협박하여 광고 못 싣게 하기 등을 통해서 엄청난 탄압을 자행하고 있다고 적고 있다(1975.1.29. "언론의 자유를 위한 한 신문의 투쟁"). 또한 중앙정보부는 외국기업까지 포함한 기업들을 위협하여 막대한 정치 헌금을 받아 그것으로 비밀활동을 하고 있다고도 하였다. 이러한 중앙정보부의 활동은 오히려 한국의 이미지 손상에 크게 기여하고 있다는 것이 르 몽드의 시각이다. 르 몽드는 이러한 비민주주의적인 남한이 북한과 무엇이 다른지 묻고 있다.

2. 경제발전과 그 한계

이 기간 한국 관련 기사들에 나타난 것은 한국의 1960년대 당면과제는 경제발전이며 사실상 상당한 경제발전을 가져왔다고 설명하고 있다. 그러나 이러한 경제발전은 여러 가지 문제도 함께 가지고 왔다고 분석하였다.

이전까지 르 몽드는 한국이 상당히 '호전적'이며 북한과의 경쟁을 통해서 통일을 이루려고 한다고 생각해왔던 것 같다(1967.8.1. "서울 지도자들에게는 통일을 준비하는 것이 자신의 경제를 강화하는 것이다"). 이 기사에서

---

3) 르 몽드는 CIA라고 적고 있다.

로베르 길랭은 남한이 북한에 대해서 호전적 의도를 가지고 있다고 알려져 왔지만, 그것은 이승만이 했던 '북진' 슬로건 때문으로 과거의 일이라고 주장하고 있다. 김종필 당시 공화당 총재와의 인터뷰를 통해서 '경제발전이 통일을 위한 준비이지 결코 북한에 대한 공격은 아니다'라고 설명하고 있다. 그래서 빈곤한 경제를 벗어나는 것이 박정희 정권의 당면과제이지만 또한 경제발전은 통일을 위한 준비라고 르 몽드는 보고 있다. 그리고 이를 위해서 한일국교정상화도 이루어졌으며 베트남 파병도 같은 연장선에서 생각하고 있다.

1967년 5월 5일 기사 "남한 대통령의 재선"에서 르 몽드는 베트남에 파병하는 것은 사이공에서 한국 기업에 이르기까지 그 중요성을 인정해왔는데 그중 미국의 직접적인 지원이 그 중요성을 가장 잘 보여준다라고 적고 있다. 그리고 이러한 정책들을 통해서 60년대 말 한국 경제가 상당히 좋아졌으며 이러한 자신감이 북한에 대해서 더 유연한 자세로 대하게 되었다고도 주장하고 있다(1967.8.1. "서울지도자들에게는 통일을 준비하는 것이 자신의 경제를 강화하는 것이다").

1) 지나친 수출 의존

한국 경제는 1970년대에 오면서 급속한 발전을 하고 있다(1970.9.7. "급속한 산업 팽창"). 그러나 이러한 발전은 긍정적인 면이 없지는 않지만 많은 문제를 낳고 있다고 보고 있다. 우선 지나친 수출 의존, 그리고 외국 의존이다. 한국 경제는 다른 저발전국가들과는 달리 1차 상품이 많지 않기 때문에 외국으로부터 원자재를 수입하여 가공 후 수출하는 무역이기 때문에 외국으로부터의 원자재 수입이 전제되어야 한다. 그렇기 때문에 외국으로부터 원자재를 수입하기 위한 외자유치가 절대적이어서 수출이 활발하면 할수록 외채는 증가할 수밖에 없는 구조를 가지고 있다. 이 외채 중 상당 부분은 미국과 일본에서 도입되며 산업이 발달할수록 점차 일본에의 의존이 높아지고 있는 문제를 지적하였다.

일본에의 의존은 특히 일본의 식민지였던 한국의 과거를 기억하면서 일본 군대가 다시 들어오는 것은 싫어하지만 일본 돈의 유입은 좋아한다고 꼬집고 있다(1970.9.7. "남한은 일본의 경제적 지원에 광범위하게 도움을 요청하고 있다"). 이것을 한국의 학생들은 '신식민주의'라고 비판하면서 정부의 이러한 정책에 심하게 반발한다는 기사도 냈다(1970.9.7. "학생소요와 게릴라"). 또한 심지어 보다 많은 일본으로부터의 외화를 벌어들이기 위해서 기생관광까지 정부가 나서서 직접 권장하고 있다고도 했다(1973.11.17. "일본인만을 위한 한국식 섹스투어").

일본지원에 의존하는 것을 르 몽드 기자는 '박정희가 이승만보다 덜 민족주의적'이라는 표현으로 설명하고 있다(1971.4.29. "박 장군이 남한 대통령으로 다시 당선되었다"). 일본군 장교였던 그는 한일 간의 경제적 연결을 강화하는 데 크게 기여하였다고 적고 있다. 이러한 일본에의 의존은 결국 1973년 오일쇼크 이후 일본의 투자가 줄어들면서 경제적 위기에 봉착하게 되었다고 분석했다(1974.1.12. "경제 붐의 종말").

2) 불균형한 발전

두 번째는 불균형한 발전이다. 도시는 발전이 이루어졌지만 농촌은 여전히 열악하며 경공업은 발전했지만 중화학은 이제 발전 초기이며 소비재 생산은 활발하지만 사회 인프라 구축 및 장기적 발전을 위한 투자는 없다는 분석이다(1974.1.12. "경제 붐의 종말"). 도시의 지나친 발전으로 서울은 인구과밀이 되고 있으며 농촌의 인구는 도시로 빠져나가고 있다. 농촌에 대한 투자가 미흡하고 농업생산력 증대에는 관심이 없다. 그래서 도농 간의 불균형이 극심해진다는 지적이다. 물론 새마을운동과 더불어 농촌의 발전도 외양으로는 어느 정도 이루어지고 있지만 새마을운동은 농민의 자발적인 주도로 이루어지는 것이 아니라 관 주도의 정책이라서 오히려 관이 농민을 조직하고 동원하고 있다고 비판하였다.

또한 일본식 모델의 도입으로 당장의 성장만을 목표로 하는 성장위주여서

장기적인 발전이나 인프라 구축은 신경을 못 썼기 때문에 오일쇼크와 더불어 큰 위기에 봉착하게 되었다고 분석했다. 지나친 농촌의 피폐는 어쩌면 공산주의의 전략에 농민들이 쉽게 유혹될 수 있는 위험도 있다고 지적했다.

마지막으로 경제발전의 한계는 삶의 질을 고려하지 않은 성장전략의 문제이다. 박정희 정권은 당장의 성장만을 목표로 하였기 때문에 값싼 임금과 결사의 자유를 인정하지 않는 정책으로 노동자들의 삶은 열악하기 그지없다고 비판했다. 일본에 비해서 1/3에 지나지 않는 임금에다가 휴가도 없이 아무런 보험도 없이 노동자들은 열악한 노동환경에서 하루 10시간 이상의 노동을 하고 있어서 성장의 열매가 이들에게는 하나도 돌아가지 않는다고 지적했다.

3. 남북관계

르 몽드의 한국 문제에 대한 지속적인 관심은, 한반도는 냉전의 접점이며 결국 아시아에서 미국의 역할, 전후 미국과 소련이 주도하는 국제질서의 문제이다. 이런 관점에서 1960년 한일국교정상화 및 베트남 파병도 같은 선상에서 다루어지고 있다. 한일국교정상화는 한국과 일본만의 문제가 아니라 한국전 이후 미국이 지속적으로 원하고 있다는 관점을 가지고 있다(1965. 4.14. "일본과 한국은 그들의 오래된 갈등을 청산하기로 결정했다"; 1965.6. 24. "한일조약에 반대하는 새로운 시위"; 1965.7.20. "끔찍한 노인네"; 1965. 8.28. "한국의 소요"; 1967.5.5. "남한 대통령의 재선"). 이 기사들은 한일국교정상화에 반대하는 한국의 시위와 일본의 시위는 단지 한국과 일본의 국교정상화 자체에 반대한다기보다는 이를 통해서 한국과 일본 그리고 이를 원하는 미국 간에 연결되는 한미일 삼각 동맹체제의 시초에 대한 반대라고 적고 있으며 이러한 일련의 사건들은 자칫하면 남북한의 갈등을 고조시킬 수도 있는 위험한 발상이라는 생각을 하고 있다고 주장하고 있다.

르 몽드는 판문점의 모습을 스케치한 기사에서 휴전 이후에도 한반도에 평화는 오지 않고 긴장이 계속되고 있다고 적었다(1968.8.15. "냉전이 계속되는 곳"). 판문점은 절차, 언어, 태도 등에서 냉전의 가장 나쁜 예를 보여준다고 했다. 또한 이전보다는 판문점에서의 무력 충돌 횟수는 상당히 줄었지만 여전히 북한, 중공, 미국, 남한이 대치하고 있으며 군사적인 불안정이 지배하고 있는 곳이 한반도라는 시각은 변함이 없다. 또한 푸에블로호 사건과 같이 미국이 개입한 군사적 첩보전의 대립은 한반도를 더욱 불안한 지역으로 몰고 가고 있다는 것이 르 몽드의 시각이다(1969.1.29. "한국 새로운 사건").

1974년 1월 12일 "경제 붐의 종말" 기사에서 남한의 문제는 이곳이 여전히 갈등의 땅이라는 것이라고 지적했다. 4강이 대치하고 있고 그 사이에서 박정희 대통령은 북한과의 체제 경쟁에서 이기기 위해서 경제적으로 북한을 이겨야 한다는 생각을 강하게 하고 있다는 것이다. 즉 박 정권이 경제발전에 사활을 거는 것도 한국이 남북관계라는 긴장 속에 놓여 있기 때문이라는 설명이다.

다른 한편으로 르 몽드 기자들이 가장 신기하게 생각하는 것은 판문점의 긴장이 일상생활에서는 전혀 나타나지 않는다는 것이다. 1970년 7월 20일자 "자유의 한 형태" 기사에서도 판문점의 긴장이 길거리에서 뛰어노는 어린이들의 얼굴에서는 찾아볼 수 없고 가난하지만 심지어 명랑하기까지 한 한국 사람들의 활기가 이들에게 가장 이상하게 느껴진다고 했다. "냉전이 계속되는 곳"(1968.8.15) 기사에서는 수도인 서울에서의 무사태평함이 신기하게 느껴진다고 적었다.

4. 학생의 힘

네 번째 이 시기 르 몽드 기사의 초점은 학생의 힘이다. 심지어 독재라고

까지 표현되는 극심한 군사정권은 국가보안법과 경찰력, 그리고 중앙정보부를 동원하여 철저하게 국민을 감시하고 국민의 자유를 박탈하고 있고 온갖 술수로 정치권력을 유지하고 있는데 야당은 그야말로 아무런 힘도 없고 국민들의 신뢰도 받지 못하고 있다. 다만 1971년 대통령선거에서 야당의 지도자 김대중은 국민들로부터 큰 지지를 받았지만 그 이외에는 주목할 만한 정권에 대항하는 어떠한 의미 있는 사건들이 없다.

한국은 한 번도 정권교체가 평화롭게 이루어진 적이 없는 국가라고 적고 있다(1971.4.29. "박 장군이 남한 대통령으로 다시 당선되었다"). 전쟁과 쿠데타로만 점철된 정권교체의 역사에서 김대중이 그나마 유의미한 지지를 얻었다고 평가하였다. 이러한 상황에서 유일한 정권 반대 세력은 학생들이라는 것이다(1970.9.7. "학생소요와 게릴라"). 학생들은 1960년 이승만 정권을 무너뜨렸으며 1964년 한일국교정상화에서 한국 정부의 지나친 양보적 태도를 비판했고, 1967년 부정선거를 고발했으며, 1969년 삼선개헌에 반대했다. 이러한 일련의 한국 정치의 전개과정은 학생들을 중심으로 이루어졌으며 학생들이 아니라면 박 정권은 아무런 반대 세력을 가지지 않는다고 지적했다.

그렇기 때문에 박정희의 군사정권은 1968년 유럽 반체제 지식인들의 간첩사건 및 국가보안법 적용 등을 통해서 이러한 반정부세력을 탄압하고 군사독재를 이루기 위해서 노력한다고 르 몽드는 보았다. 국가보안법 때문에 학생시위는 상당한 위험에 처하고 있어서 학생데모는 효과가 있다기보다는 오히려 학생들을 위험에 처하게 한다고 지적했다.

IV. 4기, 1976~1985: 독재적 군사정권, 경제발전과 그 한계, 군사정권 지지에 있어서 미국의 모호성, 전통적 사회구조가 해체되는 한국 사회

이 시기는 박정희 독재체제의 마지막 시기와 전두환 정권으로 이어진 시기이다. 이 기간 르 몽드의 기사 중 많은 비중을 차지하는 것은 한국 경제 관련 기사로서 한국 경제의 놀라운 성장에 놀라워하면서도 다른 한편으로 이러한 성장의 그늘에는 사회정책이 거의 없는 상황에서 저임금에 내몰린 노동자의 열악한 상황에 대한 것과 지나치게 외국의존적인 시장구조로 인한 석유파동 이후의 어려움 그리고 재건의 노력 등이 소개되고 있다.

두 번째는 역시 박정희 정권의 비민주성이며 박정희 사후 그의 정권에 대해 설명이 여러 기사에서 나타나고 있다. 세 번째는 한미관계에 대한 기사이다. 박정희 사후 박정희의 죽음에 미국이 어떤 역할을 한 것은 아닌지 그리고 전두환 정권에 대한 미국의 태도에 대한 기사를 통해서 이 시기 미국은 한국에 대해서 이중적인 혹은 위선적인 태도를 보인다는 것이다. 한편으로는 카터의 한국방문 기간 중 인권상황에 대한 개선을 요구하는 태도이며, 다른 한편으로는 강력한 질서 유지를 통한 미국 비즈니스계의 이익을 대변하는 태도이다. 네 번째의 기사는 한국 사회의 변화이다. 전통구조가 해체되며 근대화되는 시기에 나타나는 다양한 측면이 기사에서 소개되고 있다.

이 시기 전체 기사 수는 484건인데 그중 1980년 광주소요에 따르는 기사

〈표 4〉 4기 르 몽드 기사 수

1976	1977	1978	1979	1980	1981	1982	1983	1984	1985	합계
39	46	28	60	108	27	36	37	44	59	484

의 폭주로 나타난 기간을 제외하더라도 이전 기간에 비해서 많은 양의 기사가 소개되었다. 많은 기사들이 기자의 기명기사이며 분석기사들이 많아서 한국에 대한 관심의 증대를 알려준다. 그러나 대부분이 도쿄발 기사여서 여전히 기사들의 내용이 일본 언론의 시각을 많이 반영한 것이 아닌가 하는 의구심이 있다.

1. 한국 경제의 빛과 그림자

이 시기 한국 경제는 박정희 정권 하반기에 두 차례의 오일쇼크를 겪으면서 일시적인 경제적 침체를 겪었고, 곧 이어서 경제적 회복이 있었던 시기이다. 이러한 특징을 설명하기 위해서 르 몽드의 기사는 크게 놀라운 성장에 놀라워하면서, 두 번째 이 놀라운 성장률이 수출 중심에 즉 모든 것을 희생하고라도 수출장려정책을 추진하는 한국(1977.3.31)에 대한 기사로, 세 번째는 이러한 성장의 또 다른 모습은 성장의 그림자이기도 한데, 바로 외국의 존적인, 즉 자체의 자본이 없이 외국자본의 유치 및 외채에 의존한 경제성장이라는 측면을 중심으로 설명하고 있다.

1) 놀라운 성장률과 통제

한국 경제는 1963~1976년 사이 평균 9.7%의 성장률을 자랑할 정도로 놀라운 성장을 보여온 국가이다. 이러한 성장은 다른 국가들에서 그 예를 찾아보기 힘든 것이라는 것이 르 몽드의 시각이다. 놀라운 성장률에서 르 몽드 기자가 관심을 가지는 것은 한국의 놀라운 성장이 이제 많은 해외시장을 잠식할 수도 있다는 두려움 같은 것이다. 1976년 8월 4일 자 "파리는 한국에 원자력 발전소 두 개를 지을 것이다" 기사에서 프랑스의 한 연구기관에서 한국 기업과의 협력가능성을 연구한 보고서에 의하면 한국 기업의 생산품이 프랑스 국내시장을 잠식할 것이라고 했다는 내용을 보도했다. 특히 전자 분야는 일본의 뒤를 이어서 세계시장을 넘보고 있으며 이 시기에 이미 착수된 한국의 자동차 분야 진출은 1980년대가 되면 프랑스 국내시장의 잠식도 가능하다고 우려 섞인 예측을 내놓았다.

다른 기사 1980년 10월 9일 자 "기술관료들을 부름" 기사에서는 전두환이 정치권력을 장악하면서 긴축과 재건 두 가지 목표를 설정했다고 보았다. 특히 경제 재건을 위해서는 산업의 재편성 구상이 있다고 밝히면서 대우 전자부문의 재편성을 통해서 경쟁력 있는 컬러텔레비전의 생산을 예측했고, 자동차산업의 발전을 위해서 현대로의 재편을 설명했다. 이러한 기사를 통해서 한국의 높은 경제성장률은 결국 해외 시장에서의 경쟁력을 가져오며 이러한 경쟁력은 결국 프랑스와 같은 국가들의 국내시장을 넘볼 것이라는 우려 섞인 예측을 내놓았다. 이러한 성장은 박정희 대통령이 초등학교 교사와 일본군관학교를 졸업한 경력으로부터 습득한 규율 덕분이라는 것이 르 몽드의 설명이다. 그의 강력한 리더십과 규율에 힘입어 경제를 철저히 통제하는 방식이 놀라운 성장률의 배경이다.

1977년 3월 31일 기사에서 기자(Philippe Pons)는 한 정부 고위공직자의 말을 인용하여 "한국이 처한 경제적·정치적 상황에서 서구가 말하는 민주주의라는 것은 우리가 제공할 수 없는 사치이다. 우리를 비판하는 그 서구가 우리가 한다고 비판하는 것보다 더 잔인한 방법으로 번영을 구축하지 않았나?"면서 한국은 민주주의를 일단 유보하고 위로부터의 강력한 리더십을 바탕으로 하여 경제를 이끌어가고 있고 그것이 높은 성장률의 배경이라는 시각을 가지고 있다. 여러 차례 르 몽드에는 "경제발전의 조건이 내부적 안정인가", "경제발전이 자유와 함께 할 수 있는가"(1977.3.30. "박 대통령의 우상화")라는 질문을 던지면서 놀라운 경제성장과 강력한 내부 통제는 동전의 양면이라는 생각을 가지고 있는 것으로 보인다.

1977년 3월 31일 자 "모든 희생을 치루더라도 수출을"의 기사에서 한국이 외국자본을 안심시키기 위해서 경제 문제에서의 자유주의를 권장하고 있지만, 실제로 정부는 경제에 대해서 강력한 통제를 하고 있다고 쓰고 있다.

계획의 목적은 강제적이며 '제안'은 사실상 명령으로 정부는 제안의 이름으로 경제계에 명령을 하고 있으며 계획의 이름으로 경제계에 대해서 강제를 행사하고 있다는 것이다.

실제로 한국 정부는 기업들에게 명백한 억압의 수단을 사용해왔는데 대부분의 은행들은 국영이거나 정부가 상당히 지분을 가지고 있는 형태여서 정부의 결정에 따라서 수출지향적 기업을 지원해주고 이들의 수출이 유리하도록 하는 상황을 만들어 준다는 것이다. 또한 한국의 경쟁력의 상당 부분은 낮은 임금과 노동인구의 생산성인데 이것이 지속적으로 가능하도록 정부는 노동력의 규율을 강제하고 있다는 설명이다.

2) 외채 및 외국에 대한 지나친 의존

한국 경제의 문제에서 르 몽드 기자가 항상 강조하는 것이 경제발전의 기초가 지나치게 외국 의존적이라는 것이다. 지난 시기에 이어 한국 경제에 대한 르 몽드의 변함없는 시각은 한국 경제가 지나치게 외채 및 외자 의존적이라는 것이다. 1976년 1월 5일 "한국 경제상황" 기사에서 외채가 심각하며 지난 5년 사이에 두 배로 증가했다고 썼다. 1976년 8월 4일 자 "파리는 한국에 원자력발전소 두 개를 지을 것이다" 기사에서 미국은행 컨소시엄에서 한국은 8천만 불을 빌렸고, 프랑스인도차이나 수에즈 은행의 서울지점이 1974년 문을 열었고 이 은행지점의 중요한 역할도 프랑스가 한국에 대해 외채를 제공하는 것이라고 밝혔다. 한국 정부는 외채 상환 능력이 충분히 있다고 역설하며 구조적이기보다는 일시적이어서 외채도입을 통해서 물건을 생산하여 수출하여 상환되면 해결되는 문제라고 하지만 기자가 생각하기에는 단기대출까지 포함하여 그 규모가 상당하기 때문에 한국 경제의 위험이 될 것으로 예측하고 있다.

1977년 3월 31일 자 기사에서는 "경제는 수출중심으로 외자에 의존해서 돌아가고 있지만 1976년 한 해 동안 눈부신 부흥을 하고 있다. 1974~75년 에너지 가격의 상승대문에 원자료가 거의 없는 한국은 상당히 위험해보였다. 어떤 이들은 재정적인 문제가 발생할 수도 있다고 염려했다. 상당히 높은 경제성장률을 유지하기 위해서 정부는 끔찍한 인플레이션(1975년 25%)을 감행했고 상당한 외채를 감당하기 위해서 재정적 균형의 중요한 절하를 시도했다. 1975년 말 지불위기에서 한국은행은 매일매일 결산을 하면서 미국은행의 도움으로 겨우 위기를 모면했다"라고 쓰면서 한국 경제가 지나친 외채로 인해서 위험이 있을 수도 있음을 경계했다.

이러한 외채 및 외국 자본 투자에 의존한 경제발전 방식은 상환에 따르는 어려움뿐만이 아니라 해외 사정에 의해서 심각한 어려움에 봉착할 수 있음을 경계했다. 즉 1979년 박정희의 죽음으로부터 시작된 한국 경제의 위험은 단지 통제 경제의 중앙에 놓여 있던 지도자의 죽음으로 인해서 오는 혼란과 더불어 경제가 상당히 외부의존적이기 때문에 외국 시장의 보호주의적 성향은 한국 수출에 타격을 줄 수도 있고 국내적 정치상황의 불안정 역시 경제를 어렵게 할 수 있다는 것이다(1977.3.31).

1980년 10월 9일 자 "기술관료들을 부름" 기사에서는 한국 경제의 위기가 나타난 것은 전 세계적인 경제적 둔화로 구매력이 떨어진 상황이 한국 수출에서 먹구름이 드리우게 했고 석유가격의 폭등과 같은 외부적인 효과가 이러한 위기를 가중시켰다고 평가하면서 한국 경제의 지나친 외국 의존이 문제를 가져옴을 설명했다.

3) 수출 중심의 경제

외부 의존적 경제의 문제는 결국 한국 경제의 방향이 수출장려정책이기 때문이라는 것이 르 몽드의 시각이다. 1977년 3월 31일 자 "모든 희생을 치루고라도 수출을" 기사에서 한국은 수입은 철저히 제한하고 수출을 극대화하면서 한국 경제를 견인하고 있다고 설명하고 있다. 최근에는 조선소와 자동차산업에 관심을 극대화하면서 이제까지 경공업 중심의 수출전략에서 보다 부가가치가 높고 기술집약적인 이런 분야로 관심을 돌리면서 더 많은 경제적 이득을 추구하고 있다고 설명했다.

그러나 이러한 수출지향정책의 문제는 해외시장의 상황에 따라서 수출정책 때문에 한국 경제의 발전정책 전체가 실패로 돌아갈 수도 있다는 것이다. 한국은 의류로 시작해서 다양한 분야로 수출을 확대하고 있지만 해외시장 상황의 변화로 수출이 예정된 수치를 달성하지 못할 경우 외채 상환이 어려워지고 이것은 다시 경제적 위기상황으로 연결되기 때문에 지나친 수출 중심정책은 위험이 있다는 경고이다. 또한 여기에 내외적 정치적 불안정이 더해지면서 어려움이 가속화될 수 있다고 보았다.

2. 박정희, 전두환으로 이어지는 군사정권의 연장

이 시기 많은 기사들이 경제 문제와 더불어 한국 군사정권의 비민주적인 상황을 보도하고 있다. 이 기사들에서는 박 대통령 권위주의정권의 기초가 된 중앙정보부의 문제점, 이와 연결된 미국 내 정치인 뇌물 스캔들인 박동선사건, 새마을운동, 군비경쟁의 문제까지도 정치권력을 강화하기 위한 수단으로 파악하였다. 사실상 새마을운동은 원래는 농촌의 개혁운동으로서 산업화 근대화 과정에서 소외되었던 농촌의 소득을 증진시키는 운동이었지만 박정희 정권은 이를 지방의 지지세력 확대 및 조직화, 그리고 농민의 동원 구조로 연결시켰다고 보았다. 1980년대 기사의 폭발은 1980년 5월 18일 광주 중심의 광주소요에 관한 보도였으며 르 몽드는 광주소요에 대한 전두환의 잔혹한 진압과 정권 안정의 수단으로 사용한 측면으로 비판적으로 보도하였다.

1) 경제발전을 위해 요구되는 내부적 안정

이 시기 르 몽드의 박 정권에 대한 기사의 가장 큰 관심사는 과연 경제발전이라고 하는 좋은 가치를 이루기 위해서 철저한 내부적 안정, 자유의 제한 같은 부정적인 가치가 필요한가 하는 질문이다. 다른 곳에서는 자유나 민주주의가 사치라고 말하는 한국 관리들의 말을 인용하여서 과연 그런지를 묻고 있다. 그러나 르 몽드 기자의 마음속에는 이러한 언변들은 결국 박정희 정권이 정권을 유지하고 지속하기 위한 일종의 수사이며 박 정권의 모든 정치적 활동은 정치권력을 연장하기 수단이라는 생각이다.

1977년 3월 30일 "박 대통령의 우상화" 기사에서 내부적인 안정이 경제발전에 꼭 필요하다는 것은 잘못된 생각이라며 1973년 학생시위가 한창이던 때에 경제성장은 16%에 이르렀다는 사실은 상당한 자유가 오히려 안전이나 발전의 걸림돌이 되지 않고도 충분히 가능하다는 것을 보여준다고 직접적으로 주장했다. 1979년 10월 29일 "서울당국이 한 죽음이 사고였다는 소문을 퍼뜨리고 있다. 18년 독재" 기사에서 박정희는 2년 이후 민정이양을 약속하고 미국으로부터 인정을 받았고 실제로 2년 후 민정이양을 했지만 민정이양이 민주주의를 의미하지는 않았다고 적고 있다.

박정희는 어떤 좌파적 성향의 정당도 한국 정치에 받아들이지 않았으며 15년 동안 계엄령과 국가비상사태의 연속을 통해서 통치했다고 적었다. 이것은 박정희가 미국이 한국에 원하는 것, 즉 통치를 통해서 북한의 공격을 막고 안정된 한국 사회를 만들면 미국으로부터 인정을 받을 수 있다는 것을 알았기 때문에 미국이 원하는 것을 하면서 동시에 자신의 정치권력을 끊임없이 연장하여 18년 동안 독재를 했다고 썼다. 그래서 경제발전을 위해서 내부적 안정이 필요한 것이 아니라 정권의 연장을 위해서 경제발전이 필요했고 경제발전을 신속히 이루기 위해서 철저한 내부적 통제가 필요했다는 시각을 보여주었다.

2) 통제의 수단: 탄압, 불관용, 감시

박정희 정권 유지의 수단은 탄압과 불관용, 그리고 감시였다. 김대중과 같은 야당지도자는 수차례의 투옥과 납치를 통해서 철저히 탄압했는데 1976년 8월 30일 "야당지도자가 8년 감옥형을 선고받았다. 우리는 지킬 것이 없다" 기사에서 김대중이 체포 직전 했던 말을 통해서 박정희 정권의 실체를 설명했다. 즉 김대중이 "우리는 북한에 대해서 지킬 것이 하나도 없다. 우리는 민주주의가 아니다"라고 한 말을 통해서 북한에 대해서 남한을 지키기 위해서 국가보안법과 중앙정보부 등을 통해서 북한 간첩을 색출하고 국가 전복의 위기를 사전에 차단하기 위해서 노력하지만 우리가 가진 것은 민주주의도 아무 것도 아닌데 북한과 다를 바도 없는데 무엇으로부터 우리를 지키려고 하는 것이냐는 그의 진술이 르 몽드가 한국 정권의 보는 시각이라고도 할 수 있다.

박정희 정권의 감시와 통제의 수단이 되었던 것은 1961년에 만들어진 중앙정보부이다. 1979년 10월 29일 기사에서 이 조직의 문어발식 구조는 사방에 퍼져서 사회를 감시하고 있으며 15,000명의 직원과 국민의 1%에 해당하는 30만 명에 달하는 정보원이 활동하면서 서로를 감시하고 국민을 틀에 집어넣고 있다고 적었다.

1979년 10월 29일 "가장된 쿠데타?" 기사에서는 18년 동안 철의 통치를 했던 박정희는 반대파뿐만이 아니라 자기의 부하 가운데에서도 자신의 라이벌이 될 수도 있는 사람은 모두 제거했는데 이러한 일을 하는 데 도구가 되었던 것이 중앙정보부라고 적고 있다. 중앙정보부는 그의 명령에 따라서 살인, 납치 등을 했는데 결국 그 중앙정보부장에 의해서 그가 사용했던 방법에 의해서 그가 죽음으로써 자신의 사람과 자신의 방법에 의해서 자신의 희생된 아이러니에 대해서 적고 있다.

3) 유신 정신과 새마을운동

권위주의정권의 통치 도구가 감시와 통제였고 그 도구가 되었던 것이 중앙정보부였다면 지방을 조직화하여 정권의 지지기반으로 삼기 위한 도구는 새마을운동이었다고 르 몽드 기자는 보도했다. 1977년 3월 30일 기사 "박대통령의 우상화"에서 기자는 "헌법의 기초가 되는 유신에 대한 공부는 모든 초등학교의 시민교육과정의 프로그램에 포함되어 있다. 새마을운동은 원래 농촌을 발전시키기 위한 운동이었는데 모든 사회활동으로 확장되었고 대통령의 지침을 전달하는 도구가 되고 있다. 새마을운동은 사실 농촌의 가치를 고양하고 농민의 삶의 조건을 개선하기 위한 것이었다. 그러나 이는 또한 아시아 저항의 근거지인 농촌 그리고 특히 한국에서는 여당 투표의 보고인 농촌을 통제하는 시스템이다"라고 보도했다.

또한 이 새마을운동은 농민뿐만이 아니라 산업계, 교수 등이 서울 근교의 새마을 본부에서 실습을 하고 있으며 22,800여 명이 이미 이 실습을 받았는데 "유니폼을 입고 모자를 쓰고 1주일 동안 스파르타식의 삶을 통해서 상부상조의 뜨거운 정신을 배우고 있다. 매일 국기에 대한 경례로 여명을 열고 신체단련 훈련을 한다"고 거의 군사훈련 방식과 유사한 스파르타 훈련으로 국민을 조직하고 있다고 쓰고 있다. 이에 대해서 기자는 "긴 역사와 고대의 풍부한 문명을 가진 국민들이 표현의 자유를 죄로 생각하도록 하는 것이 진보"인가 물으면서 기사를 마쳤다.

4) 광주소요의 무력진압

박정희 정권에 이어서 르 몽드에서 다룬 주요 기사들은 박정희 피살 이후 전두환의 등장 그리고 1980년 5월 18일 광주소요에 대한 군대의 잔인한 진압(1980.5.29. "광주반란은 거의 300명이 죽었을 것이다") 등의 내용이다. 광주소요에 관한 기사는 1980년의 상당 부분을 차지하고 있어서 르 몽드가 큰 관심을 보인 사건 중의 하나이다. 이 사건을 르 몽드 기자들은 군대의 과잉 진압을 원인으로 보고 있는 듯하다.

1980년 5월 29일 필립 뽕스 기자의 "광주반란에서 거의 300명이 죽었을 것이다" 기사에서 잔인하게 군대가 진압한 모습을 담고 있다. 기자는 대부분 "평화적으로 시위를 했고 가끔 군대에 돌을 던지는 이도 있었다. 김대중이 다른 정치인들과 체포되자 시위는 확대되었다. 그러나 진압부대의 극단적으로 잔혹한 진압은 이제까지는 구경꾼이었던 일반 시민을 시위대에 가담하게 했다. 진정한 소요가 시작되었고 전라도의 다른 도시들로 퍼졌다"고 보도했다. 기자는 학생들과 약간의 고등학생 그리고 노동자가 포함된 시위대는 민주주의의 회복을 요구하면서 시위를 했고 이들은 시청을 점령했다. 이 과정에서 "약간의 혼란과 일시적인 무정부적인 혼란이 있었지만 시위대는 스스로 조직하여 무기를 반납하고 지도자들이 그 무기를 보다 책임있는 사람들에게 나누어주어서 질서를 유지하려고 노력했다"고 적었다.

이후 김대중과 다른 정치인들이 체포되면서 시위가 확대되었다. 이들이 시청을 점령하고 있는 시기에도 시위대 내에는 온건파와 급진파로 나눠져서 온건파는 정부와 협상을 원했고 급진파는 김대중의 석방과 민주주의의 회복, 전두환에 대한 반대까지 포함되어 있었다. 이후 군대가 개입해 잔인하게 진압하면서 정부의 발표와는 달리 사망자 수는 출입이 금지된 병원 시체안치실에 보관되어 있는 100여 구의 시체까지 합치면 300여 명은 족히 될 것이라고 쓰고 있다.

정부에서는 광주소요를 불량배 혹은 북한의 사주를 받은 불순분자로 보고 있지만 시위대가 도시를 장악하고 있던 1주일 동안 은행이 약탈된 적이 단 한 번도 없다는 것으로 보아 이들은 결코 불순분자는 아니며 시위대 지도부가 뉴욕타임스와의 인터뷰를 통해 미국에서 주한미국대사에게 정부와 그들 사이를 중재해달라는 요청을 했다는 것으로 보아 북한의 사주를 받은 불순분자는 아니라는 추측을 내놓았다. 이러한 잔인한 진압이 군사정권의 연장이며 비민주주의체제임을 보여주는 것이라고 설명하였다.

3. 한미관계

이 시기 박정희 정권의 비민주주의적인 권위주의정권과 1979년 박정희 피살, 1980년 전두환의 등장, 1980년 5월 18일 광주소요 등에 관해서 르 몽드 기사의 일관된 시각은 과연 미국이 이에 대해서 어떤 역할을 했는가 하는 것이다. 르 몽드는 박정희 정권의 비민주주인 권위주의 통치에 대해서 미국의 어느 정도 암묵적인 동의가 있지 않았나 적었다.

1979년 10월 29일 자 "서울 당국이 한 죽음이 사고였다는 소문을 퍼뜨리고 있다. 18년의 독재" 기사에서 "박정희가 권좌에 오를 수 있었던 것은 미국의 호의가 없었으면 불가능했다. 2공화국은 미국의 입장에서는 불안했다. 왜냐하면 학생운동이 한국의 중립화를 주장하고 있었기 때문이다. 그래서 박정희는 2년 안에 경제발전과 민정이양을 약속하면서 미국의 환심을 샀다"고 쓰고 있다.

이어서 "박정희는 미국이 한국에 원하는 것은 안정되고 경제적으로 발전하는 국가라는 것을 잘 알고 있었기 때문에 안정되고 경제적으로 발전하는 국가를 만들었다. 그는 자신의 권력을 유지하기 위해서 냉전의 유산인 자신의 국가의 이러한 상황을 잘 이용했던 사람이었다."라고 했다. 어느 정도 미국의 묵인이 없었다면 박 정권의 유지는 불가능했을 것이라는 것이다.

또 다른 기사(1978.2.8. "대통령이 박동선사건에 대한 워싱턴의 압력에 굴복했다")에서 박 정권은 미국 의회 및 미국 대선에 정치자금을 대 주면서 미국 내에 친한파(다시 말하면 박정희 정권의 지지자)를 만들기 위해서 뇌물을 사용했다고 쓰고 있다. 즉 박 정권 유지에 미국의 지지가 중요했기 때문에 박 정권은 이를 위해서 노력했다는 것이다.

이 뇌물사건인 박동선사건으로 미국의회 내 한국에 대한 이미지가 나빠지고 카터 대통령의 당선과 한국 방문에서 한국의 인권 문제가 거론되면서 한국과 미국은 불편한 관계가 되었다. 여기에 1972년 미국과 중공의 국교정상화 이후 미국은 한국에도 북한과의 관계 개선을 요구했고 박정희는 약간의 제스처로 북한과의 관계 개선을 시도했지만 박정희는 미국과 중공의 관계 개선의 진정한 의미에 대해서 이해하지 못하고 있었다고 미국이 생각한다고 르 몽드 기자는 분석하였다(1979.11.5. "억압정책에 반대하는 장군들의 비밀 모임이 대통령의 피살 전에 있었다"). 한국 내 인권상황의 악화, 미국 내 한국에 대한 이미지 악화 그리고 미국의 동아시아정책에 대해 한국과의 부조화 등으로 인해서 미국은 박정희의 제거에 대해서 어느 정도 암묵적 지원이 있지 않았을까 의심하였다.

동아시아 국제관계에서 데탕트시대로 접어들고 있던 시점에서 북한과의 관계 개선은커녕 관계 악화 및 북한에 대한 강경한 노선을 정권 연장의 카드로 활용하는 박정희 정권을 미국은 탐탁지 않아 했다는 것이다. 그래서 박정희의 피살을 직접 미국이 지원했는지에 대한 근거는 없지만 미국의 입장에서 박정희의 피살은 상당히 시의적절한 사라짐이라고 할 수 있다.

위의 1979년 11월 5일 기사 "억압정책에 반대하는 장군들의 비밀 모임이 대통령의 피살 전에 있었다" 기사에서 필립 뽕스는 미국이 사실은 한국 중앙정보부에, 그리고 군대에 친미 세력을 상당히 많이 투입시켜두었는데 이것은 결국 박 정권에 대한 경계의 눈초리를 늦추지 않고 있었다는 반증이라고 했다.

또한 박 대통령을 시해한 김재규는 미국과 상당히 가까운 인물이며 그는 박동선사건 이후 중앙정보부와 미국과의 관계 개선을 위해서 새로 임명된 중앙정보부장이라는 점에서 그가 미국과 사전에 내통이 있지 않았을까 의심하였다. 대통령 경호실장 차지철의 권유로 박정희 대통령을 제거하려고 했던 군장성들이 대통령 피살 전에 모의를 했는데, 이들이 미국과 사전모의를 했을지도 모른다는 의심을 표명했다.

또한 미국의 입장에서는 이미 10월 말에 대규모 반정부 시위가 예정되어 있었고 이를 정권이 진압하기에는 상당히 어려울 것이라는 점에서 한반도의 안정을 원하는 미국으로서는 당연히 어떤 형태로든 개입이 있지 않았을까 뽕스는 의심하고 있었다.

전두환의 광주 진압에 관해서는 상당히 다양한 의견들이 존재하지만 전두환의 과잉 진압에 대해 미국이 암묵적 동의를 했을까, 아니면 미국이 이에 대해서 아무런 영향력도 없었을까에 대해서 1980년 9월 11일 자 "미국의 모호함"이라는 기사에서 다루고 있다. 이 기사에서는 미국은 10.26 사태 이후 불안한 한국에 대해서 큰 우려를 하고 있었고 이에는 미국 비즈니스계가 안정된 한국을 원하는 입김이 작용하면서 정치적으로 안정된 한국에 대한 기본적인 이익이 있었다고 적었다.

이는 비단 미국뿐만이 아니라 프랑스를 포함한 한국의 모든 무역파트너들은 한국의 비민주주의적인 사태라든지 인권에 대한 문제에 대해서는 외면하고 자신들의 경제적 이익만을 추구한다고 비판하고 있다. 이런 점에서 카터가 전두환의 국가보위비상대책위원회에 대해서 "인권개념을 존중하지 않는다고 상업적 파트너와 동맹관계를 포기할 수 없다"고 한 말에서 보여지듯이 미국의 이익은 정치적으로 안정된 한국이었다는 것이다. 그런 점에서 정치적으로 안정된 한국을 위해서 광주의 소요는 진압되어야 한다는 것이었다고 주장했다.

한편 미국이 과거 이승만 정권이나 박정희 정권 때에 비해서 한국 내 영향력을 행사할 수 있는 채널을 상당히 많이 상실하였고, 또 적극적으로 한국에 개입할 힘을 상당히 잃지 않았나 하는 측면도 기자는 설명하였다. 그래서 "정치적이고 외교적인 게임에 익숙하지 않은 사람한테 지나치게 강하게 압력을 행사하면 우리가 원하는 것과는 반대방향의 반응이 나올 수 있다"는 생각이 미국 정계에 지배적이어서 전두환의 과잉 진압에 대해서 묵인하지 않았을까 하는 주장을 내놓았다. 실제로 1985년 미국문화원에 진입한 학생들이 요구했던 것 중의 하나가 광주사태에 대한 미국의 사과였는데(1985. 5. 28. "학생들은 서울 미국문화원 점령을 끝냈다") 이를 보더라도 미국의 어느 정도의 암묵적인 동의가 있지 않았을까라고 기자는 의심했다.

4. 변화하는 한국 사회: 전통사회의 붕괴

사회적인 측면에서 르 몽드가 지속적으로 관심을 가지는 것은 한국 사회의 새로운 모습이다. 르 몽드는 한국의 전통문화에 대해서 상당한 관심을 보였다. 1976년 10월 2일 자 "조용한 아침의 나라로의 새로운 여행" 기사에서 1976년 한국 관광 진흥 활동에 대해서 보도했다. 이 보도에서 르 몽드가 주목했던 것은 아름다운 자연(봄, 가을이 정말 아름답다고 쓰고 있다), 일본에게까지 영향을 미친 고유의 문명, 중국과 다른 한국적인 아름다운 미술 등 문화유산이 정말 관광할 만하다는 것이다. 그런데 한국 정부는 이렇게 아름다운 문화유산을 뒤로 제켜두고 섹스관광 중심의 문화를 파는 것은 정말 잘못된 것이라는 의견을 내놓았다.

위의 기사가 한국의 전통문화유산에 관심을 두었다면 1979년 11월 20일 로제 르베리에 교수의 외부기고 기사("반대를 통합하는 문화")에서는 한국인들의 인간관계에 대해서 긍정적으로 보고 있다. 한국에 대해서 미국 사회에 퍼져 있는 게으르고 나태하며 능력이 없고 자신을 지키려는 노력을 전혀 하지 않는다는 개념은 사실상 잘못된 것이라는 것이다. 한국이 일본점령, 전쟁, 독재 등의 열악한 역사를 가졌던 것은 그들이 그럴 수밖에 없는 본성을 가지고 있어서가 아니라 상황이 그랬기 때문이라는 것이다. 한국인은 19세기 말 일본 점령에 항의했던 영웅적 역사를 가지고 있고 이것만 보아도 한국인이 용기있는 민족임을 알 수 있다는 것이다.

또한 군부독재에 수동적으로 보이는 것은 일시적으로 안보라는 이유 때문에 정권에 양보하는 것이지 한국인들은 자신의 권리를 완전히 알고 있고 국가의 의무에 대해서 잘 인식하고 있다고 했다. 서양의 범주와 원칙에 기초해서 동양을 비판하는 것은 잘못되었다는 것을 르베리에 교수는 역설하고 있다.

마지막으로 이 시기 르 몽드 기자는 한국 사회에 대해서 "전통 구조의 파열"(1980.1.22)을 겪고 있는 사회로 인식했다. 서구가 150년이 걸려서 이룬 것을 한국은 단 15년 만에 기적적으로 달성했는데 그 과정에서 경제 못지않게 사회적으로도 큰 변화를 겪었다는 것이다. 경직되고 유교적인 사회가 복잡하고 역동적인 사회로 변모되었다. 교육의 발전을 통해 문맹이 거의 없어졌고 엄청난 도시화를 이루었다. 그러나 부정적으로 빈부의 격차가 심하며 전통사회가 무너지면서 핵가족의 추세가 나타나면서 프랑스와 맞먹는 이혼율을 가지게 되었다는 것을 보도했다.

V. 5기, 1986~1995: 올림픽을 통해서 세계 무대에 재등장한 한국, 은밀한 권위주의, 재벌 중심의 경제 그리고 존엄이 결여된 한국 노동자의 삶

1986년부터 1995년까지 다섯 번째 시기의 한국은 1987년 민주주의적인 선거를 통하여 정치의 민주화를 시도했지만 여전히 비민주주의적 요소를 많이 가지고 있는 은밀한 권위주의체제라고 할 수 있다는 것과, 1988년 올림픽을 통해서 한국이 세계에 새롭게 등장했지만 아직까지 완전히 민주주의국가로 거듭나지는 못했다는 내용이 정치에서는 주로 다루어진다.

경제적으로는 한국 경제의 중요한 특징 중의 하나인 '재벌'이 등장한다. 르 몽드는 재벌을 의미할 수 있는 프랑스식 표현인 conglomérat라는 단어도 쓰고 있고 때에 따라서는 groupe이라는 단어도 쓰고 있지만 한국의 재벌을 그대로 표기하여 chaebul이라고 쓰고 있다. 그만큼 한국적인 현상으로 재벌을 소개하고 있으며 정경유착이라는 어두운 측면에 대한 비판적 기사가 많이 나타난다. 또한 이 시기 르 몽드의 주요 관심은 사회적인 측면으로 한국 역사 전반을 훑으면서 한국 성장의 배경에는 한국의 문화 혹은 문명적 현상이 있었다는 상당히 한국 문명에 대해서 긍정적으로 보는 외부기고가 실렸다.

다른 하나는 1980년대에 이데올로기화하면서 마르크시즘에 민족주의를 가미한 한국적 이데올로기로 민중사상에 기반을 둔 학생운동이 소개되고 있다. 이 학생운동이 민족주의적이라는 측면에서 반미사상을 강하게 내포하고 있다고 지적한다. 또 다른 사회 관련 기사는 서구화된 한국 사회의 모습을 잔인한 범죄의 증가로 보여주고 있다. 이 시기 르 몽드의 한국에 대한 관심은 급속한 경제성장으로 인한 세계 무대에서의 부활, 그리고 한국적 경제발전의 어두운 모습들에 대한 치밀한 분석이다.

〈표 5〉 5기 르 몽드 기사 수

1986	1987	1988	1989	1990	1991	1992	1993	1994	1995	합계
51	107	118	48	64	50	45	34	50	33	600

〈표 5〉에서 보듯이 한국 관련 르 몽드의 기사는 매 기간 증가하고 있다. 이번 시기에는 특히 1987년 전두환 대통령의 호헌 선언과 함께 일어났던 시위 관련 기사와 정부의 굴복과 12월 선거 관련 기사가 상당 부분을 차지하고 있다. 1988년은 당연히 여러 올림픽 관련 기사인데 올림픽의 일반적인 기사보다는 많은 분석기사에서는 올림픽을 통해서 한국의 세계 무대에의 재등장을 다룬 기사들이 많이 있었다.

1. 올림픽으로 세계 무대에 재등장 그러나 아직은…

1) 한국의 재등장: 올림픽 개최

이 시기 한국의 이미지 변화에 중요한 미친 사건은 올림픽 개최이다. 올림픽 개최 관련 기사는 한 해 아주 많은 기사를 르 몽드에서 다루고 있어서 10월 3일 폐막할 때까지 1988년 여름 내내 르 몽드 기사의 많은 페이지를 장식했다. 르 몽드에서 보도한 한국 관련 기사는 이중적인 한국 이미지를 보여주었다. 극단적인 폐허 속에서 고층빌딩과 거리를 활주하는 한국산 차는 가진 멋지게 변신에 성공한 국가로서의 이미지이며, 르 몽드 기자는 이를 올림픽에서 정치에 금메달이 주어진다면 한국에 그 메달이 수여될 것이라는 표현으로 한국의 긍정적 이미지 변화를 보도했다(1988.10.4. "올림픽 폐막, 서울 금메달").

다른 한 이미지는 아직 완전한 민주주의를 이루지 못했고 올림픽은 결국 부자들과 외국인들의 잔치로 끝날 것이라는 비관 섞인 전망이다. 또한 올림픽을 성공적으로 개최한 노태우는 5.18의 잔인한 진압 당시 군대의 최고 지휘관 중 한 명이었기 때문에 광주학살에 대한 책임을 면할 수 없으며, 이런 이유로 국민들은 그를 신뢰하지 않는다는 내용이다(1988.9.17. "올림픽 시간의 한국, 열기 그리고 포화"; 1988.10.4. "올림픽 폐막, 서울 금메달").

긍정적인 한국의 이미지는 첫째가 놀라움이다. 1950년 전쟁으로 폐허가 되었고, 이를 르 몽드는 유엔군으로 군대까지 파견했었기 때문에 너무 잘 알고 있다. 그 이후 1970년대의 박정희 정권의 권위주의적 통제 정치로 인해서 통행금지와 전력절약으로 버려진 도시 같았던 서울은 끝도 없는 아파트와 한국산 자동차의 끝없는 행렬 그리고 과거의 찬란함을 보여주는 고궁과 정원들의 모습까지 경제발전의 성과를 느끼게 하는 모습에 기자는 놀라움을 금치 못한다(1988.10.4. "올림픽 폐막, 서울 금메달"). 기자는 권위주의정권이 스스로 민주화한 예는 역사적으로 없는데 아마도 한국은 많은 비판적인 전망에도 불구하고 이제 다시는 과거의 불안정으로 돌아가지는 않을 것이라고 밝은 전망을 내놓았다.

또한 노태우의 북방정책은 소련 등 과거의 적성국가들의 국교 수교 및 관계 개선을 목표로 하고 있으며, 이를 통해서 북한을 고립시키지 않겠다고 한 그의 언명이 무색하게 북한은 더욱 고립을 느낀다고 보도하면서(1988. 10.4. "올림픽 폐막, 서울 금메달") 노태우 정권의 통일정책에 대해서 긍정적인 태도를 보여주었다.

그러나 다른 한편으로 불안감을 감추지 못하는데 "노태우 대통령은 자신의 임기가 10월 3일 공식적으로 시작된다고 본다. 물론 지난 2월부터 대통령직에는 있었지만 공식적으로 10월 3일 시작된다는 것이다. 올림픽과 그 준비기간은 상대적인 정전의 시간이었다. 이제 그것이 끝났다. 많은 학생들은 1980년 피비린내 나는 진압의 순간에 군대의 지휘관이었던 대통령에 대해서 완전히 신뢰하지는 않는다. 노조는 임금 수준에 의해서 정의되는 자신들의 주장을 펴는 행동이 용납되기를 기다린다. 전두환 형이 사실상 부패혐의로 조사받고 있다. 전쟁의 기억은 점차 희미해지고 있다. 이제 젊은이들은 다시 한번 북한이 남한보다 더 민주적이라고 믿고 있다"로 보도하면서 한국민들의 정치권력에 대한 불신을 적고 있다(1988.10.4. "올림픽 폐막, 서울 금메달").

다른 기사에서는 개막식 표 가격이 암시장에서 천정부지로 솟아 서민은 도저히 관람할 수 없는, 부자와 외국인들의 잔치가 될 가능성이 높으며 예상했던 올림픽 특수는 '일본의 방해로(한국 정부가 그렇게 생각한다고 기자가 보도함)' 생각처럼 활성화되지 않아서 한국은 예상처럼 그렇게 큰 수익을 내지는 못할 것이라고 적고 있다(1988.9.17. "올림픽 시간의 한국, 열기 그리고 포화"). 또한 교통체증은 이루 말할 수 없으며 대기업의 무절제한 개발로 오염은 통제되지 못한 채 방치되고 있어서 서울의 상황은 너무 안 좋다는 것이 기자의 비판이었다. 한편 노태우 정권은 올림픽 준비를 하면서 여러 계약을 통해서 상당한 정치자금을 모았으며 이것은 정경유착의 또 다른 기회가 되었다고 비판했다(1995.11.18. "신뢰받지 못하는 정권").

올림픽은 성공적으로 마쳤고 올림픽으로 한국은 세계 무대에 그동안의 빠른 성장에 대한 놀라움과 그것이 폐허 위에서 짧은 시간 안에 건설되었다는 점에서 세계인의 이목을 집중시켰다는 점을 강조하고 있다.

2) 은밀한 권위주의

1987년 이후 민주화와 더불어 한국 사회가 겉으로는 정치적으로 민주주의적인 선거를 통해서 대통령을 선출하고, 이전의 군부출신 대통령은 처음으로 자신의 임기를 마치고 청와대를 걸어 나가면서 권위주의정권이 민주화되는 모습을 보여주었다. 그러나 1987년 이후의 정권에서도 여전히 대통령은 군부출신으로 1980년 광주학살의 책임이 있는 군 지휘관 출신이고 절차적으로는 민주화되었지만 표현의 자유는 아직 많이 제한되어 있다고 보고 있었다.

파트릭 모뤼스는 "1987~88년의 전환점을 지나면서 한국은 아직 민주주의의 완성(nirvana démocratique)도, 그렇다고 올림픽을 위한 단순한 변화도 아니었다. 민주화가 될 때까지 아직까지는 상당히 기대에 미치지 못하고 있다"[4]고 말한 것처럼 아직까지 완전한 민주화가 이루어지지 못했으며 그때까지는 아직 좀 시간이 필요하다고 할 수 있다. 권위주의정권은 아직까지 권위주의적인 방법을 포기하지 않았고 언론의 자유를 통제하고 있으며 "은밀하지만 강경한" 통제가 사회 곳곳에서 이루어지고 있다고 보도했다.(1986. 5.13. "은밀한 그러나 강경한 통제") 대표적인 것은 아직도 국민들이 표현의 자유를 만끽하지 못하도록 통제하고 있었기 때문에 단순한 시(詩), 혹은 그림 때문에 오랫동안 감옥에 수감되어야 했다.

1990년 1월 26일 기사 "한국: 경찰이 다시 전면으로, 그림 때문에 감옥에" 기사에서 노태우 대통령은 대통령에 당선된 이후 짧은 기간의 관용의 시기를 거쳐서 다시 국민들을 옥죄고 있는데 이영희 교수는 북한 김일성에게 한겨레 기자의 입북을 허용해달라는 편지를 한겨레신문 이름으로 보냈다고 체포되었다. 그리고 신한철이라는 화가는 그림이 북한을 찬양하는 것으로 보인다고, 그 이외에도 수천 명의 지식인, 예술가들이 자신의 의견을 표현했다고 체포되었다고 보도하면서 "자유에 대한 존중은 이제 끝난 것으로 보인다." 이것은 북한이 아직까지 타부시되고 있어서 북한을 조금이라도 친밀하게 여기거나 찬동하는 것을 보이는 것은 곧 정부에 대한 반대행위로 간주했고 그렇게 함으로써 정부는 사회에 대한 통제를 지속하고 있는 것으로 보고 있었다.

3) 광주는 아직 해결되지 않았다

이 시기 정치적으로 해결되지 않은 난제 중 하나는 여전히 광주학살에 대한 책임 문제였다. 광주학살의 원인은 지나치게 폭력적인 진압 때문이었다고 밝혀졌지만, 그 책임소재에 대해서는 정치인들 사이에 논란이 여전히

---

4) Patrick Maurus, "La Corée et ses héros défigurés(한국과 그의 왜곡된 영웅들)," *Le Monde Diplomatique*, 1992년 5월.

진행되고 있다고 르 몽드는 보도했다(1991.5.20). 여기에서 사상자 수에 있어서도 공식적으로는 195명이 죽고 1,117명이 부상당한 것으로 알려졌지만 실제로는 그보다 훨씬 많을 것이라고 알려졌다고 보도했다.

또한 가장 큰 논란은 책임소재가 아직 논란 중이지만 김수환 추기경도 "역사 앞에서 전례없는 무책임한 행동에 대해서 반드시 사죄해야 한다"고 했지만 아무도 듣는 사람은 없다고 비판했다. 여기서 한 걸음 더 나아가서 광주는 더 이상 국민들이 동감하는 가슴 아픈 사건이 아니라 국민들은 이제 무관심, 더 나아가 때로는 광주에 짜증까지 낸다고 기자는 보도했다. 기자가 보기에 이러한 정서 뒤에는 오랫동안 소외된 지역으로 인식된 광주에 대한 잘못된 인식 즉 차별의 희생자로서 버려진 지역, 가난한 지역이라는 잘못된 인식으로부터 광주에 대한 배타적 감정이 있는 것은 아닌가 기자는 적고 있다. 이런 점에서 매년 5월이 오면 광주를 기억하며 시위대가 산발적으로 시위를 주도하지만, 그리고 정부에 대한 적의를 숨기지 않지만 광주는 이제 해결을 넘고 있고 국민들의 감정도 점점 외면되고 있다고 보도했다.

4) 비전향장기수

이 기간에 주목할 만한 기사 중 하나는 비전향장기수에 대한 관심이다 (1991.5.29). 이 기사에서 기자(Christian Chartier)는 한 비전향장기수, 원래 재일교포 조총련 3세로 한국에 와서 김대중 지지자와 함께 살다가 정부로부터 간첩사건에 연루되면서 수감되었던 비전향장기수를 소개하였다. 그를 통해서 기자는 당시에 관심을 끌기 시작했던 비전향장기수의 문제를 조명하였다.

당시에 수감 중인 비전향장기수는 50여 명이 있으며, 1991년 6명이 석방되었다. 6명 중 한 명이었던 그는 감옥에서 전향하라는 여러 형태의 종용을 받았고, 때로는 엄청난 고문과 압박을 받았다고 기자는 쓰고 있다. 환풍구도 없는 조그만 독방에 수감되기도 하고 독서제한, 물고문 등의 억압을 받았으며 처음에 그는 사형수였다가 감형이 되어 무기형, 그리고 마지막에는 20년

형을 받았다가 형을 모두 살고 석방되었다.

이러한 비전향장기수의 문제를 조명하면서 기자는 현 정권이 민주화의 조짐을 보여주기는 하지만 현실에 있어서는 아직 낙관하기는 이르다고 하면서 노태우 대통령이 '외국에 대해서는 웃음을 보이지만 국민들에게는 이빨을 드러낸다'고 적고 있다. 외교정책에는 많은 공을 들면서 남북한 동시 유엔가입, 북방정책을 통한 긴장완화 등 많은 업적을 쌓고 있지만, 국민들에게 여전히 강압적이고 권위주의적 통치의 끈을 놓지 않고 있다고 적고 있다.

2. 재벌

이전 시기가 한국 경제에 있어서 급속한 경제 성장과 그의 그늘로서 외채와 외국에 대한 의존으로 특징지어졌다면 이 시기 르 몽드 한국 경제 기사의 초점은 당연히 '재벌'이다. 르 몽드는 재벌을 설명하면서 프랑스어에 재벌에 가까운 의미를 지닌 conglomérat라는 단어도 쓰고 있지만 한국어의 재벌을 그대로 chaebul로 표기하면서 재벌을 한국적 현상으로 적고 있다. 프랑스어에 나오는 conglomérat와는 달리 한국의 재벌은 창업주 가계 중심의 경영이고 그 경영이 상당히 권위주의적이고 회장 1인의 손안에 들어 있는 것이다. 다른 특징은 재벌 운영의 문어발식 운영으로 여러 방면으로 산업이 확장되어 있는 형태이며 마지막 특징은 정치와의 유착관계이다(1990.6.5. "소요 속의 한국"; 1991.5.10. "한국 거대 기업은 강제로 특화되고 있다"; 1995.11.18. "신뢰받지 못하는 정권"; 1995.12.8. "7명의 대기업 회장이 한국을 흔든다").

정경유착이 어제 오늘 일은 아니고 1960년대 박정희 정권하의 경제발전을 시작하던 시기부터 시작되었고(1995.11.18. "신뢰받지 못하는 정권"), 배임과 은밀한 자금수수는 또 다른 쿠데타 정권인 전두환 정권시기에 그리고 노태우 정권으로 이어지면서 심각한 상황에 이르게 되었다. 권력의 중앙에서 권력을 유지하기 위해서는 자금이 필요했고 이 자금을 제공하는 대기업들에게 정부는 여러 가지 특혜를 주었다는 것이다. 권력과 경제 주체의 밀착관계는 경제운영을 불투명하게 할 뿐만 아니라 경쟁이 심한 세계 경제에서 한국 경제의 유연성을 떨어뜨린다고 지적하고 있다(1990.6.5. "소요 속의 한국").

1991년 5월 10일 자 "한국 대기업은 강제로 특화된다" 기사에서 기자는 한국에서 재벌들이 차지하는 비중은 엄청나서 30개 주요 재벌들의 연매출액은 한국 총생산의 94%를 차지한다고 보도했다. 그중 5대 재벌 즉 삼성, 현대, 대우, 럭키금성, 선경의 총매출은 한국 총생산의 61%에 해당한다. 그러나 이들 재벌의 가장 큰 문제는 이들이 최대의 채무자라는 것이다. 일본과 같이 기업이 은행을 소유할 수 없기 때문에 은행으로부터의 대출이 사업의 시작이며 지속적인 대출로 사업을 이어가고 있다.

그러나 문제는 이렇게 받은 대출이 사실상 설비 투자나 기술경쟁력 개발에 투자되지 않고 손쉽게 이윤을 남길 수 있는 방식인 부동산에의 투자로 이어지면서 대기업은 한국 사회의 부동산 투기라는 엄청난 병폐를 가져왔을 뿐만 아니라 국민들로부터 엄청난 지탄을 받고 있다. 이어서 1987년에는 정부가 기업의 부동산 매매에 상한선을 두면서 기업은 대출받은 자금을 증권에 투자하여 다시 증권투기바람이 시작되었다고 비판했다(1987.5.23. "서울, 여성적인 투기"). 하여튼 재벌은 정부와의 유착관계를 통해서 은행으로부터 대출을 받아 이를 부동산투기나 증권투자로 사용하면서 한국의 경쟁력을 떨어뜨리고 있다.

거기다가 재벌은 자신들의 거대한 힘을 가지고 문어발식의 경영을 하고 있어서 국내시장뿐만이 아니라 세계 시장에서도 한국 기업 간의 경쟁이 너무 심하기 때문에 정부는 1991년 기업의 특화를 실시하게 되었다(1991.5.10. "한국 대기업은 강제로 특화되고 있다"). 한국 대기업은 국내에서는 엄청난 힘을 가지고 있지만 국제적으로 그 기술이 그다지 인정받지 못하고 있으며 생산성에 있어서도 일본에 비해 많이 떨어진다. 그래서 정부는 기업들을 특화하여 각 기업의 전략 분야를 재정의하였지만 이러한 재편성은 기업에 고통이 되기 때문에 어느 정도의 강제가 없으면 불가능할 것으로 보았다.

재벌에 관해서 보도되고 있는 것은 이 재벌이 혈연 중심의 로열 패밀리로 구성되어 있고 그 내에서 그룹 회장의 영향력이 절대적이라는 것이다. 기업회장을 중심으로 모든 정책은 그의 손에서 결정되기 때문에 국제적인 변화에 빠르게 대응하는 것이 어렵다고 평가했다.

마지막 재벌에 관한 비판은 한국 재벌과 한국의 권위주의정권은 동전의 양면이라고 할 수 있는 것이 국민으로부터 신뢰를 받지 못하는 정권은 자금이 필요했고 이 자금을 재벌들이 제공해주고 정권은 다시 재벌들에게 여러 가지 혜택을 제공한다는 것이다. 이러한 정경유착은 많은 권력관계 스캔들을 낳았고 정권은 기업들의 비합리적인 제안을 거절하기 어려워서 각종 스캔들로 대기업 회장들이 한국 사회를 흔든다고 보았다(1995.12.8. "7명의 대기업 회장이 한국을 흔든다").

3. 안전망이 없는 한국 사회: 폭력 범죄의 증가와 열악한 노동환경

이 시기 르 몽드 기자의 한국 사회에 대한 관심은 안전망이 없는 한국 사회, 서구화되면서 가정파괴범과 같은 끔찍한 범죄에 노출된 한국 사회의 모습과 열악한 노동환경에서 존엄성을 상실하고 기계와 같이 노동에 메여 있는 노동자들의 삶에 주목했다.

1) 점점 서구화되어가는 사회

1990년 12월 27일 자 "점점 더 서구화되는 사회"에서 르 몽드는 한국 사회는 일본을 제외한 다른 서구화된 사회에 비해서 기본적으로 범죄율은 낮지만 점차 그 범죄율이 증가하고 있다고 진단했다. 특히 최근에는 강도의 건수도 늘어나고 있고 '가정파괴범'이라고 불리는 끔찍한 범죄가 미디어에 유행처럼 등장하고 있다는 것이다.

또한 이러한 범죄는 원래 한국 사회에서는 개인 범죄가 많았지만 점차 조직범죄도 나타나고 있다고 지적했다. 조직범죄는 대부분이 일본의 야쿠자와 연결되어 있고 총기 소유가 제한되어 있는 한국에서는 이들이 사시미칼이라고 부르는 긴 칼을 가지고 싸운다고 보도했다. 조직범죄의 등장은 1987년 한국의 자유화 분위기 속에서 유흥산업이 발전하면서 같이 성장하게 되었다.

범죄율의 증가는 모습을 르 몽드 기자는 인플레이션과 빈부격차의 심화, 오염 등으로 인한 삶의 질의 저하, 미래 경제상황에 대한 불안감 등 우울한 사회상황을 반영하고 있어서 단순한 범죄의 증가만이 아니라 한국 사회의 '총체적인 위기'라고 진단한다고 했다.

이러한 총체적 위기의 보다 근본적인 문제는 한국 사회가 원래 기반하고 있던 유교사회적 속성이 해체되면서 가족이 무너지고 아버지의 권위가 무너지면서 사회는 가치관을 잃고 바라볼 모델이 상실하면서 아무것도 존경하지 않고 경쟁 속에 내몰리며 돈만을 중시하는 사회가 가져다준 병리현상이라고 진단했다.

이 시기 르 몽드가 본 한국 사회는 급속한 경제발전으로 사회 전통적인 가치 구조가 붕괴하고 지난 시기에 나타났던 전통의 해체, 가족의 해체가 시민들로 하여금 정향을 잃어버리고 방향하게 만든다는 것으로 진단하고 있음을 알 수 있다.

2) 열악한 노동자의 삶

안전망이 없는 사회의 가장 큰 문제점은 사회 기층 계층의 열악한 상황이다. 이 열악한 상황은 물질적인 빈곤일 수도 있지만 더욱 문제가 되는 것은 이 시기 한국 사회의 노동자들은 빈곤보다도 더한 인간의 존엄성이 훼손된 사회 속에 살고 있다는 것이다.

1987년 8월 7일 자 "한반도 남쪽의 노동자의 상황, 수백만의 한국인들의 존엄성이 요구됨. 후원은 문화에 그치는 것이 아니다" 기사에서 기자는 한국 노동자는 일주일에 매일 11시간씩 일하고 한 달에 두 번 쉬며 한 달 임금은 145,000원에 그친다고 보도했다. 그러나 이에 대해서 항의하지 못하는 것은 해고에 대한 두려움, 그리고 빚에 대한 두려움 때문이다. 즉 열악한 노동 상황에 항의하게 되면 바로 해고되고 이러한 상황은 블랙리스트에 이름을 올리게 되어 다른 직장에 취직하는 것도 어려워진다. 잔업수당도 받지 못하지만 잔업을 거부하게 되면 해고된다. 또한 기본 저축이 없기 때문에 결혼하기 위해서는 악착같이 돈을 모으지 않으면 안 되고 그래서 더욱 고용주의 부당한 대우에 저항하기 어렵다.

한편 서구에서는 보편화되어 있는 집단적 대응이 한국에는 존재하지 않는다. 왜냐하면 조합을 통한 대응의 전통이 없고 혹시 조합이 있다고 하더라도 대부분은 황색노조로 고용주에 의해서 통제되는 것이다.

이러한 상황에서 노동자들이 바라는 것은 정치적인 요구가 아니라 인간의 기본권리인 존엄성이라는 것이 르 몽드 기자가 한국 노동자들에 대해서 불쌍하게 여기고 있는 측면으로 보인다.

3) 이념화되고 있는 학생운동

르 몽드는 한국 사회를 움직이는 중요한 힘으로써 학생에 언제나 주목해 왔다. 1960년대 오래된 이승만의 독재정권을 끝낼 수 있었던 데에는 학생의 힘이 컸으며, 미국 언론조차도 이러한 학생의 힘에 대해서 크게 생각했고, 1970~1980년대 한국 사회의 유일한 야당은 학생이라고 했을 정도이다. 이 시기에 르 몽드는 1987년 이후 한국 학생운동의 이데올로기화에 대해서 특집 기사를 실었다.

1991년 5월 15일 자 "경찰에 희생된 학생 장례식에서 대치함, 학생들 반체제 문화가 다시 한번" 기사에서 학생운동이 두 가지 이데올로기로 경도되고 있는데 하나는 마르크시즘이며 다른 하나는 민족주의이다. 마르크시즘이기 때문에 국가의 유일한 정당한 지배계급은 민중 즉 노동자와 농민으로 인식하고 있으며 민족주의이기 때문에 반미적인 속성이 강하다고 진단했다.

마르크시즘적 시각으로 민중이 역사의 주체라고 생각하기 때문에 외세와 엘리트에 의해서 억압받는 다수의 고통에 큰 동감을 느끼면서 운동이 전개되고 있으며, 다른 한편으로 광주학살에 대한 미국의 책임을 묻고 미국이 한국사회에 상당히 부정적인 영향을 끼쳤다는 전제하에 반미적인 속성이 강하게 나타난다고 지적했다. "광주학살에 대해서 밝혀진 것은 아무것도 없다. 반대파들이 주장하는 미국인들의 공모는 한국 근대사의 큰 상처로 남아 있는 것으로 반미주의의 또 다른 요인이다"라고 보도했다. 또한 미국이 한국에 대해 쌀시장 개방을 요구하고 있었기 때문에 농민을 역사의 주체로 생각하는 학생운동에서는 당연히 반미로 경도된 측면도 설명하고 있다.

이전까지에는 학생운동의 직접적인 활동에 초점을 맞추었다면 이 시기에는 학생운동 자체도 상당히 이념화되고 이전 시기의 반정부 혹은 민주화 주장으로부터 상당히 세련된 이념화 작업을 겪고 있는 것을 르 몽드는 정확하게 포착하여 설명하였다.

VI. 6기, 1996∼2005: 닫힌 국가에서 열린 국가로, IMF 관리체제와 재벌 개혁, 남북정상회담 그리고 한국 사회의 진화

이 시기 르 몽드 기자들의 한국에 대한 관심은 이전까지 폐쇄적이었던 은둔의 왕국 한국이 개방되는 것이었다(2000.5.23. "한국은 자신의 재건을 위해서 개방을 모색하고 있다"). 폐쇄 경제의 정점에 있었던 것이 한국식의 정경유착, 수출지향적인 산업구조로 인한 내수시장의 보호, 그리고 재벌들을 통한 한국 경제의 폐쇄성이었다. 다른 한편으로는 남북한관계에 있어서 상당히 경직되고 폐쇄일변도였던 것이 이 시기 김대중과 김정일 간의 남북정상회담을 통해서 개방의 시기로 접어들었다는 것이다. 폐쇄적인 한국 사회의 모습은 세계화에 대한 불안함이었으며 두려움이었다.

OECD에 가입하면서 한국은 선진경제로서 세계의 경제 표준을 준수하라는 압박을 받았고 이러한 압박은 한국 경제의 생리 변화를 의미했다. 결국은 IMF 관리체제에 돌입하게 되면서 어쩔 수 없이 세계적 표준에 적용해가면서 시장을 개방해나가게 되는 뼈아픈 개방의 시기를 거치고 있다고 르몽드는 보도했다. 여기에는 OECD 가입 이후 50개 품목에 대한 관세 인하조치의 압력을 받았고 수출이 저하되면서 17만~40만 정도의 일자리가 없어지는 시기가 되었다는 것이다. 또 다른 개방의 압력은 보다 직접적이면서 강력했던 것은 IMF 구제금융을 지원받으면서 강압적으로 한국 기업들은 외국 자본에 매각되고 시장개방이 이루어졌다. 또 다른 이 시기 한국 사회를 대별하는 코드는 새로운 한국의 모습이다. 거기에는 월드컵을 통해서 드러난 젊은층들의 탈정치화된 자유로운 민족 자부심에 대한 고양의 모습이었으며, 다른 하나는 2000년 참여연대와 경실련을 통해서 보여주는 진화된 시민운동의 모습이다.

월드컵의 승리를 통해서 한국 젊은층은 한국에 대한 자부심을 드러냈고 하나된 모습을 보여주었다. 또한 2000년대 나타난 새로운 시민운동은 이전의 학생운동의 연장이지만 학생운동의 목표가 민주화였다면 좀 더 복잡한 민주주의의 강화였다. 그래서 정권을 감시하고 거대 재벌에 대한 감시의 끈을 늦추지 않는 일을 담당하는 시민운동에 대해서 보도하고 있다. 이러한 새로운 한국 사회의 모습을 르 몽드는 정확하게 포착해내면서 한국 사회의 가능성들을 보여주었다.

〈표 6〉 6기 르 몽드 기사 수

1996	1997	1998	1999	2000	2001	2002	2003	2004	2005	합계
53	111	71	49	82	30	83	36	52	32	599

전체 기사의 수는 이전 시기와 거의 유사한데 1997, 1998, 그리고 2000, 2002년에 기사가 몰려 있다. 주지하다시피 1997년 한국 경제의 위기, IMF 구제금융 기사가 대다수를 차지하고 있으며 1998년에는 실질적인 개혁에 대한 기사 즉 국내 기업의 해외 매각, 해고, 그리고 국내 기업 간 빅딜 이러한 기사들이 주종을 이루고 있다. 2000년의 기사는 남북한 정상회담 관련 특별기사들이다. 이 당시 세계의 눈이 평양에 쏠려 있었고 평양에서 나눈 두 정상 간의 대화는 1953년 휴전 이후 처음이라는 점에서 세계는 유일하게 남은 냉전의 흔적이 어떻게 치유되는지 관심을 가졌다. 2002년은 월드컵 관련 기사가 주를 이룬다.

1. 닫힌 국가에서 열린 국가로

1) 국제표준 적용에 대한 국제적인 압력에 처한 한국

한국은 1996녀부터 2년 동안 경제, 사회, 정치적으로 상당히 걱정되는 혼란을 겪었다. 이 혼란은 기존의 발전 시스템이 불건전한 기초 위에 성립되었음을 보여주는 것이다. 1996년 초부터 시작된 거대한 파업은 집회 결사의 자유를 제한하는 법 철폐를 요구했고 지나치게 고용주에 유리한 정부정책에 반대한 것이었다. 이러한 사회적 혼란은 지난 30년 동안 이루어졌던 노사관계가 상당히 시대착오적인 것이었다는 것을 보여주었다. 더구나 내부적인 이러한 혼란과 더불어 한국은 외부적으로 OECD 가입 이후 국제사회의 산업국가 표준에 맞는 규칙의 적용을 요구받았다. 이러한 규칙의 적용은 노동자의 사회적 권리를 보장하는 것으로 국내법을 전환할 것을 요구하고 있으며 시장개방과 탈규제에 대한 국제사회의 요구를 수용해야 하는 것이었다.

1997년 1월 18일 자 "OECD는 국제협약과 조약을 존중하는 노동 관련 새로운 법을 만들도록 해야 할 것이다"라는 기사에서 르 몽드는 한국이 세계무역기구 사회조항의 조인을 거부한 국가 중의 하나로서 사회조항에 조인

할 경우 한국 경제의 어려움은 가중될 수밖에 없다고 분석했다. 그 사회조항은 생활수준과 고용의 향상에 관한 것으로 노동자의 기본권 존중이 필수적으로 포함되어 있다고 설명했다.

이 기사에서 르 몽드는 한국을 비롯하여 이 조항에 조인을 거부하는 개발도상국가들의 의견을 실으면서 "이 조항의 조인 거부가 비관세장벽으로 사용될 수 있다"는 점을 강조하면서 개발도상국가들은 이 조항 자체에 대해 거부하고 있다는 입장을 설명했다. 결국 이를 받아들이면 국내 경제가 어려워짐으로써 국제적 경쟁력이 약화되고 받아들이지 않으면 비관세장벽이 되어 선진산업국가 시장에 수출할 수 없게 되어 이 조항을 조인하지 않은 국가들의 경제를 어렵게 할 수밖에 없는 이중적인 장애라는 것이다. 하여튼 한국은 이미 IMF관리체제 이전에 이러한 국제적인 압력하에서 국내 노사관계의 변화를 강요받고 있었다.

또한 1997년 1월 16일 기사에서는 1996년 부자클럽인 OECD에 가입하면서 세계화의 물결에 직접적으로 맞닥뜨린 한국은 시장의 개방과 탈규제라는 이중적인 요구를 받고 있다고 썼다. 이 기사에서 한국은 이제 해외확장이나 세계화적인 시장의 확장을 위해서는 노사갈등이나 파업과 같은 내부적인 문제를 과거와 같이 권위주의적 방법으로 해결할 수 없고 국제적인 표준을 적용하지 않으면 국제 시장에서 소외될 수밖에 없게 된 위기에 처해 있음을 보여주었다.

2) IMF 관리체제

이러한 외부적인 압력과 더불어 한국이 개방체제로 갈 수밖에 없었던 것은 한국 경제의 문제점이 결국 IMF의 구제금융의 지원을 받게 되면서이다. 정경유착으로 인해서 발생한 각종 부패사건들은 대다수 국민들이 한국 정치인들에 대한 광범위한 불신을 가지게 하고 있다(1997.3.15. "한국의 이중적 위기가 지역 안정을 위협한다").

두 전직 대통령과 김영삼 대통령 아들에게 주어진 무거운 처벌은 그들이 저지른 범죄가 얼마나 심각한지, 그리고 책임의 수준이 얼마나 심각한지 보여준다. 결국은 이렇게 정경유착을 통해서 부를 형성하였고 세계무역 11위의 경제적 성공을 거두었지만 정경유착이라는 어두운 고리는 결국 한국 사회에서 문제를 드러내게 되었다. 더구나 그 문제는 단순한 한 사건이 아니라 중요 정치인 즉 전직 대통령과 대통령 아들까지 연루된 엄청난 사건이 되면서 정치인에 대한 한국 사회의 불신을 가중시켰다고 기사는 분석하였다. 경제적 위기도 심각하지만 무엇보다도 정치권력에 대한 신뢰의 위기가 보다 심각하다는 것이 르 몽드의 시각이었다.

경제적으로 성장이 주춤하는 것의 심각한 최초의 징조들은 1년 전부터 나타나기 시작했다. 예를 들어 중소기업도산의 확산, 무역적자 확산, 빚으로 질식된 재벌의 죽음 등은 1997년 11월에 불거진 심각한 재정위기와 연결되어서 결국 IMF에 구제금융을 요청하기에 이르렀다. 끔찍한 빚으로 무한 기술 경쟁 시대로 접어든 세계 시장 속에 있는 한국 경제는 국민들이 과거보다 더 교육받고 자신들의 권리에 눈 뜨게 되면서 이제 더 이상 과거처럼 정부가 재벌과 손잡고 통제할 수 없게 되었다.

1998년 3월 19일 "한국 폭풍 속에서 나타난 '기적'의 헛수고" 기사에서 르 몽드는 경제성장에 허리띠를 졸라매고 악착같이 노력했던 노동자, 일반 시민들을 기적의 '헛수고를 한 사람들'로 묘사했다. 악착같이 기적을 만들어 냈지만 결국은 정경유착과 재벌들의 방만한 경영, 국제시장에의 경쟁력 없는 대응 등으로 인해서 결국 이들의 모든 노력은 '헛수고'가 되어버린 것이다. 이 기사에서 르 몽드 기자는 다른 무엇보다도 기적의 일꾼들이었던 일반 시민들이 IMF 구제금융 이후 거리로 나앉은 모습을 보여주었다. 하청업체 사장의 파산으로 인한 자살, 서울역에서 어슬렁거리는 실직 가장들의 모습을 전했다.

또한 이 기사에서 르 몽드는 IMF 체제로 인해서 한국 경제가 엄청난 개방의 대가를 치루고 있는데 그와 더불어 두 가지 중요 문제가 등장할 것이라고 예측했다. 하나는 사회적 긴장으로 이제까지 성장이라는 달콤한 열매로

가려졌던 빈부 격차의 사회적 긴장이 적나라하게 드러나게 될 것이라는 것이다. 두 번째는 외국인에 대한 혐오현상으로 IMF 이후의 어려움을 내부적으로 잘못된 경제 시스템에서 찾지 않고 보다 손쉽게 외부적인 요인, 즉 직접 구조조정을 하여 실업자를 양산한 외부 자본가에서 찾음으로써 한국 사회의 폐쇄적인 속성이 이러한 외국인 혐오로 발전할 수 있음을 경고했다.

3) 재벌들의 빅딜과 외국 자본에 매각되는 한국 기업

또한 IMF 체제가 나은 중요한 변화는 한국 재벌의 체질 개선이다. 1998년 6월 18일 기사 "한국 그룹들, 자산의 청산과 교환의 준비가 되어 있다"와 1999년 3월 5일 "재벌 간 기업 교환이 한국 경제를 새로 만든다" 기사에서 르 몽드는 한국 경제의 새로운 변화는 그룹들의 변신 즉 재벌들이 정부의 요구에도 끄떡없이 견뎠지만 이제는 더 이상 지금까지의 방법과 같은 방법으로 대응할 수 없기 때문에 그룹들은 자산의 일부를 청산하거나 그룹 간 빅딜을 통해서 경쟁력 없는 한국 기업들의 변모를 추진하게 되었다.

이 과정에서 한국 기업은 이제까지 무척 꺼렸던 외국 자본에 기업의 자회사를 매각하게 되었다는 것이다. 이것이 한국 사회 개방의 중요한 한 측면이 되었고 새로운 사회로 한국이 나아가게 되었음을 의미한다고 적고 있다. 이런 점에서 삼성 자동차의 르노로의 매각은 상당히 중요한 의미가 있다고 지적했다. 비단 외국자본에 매각된 것이 삼성자동차만은 아니었지만 르 몽드는 아무래도 프랑스 기업이 르노의 삼성 자동차 인수에 대해서 큰 관심을 가지고 있었고 관련 기사도 상당히 많았다.

이어서 상당히 긴 특별기사가 주의를 끄는데 그것은 대우 김우중의 몰락 기사였다. 1999년 11월 23일 "김 회장의 파산된 우주"에서 르 몽드 기자는 김우중을 한국 경제발전의 한 모델처럼 인식하고 있었다. 얼마 안 되는 자본으로 회사를 시작하여 열정 하나만으로 회사를 키우고 마침 세계시장 공략에 관심이 있던 박정희 정권과의 조우를 통해서 단시간 안에 엄청나게 회사를 키운 대우는 이후 쉴 줄 모르고 열심히 기업을 팽창시켰다. 에너지

넘치는 확장을 거듭하면서 갈 수 없다고 생각했던 동유럽에도 진출하였고 심지어 프랑스의 톰슨 미디어사의 인수자로까지 선정되었던 대우는 한국의 경제위기와 세계화라는 두 가지 위기를 넘지 못하고 결국 파산하고 말았다고 보도했다.

이 기사에서 대우 파산의 원인을 김우중의 판단 착오 즉 "권력에 잘못 길들여진 그가 이제는 더 이상 그 시대가 끝났음을 인식하지 못했던 것"이며, 권력에서는 기업들에게 이제는 더 이상 정경유착의 시대가 아니라는 것을 보여줄 본보기로서 가장 손쉬운 대상인 대우를 택했다는 설명이다. 이 기사를 통해서 르 몽드는 '대마불사(大馬不死)'의 전설이 이제 더 이상 현 정부에서는 통하지 않음을 역설하고 있다.

2. 변화되는 남북관계 그리고 아직 통일은 멀다

이 시기 또 다른 중요 사건은 1963년 휴전 이후 최초로 남북정상이 만난 것이었다. 2000년 6월 11일 남북정상은 평양에서 3일간의 회담을 진행하였고 전 세계에서 유일하게 남은 냉전의 흔적이 이제는 치유될지 관심 있게 지켜보았다(2000.6.11. "독일식의 통일보다는 화해의 첫걸음"; 2000.6.24. "한국의 행복과 현실주의") 그러나 르 몽드 기자는 흔적이 사라지는 것에 대한 기대는 이상이며, 실제로 현실은 엄격한 강대국들의 이익을 둘러싼 계산된 게임이 이번의 정상회담이었다고 분석했다(2000.6.24. "한국의 행복과 현실주의").

이 게임을 통해서 주변국가들은 북한 정부가 당장 붕괴되는 것은 원하지 않고 그대로 유지되지만 당분간은 강력한 모험주의적 행동을 추구하거나 주변 국가들을 불안에 빠뜨릴 정도의 군사적 행동을 자제하길 바라면서 경제적인 지원을 약속했다고 분석했다. 그래서 이번의 정상회담은 독일식으로 일거에 통일이 되는 것이 아니라 다만 통일로 가는 첫걸음을 뗀 정도로 해

석하는 것이 맞는다는 분석이었다(2000.6.11. "독일식의 통일보다는 화해의
첫걸음").

르 몽드의 지적은 남한 역시 독일의 통일을 보면서 생각보다 지나치게
많은 통일비용 때문에 당장의 통일보다는 당분간은 현상이 유지되면서 이산
가족 상봉과 같은 형태의 남북 간 화해 및 교류가 진작되기를 바라고 있으
며 젊은 세대들은 통일의 필요성에 대해서도 동의하지 못하고 있다고 전했
다. 한편 북한에게는 이번의 정상의 회담은 일종의 '독이 든 당근'인 셈이다.
경제적 위기 때문에 제공된 당근을 먹을 수밖에 없지만 그 당근을 먹음으로
써 이데올로기적 해이를 걱정해야 하며 더욱 중요한 것은 이제까지 북한
정권의 강압적인 통치의 근간이 되었던 것이 미제국주의와 그 하수인인 남
한에 대한 적개감이었는데 그들이 준 당근을 먹음으로써 과연 계속 미제국
주의와 그 하수인에 대한 비난으로 정권의 정당성을 유지할 수 없게 될 수
도 있다는 '독'이다.

그러나 르 몽드 기자는 북한 정권은 거짓말을 밥 먹듯이 하는 정권이기
때문에 언제든지 그렇게 할 수 있을지도 모른다고 쓰고 있다(2000.6.24.
"한국의 행복과 현실주의"). 이것은 북한이 거짓말을 밥 먹듯이 하는 정권이
기 때문이라기보다는 어느 국가라도 국제사회에서는 영원한 적도 영원한 우
방도 없다는 액톤 경의 명언이 적용된다는 것이 더 나은 설명일 것이다.
프랑스조차도 이상만으로는 국제사회에 대응할 수 없으며 엄격한 현실주의
적 판단이 그 국가의 외교적 행보의 근간이 되기 때문이다. 미국과 중국,
일본, 러시아도 역시 각국의 이해관계에 따라서 남북정상회담을 바라보고
있지만 기본적으로 주변의 어느 국가도 북한 정권의 붕괴는 원하지 않으며,
동북아시아의 국제관계가 현상유지를 바탕으로 안정화를 추구한다는 점에
서 남북정상회담은 이상주의적으로 보일지는 모르지만 결국은 현실에 바탕
을 둔 현실적인 포석이었다는 분석을 내놓았다.

3. 월드컵: 탈정치화된 민족주의, 그리고 아시아주의로의 발전

월드컵 기간 동안의 많은 기사들을 흐르는 정치사회적인 두 가지 요소는 한국의 승리를 통한 고양된 자부심 그리고 이를 통한 아시아의 재발견이라고 할 수 있다. 상당히 많은 양의 기사들이 2002년 스포츠면을 장식했고 6월의 기간 동안 한국은 르 몽드에서 빠지지 않고 등장한 주요 단어였다. 그 가운데 정치사회적인 효과를 읽어낼 수 있는 두 개의 기사를 보면 2002년 6월 27일 "한국은 졌지만 아시아는 이긴다"의 기사와 2002년 7월 2일 "떠오르는 태양, 조용한 아침 그리고 지금 …"의 기사이다.

우선 후자의 기사는 월드컵이 끝나고 나서 월드컵이 가지는 개최국 한일 양국의 모습에 대한 비교 기사이고, 전자는 8강전에서 한국과 이탈리아전 이후 유럽과 아시아지역에서의 감정을 분석한 기사이다. 우선 후자의 기사를 보면 핵심적으로 르 몽드 기자는 월드컵 기간의 한국 사회를 이전 세대보다 훨씬 비정치화된 젊은이들이 자유롭게 축구의 승리를 통해서 고양된 자부심과 하나된 민족주의를 보여준 것이라고 전했다. 일본에서도 역시 그동안 억눌렀던 민족주의를 맘껏 표시할 수 있었고 군국주의의 위험 때문에 주변의 따가운 시선을 피해 축구라는 가면 뒤로 자신들의 자부심을 편안하게 표출할 수 있는 계기가 되었다고 쓰고 있다(2002.7.2. "떠오르는 태양, 조용한 아침 그리고 지금 …"). 월드컵조직위원회에서도 세계에 보여주고 싶었던 것이 하나된 한국의 모습이었으며, 훌리건의 난동 없이 하나된 격앙된 모습을 충분히 보여주었다고 평가했다.

두 번째 월드컵을 통해서 나타난 것은 "한국은 졌지만 아시아는 이긴다"(2000.6.27) 기사에서 "의미론적 전환(glissement sémantique)"으로서 어느 순간엔가 한국의 승리를 다같이 기뻐하면서 단지 한국만의 승리가 아니라 아시아의 승리로 그 의미가 슬그머니 변화되고 있음을 르 몽드 기자는 포착해냈다. 한국이 준결승에 감으로써 그동안 국제 축구에서 한 번도 준결승까지 간 적이 없는 아시아 국가가 거기에 도달했다는 것과 그것은 한국의 승리를 넘어서서 아시아도 할 수 있음을 보여준 것이라고 아시아인들이 하나같이 기뻐했다고 전했다. 이러한 평가는 특히 한-이탈리아전에서 심판의 판정 시비에 대해서 서양인들은 하나같이 이를 비난했지만, 이상하게 아시아 국가들은 심판의 판정이 문제가 있었음을 인정하지만 그것이 잘못되었다기보다는 이제야 아시아국가도 국제 축구에서 중요한 국가가 되었음을 오히려 기뻐하는 이상한 태도를 보인다고 르 몽드 기자는 지적했다. 이것은 이제까지 희생자로서 자신들을 인식하고 있었던 아시아인들의 보상심리이며 스포츠의 정치적 효과를 분석했다.

4. 한국 시민운동의 진화

르 몽드에서 끊임없이 관심을 가지고 있었던 것은 한국 사회에서의 학생들의 역할이었다. 과거 군사정부 기간 중에는 유일한 조직화된 반정부세력의 중심이었고 실제로 이승만 독재정권을 무너뜨리고 새로운 민주적 정부가 들어서게 하는 데 결정적인 역할을 했던 집단이기도 하다. 또한 박정희 정권에서도 끊임없이 반정부세력으로서 비민주적인 정권을 비판했음을 기자들은 보도하였다. 2000년대에 들어오면서 민주화된 한국에서 학생운동은 이제 시민운동으로 전환되고 있으며 이 시민운동은 단순한 민주화라는 목표 대신에 '더 복잡하고 힘든 작업인 민주주의의 공고화'라는 일을 하고 있다 (2000.4.11. "서울에서의 르포, 정치인들에 대한 시민들의 반란")고 보도했다. 이 기사에서 르 몽드 기자는 사실은 정권을 감시하고 국민들을 의식화하는 일을 언론이 담당해야 하지만 한국의 언론은 이러한 일을 하기에는 부적절하기 때문에 시민운동이 이러한 일을 담당하고 있다고 적었다. 그래서 2000년 국회의원선거 직전에 낙선운동을 전개하면서 자질이 없는 후보나 부패에 연루된 후보의 명단을 작성해 국민들에게 알리려고 했다고 적었다. 이것은 참여연대를 의미하는 것인데 이들은 이와 더불어 소액주주들의 권익을 위한 소송에서도 승리했고 한국 경제의 문제에 대해서도 감시하고 있다고 적었다.

이 기사에서 기자는 이들은 한국 대중 저항의 전통을 이어서 일본식민지배에 대한 저항, 1960년대 학생운동 및 1980년대 학생운동의 전통을 이어받고 있다고 적었다. 이들은 기본적으로 정치와는 거리두기를 원하여서 실제 정치의 정당들과는 특별한 연계가 없다고 설명했다.

그러나 아직 한국 정치는 지역주의와 같은 전통적인 감정에 호소하는 장애가 남아 있어서 이들의 시도가 순조로이 이루어질 것 같지는 않지만 이제 한국 정치사회의 심도 있는 진화가 시작되고 있다고 적고 있다.

VII. 7기, 2006~2014 한국 사회의 다양한 모습 조명:
새로운 테크놀로지의 나라, 젊은층의 불안, 그리고 독창적인 한국 문화

이 시기 르 몽드의 한국에 대한 관심은 다양하다. 이전 시기에서 보면 정치·경제 중심의 한국에 대한 관심이 표명되었다면, 이 시기는 한국의 문화적인 측면, 사회적인 측면이 주를 이룬다고 할 수 있다. 상당히 다양한 주제들이 르 몽드 기사에서 다루어졌고 이전 시기 한국 정치의 권위주의적 모습에 대한 비판, 지나친 정경유착에 대한 비판이 주를 이루었던 것에 대해 이 시기에는 한국의 다양성을 그대로 여과 없이 보여주거나 문화에 대한 자세한 보도가 눈에 띈다.

이 시기 전체 기사 421건 가운데 사회 관련 기사는 67건으로 15.9%에 해당하며, 문화 관련 기사는 50건으로 11.9%에 해당한다. 이전 시기들에 있어서 정치·경제 관련 기사가 전체 기사 중 모두 70%가 넘었지만 이번

〈표 7〉 7기 르 몽드 기사 수

2006	2007	2008	2009	2010	2011	2012	2013	2014	합계
43	57	33	48	39	46	37	57	29	389

7기에 오면 정치·경제 관련 기사는 61.6%에 그치고, 사회·문화 관련 기사가 거의 28%에 육박하여 그만큼 한국의 사회 및 문화에 대한 관심이 높아지고 있음을 알 수 있다.

〈표 7〉에서 알 수 있듯이 이 시기의 특징은 특별히 기사가 많은 해가 따로 없고 전체적으로 고루 한국에 대한 기사가 실리고 있다는 것이다. 이런 점에서 한국에 대한 다양한 모습이 고루 조명되는 시기에 이르렀다고 할 수 있다. 다시 말하면 이전 시기에는 특정한 한국의 이미지가 두드러지게 드러나는 반면, 이 시기는 그러한 두드러지던 면이 상당히 완화된 측면이 있다.

그럼에도 이 시기 한국의 이미지를 찾아내자면 몇 가지로 요약할 수 있다. 하나는 이제 한국 경제는 재벌이라는 이미지로부터 새로운 테크놀로지의 나라, 스마트폰 세계 1위의 삼성의 나라, 인터넷 접속이 가장 잘되는 나라로 특징지어지는 모습이다. 이 모습 속에서 최근 르 몽드의 많은 면을 차지하는 기사는 삼성과 아이폰의 특허소송으로 2011년부터 많은 지면을 차지하고 있다. 두 번째 이 시기의 특징은 다양한 사회 문제 즉 성공에 대한 집착과 교육열, 그리고 사회적 불균형이 중요한 관심사로 등장하고 있다는 것이다. 이 시기 "한국의 교육은 종교이다"(2013.11.13)라는 기사가 말해주듯이 지나친 교육열의 문제점을 지적한 기사와 더불어 한국 사회의 성공에 대한 집착을 보여주고 있다. 세 번째 특징은 한국의 문화에 대한 소개가 많이 눈에 띈다. 안은미, 나윤선 그리고 이창동, 홍상수, 김기덕 등 여러 아티스트와 감독들에 대한 긴 기사들을 통해서 한국의 문화에 대해서 조명하고 있다. 특히 이 기간 한국 아티스트들의 아비뇽축제에 초대된 모습과 각

종 해외 영화제에서 수상 소식을 전하면서 한국 문화에 대한 깊은 관심을
보여주었다.

1. 흔들리는 한국 사회

1) 성공에 대한 지나친 집착이 나은 문제

이 시기 르 몽드의 한국에 대한 인상은 성공에 대한 지나친 집착을 보이
는 사회라는 평이다. 이 집착이 가장 먼저 드러난 기사들은 황우석 교수 관
련 기사이다. 2005년도에 여러 기사들을 통해서 황우석에 대해서 자세히 조
명하여 왔고, 급기야 황우석의 연구가 조작과 부정행위가 있었음이 밝혀지
면서 그 원인을 성공에 대한 사회적 집착으로 분석하고 있다(2005.12.25.
"황우석의 과학적 잘못과 그 결과"; 2005.12.24. "황우석이 법의 심판을 받
게 되다"; 2005.12.21. "황우석, 결과 조작을 주도했다?"; 2005.12.20. "황
우석 사건에 대한 수사 개시"; 2005.12.16. "황우석의 연구에 의혹이 있다";
2005.11.25. "황우석이 연구윤리부족으로 인해 자신의 직위에서 사임하다";
2005.11.9. "황우석은 노벨상을 잃게 될까"). 2006.1.18. "황우석 교수의 배
신은 국가적 불명예를 경험하게 했다" 기사에서 결국 문제점은 한국 사회의
지나친 성공 집착에서 온 것으로 르 몽드는 분석했다.

이 기사에서 르 몽드는 "한국은 지난 역사 가운데 주변 국가들에 의해서
호되게 다루어진 경험을 가지고 있어서 국가적 자부심에 의해서 살아왔다.
황우석은 한국인 최초의 노벨상 가능자로 언론의 주목을 받아왔고 세계의
인정을 받는 것이 꿈이었는데 한순간에 다 망쳐버렸다. 그래서 중앙일보에
서는 전 국민이 속았다"고 썼다. 전 국민과 정부는 그동안 한국이 국제사회
의 변방에 위치해 있던 설움을 황우석의 연구를 통해서 모두 털어버리고
새로운 기술의 나라로 인정받고 노벨상까지도 바라봤지만 결국 이러한 주변
의 압력이 성과에 대한 조급함을 낳았고 이를 황우석은 부정행위로 답했다

는 분석이었다. 그래서 결론으로 이 기사에서는 "성공에 대한 집착이 깔린 사회적 제도가 이번 사건의 원인이라고 할 수 있다. 정부는 관대하게 연구비를 지원했고 국민들은 국가적 자부심으로 불타올라서 남용을 묵인했다. 이러한 사회 분위기가 이 광기를 가능하게 했다"고 분석하였다. 결국은 한국 사회의 지나친 성공에 대한 집착, 그것이 과거에 대한 보상이었는지 아니면 한국인들의 기본적인 민족성인지는 차치하고 그 집착이 결국 이러한 문제를 낳았다고 했다.

이러한 성공에 대한 집착은 2010년 이후 몇 건의 한국 교육 관련 기사에서도 잘 드러난다. 2013년 11월 13일 "한국 대학입시는 종교이다" 기사에서 대학에 입학하기 위해서 학생들은 하루에 15시간 학교와 학원을 오가면서 공부하고 이것이 이날 수능을 통해서 한 번에 평가받는다는 것이다. 대학 입학이 종교이기 때문에 수능시험에 늦지 않도록 하기 위해서 회사들은 출근시간을 늦추고 심지어 항공기조차도 이착륙시간을 조정한다는 것을 보도했다.

또한 대학입시가 종교인 이유는 자녀가 좋은 성적을 거두기 위해서 엄마와 할머니는 사찰과 교회에서 하루 종일 기도하는 모습을 보여주기 때문이라고 했다. 그래서 한국 학생들은 우수하지만 불행하다(2013.9.19. "한국 교육열"). 오바마 대통령이 한국의 교육제도의 우수성을 언급하면서 한국 교육제도가 우수하다는 것은 많이 알려져 있지만 그 속에서 불행한 한국 학생들을 보여주면서 행복한 공부는 없을까 의문을 제시했다.

또한 이러한 지나친 교육열은 과잉 학위현상을 나아서 대졸자들에게는 적절한 직장이 많지 않은 반면, 오히려 그 이하 학위자들에게 적절한 직장은 구인광고가 나가는 불균형이 나타나는 현상을 지적하고 있다(2014.1.26. "한국 지나친 학위가 일을 죽인다"). 한국 사회에서 사회적 신분 상승을 원해서 모두들 교육에 목숨을 걸었지만 이제 대졸자의 50%는 대학 졸업 이듬해에 자신이 원하는 직장을 얻지 못한다고 쓰고 있다. 또한 대졸자들이 학교에서 배우는 내용의 71%는 직장을 구하는 데 필요한 지식이 아니기 때문에 직장을 구하기 위해서 또 다른 활동이 필요하다는 것도 적고 있다. 이러한 르 몽드의 한국 교육에 대한 분석은 결국 성공에 대한 지나친 집착이 잘못된 현상을 낳았고 이러한 현상은 한국인들을 불행하게 한다는 설명이다.

2) 한국 사회의 불균형

지나친 교육열이 나은 문제와 더불어 한국 사회의 불평등의 가속화 및 중산층의 모순 그리고 가난한 노동자의 확대 등에 대한 사회 문제가 심각하다는 르 몽드 분석도 주의를 끈다. 2007년 12월 19일 "사회 문제가 점점 한국인들을 사로잡고 있다" 기사에서 르 몽드는 이제까지 선거전에서의 주요 논쟁은 대북 문제와 같은 외교적인 문제였으나 이제 점점 한국인들은 사회 문제에 관심을 가지게 되었다고 소개했다.

한국 경제가 1997년 이후 5%대의 성장에 머무르고 있고 경제의 성장이 반드시 모두에게 혜택이 돌아가지는 않게 되는 사회가 되면서 점차 국민들의 빈부격차가 심해지고 사회의 빈곤층이 큰 타격을 받게 된다고 보도했다. 이러한 상황은 정부가 사회보장제도를 강화해야 할 필요를 느끼지만 그것만으로 모든 문제가 해결되지는 않는다는 것이다. 그래서 이명박 후보의 747 정책이 불평등을 줄이고 성장을 유지하며 일자리를 창출할 수 있을지 의문을 제기했다.

2. 새로운 기술의 나라, 인터넷 강국

경제 분야에서는 이전 시기에 주된 관심을 보였던 한국 경제의 특징인 재벌에 관한 논의는 상당히 후퇴하고 한국의 이미지는 새로운 기술의 나라 인터넷 강국의 이미지가 강하게 나타나고 있다. 2008년 4월 10일 기사에서 르 몽드는 "한국, 자신의 노력이 보상받는 것을 보다" 기사에서 정부가 그동안 정보통신기술을 발전시키고 전 국민들이 이러한 기술의 혜택을 받도록 노력한 결과 한국은 다보스 세계경제포럼의 정보통신기술활용효과성을 표시하는 네트워크 준비지수에서 1년 전 19위에서 이제 9위로 뛰어올랐다고 보도했다.

2013년 3월 25일 자 "한국, 세계에서 가장 접속이 잘되는 나라" 기사에서 한국은 세계에서 인터넷 접속이 가장 잘되는 나라로서 빠른 광케이블에 의한 접속자가 전 국민의 40%에 이르며 스마트폰이 3,000만 대가 유통 중이라고 쓰고 있다. 광대역 서비스에 가입되어 있는 가입자들은 1,400만 명으로 모두 LTE 서비스를 받고 있다. 이러한 진보가 가능한 것은 전국이 광케이블로 연결되어 있는 빠른 인터넷 하부구조가 있기 때문이다. 이러한 통계로부터 르 몽드 기자는 '조용한 아침의 나라'에서 이게 웬 진보인지를 설명한다.

첫째는 프랑스 인구와 거의 맞먹는 인구를 가지고 있지만 그 인구가 프랑스 영토의 1/5밖에 안 되는 좁은 영토에 살고 있고 그중 70%가 산이기 때문에 프랑스와는 비교가 안 되게 인구밀도와 집중성 그리고 도시화비율이 높다. 이러한 상황은 그만큼 인터넷을 위한 인프라 구축에 유리한 환경이다.

두 번째 르 몽드가 분석한 것은 위의 기사에도 나왔듯이 정부의 정책의지이다. 1990년대부터 정부는 다양한 지원을 통해서 전 국민의 인터넷서비스 환경 개선을 위해서 노력해 왔고 그 결과가 이러한 빠른 인터넷 환경과 전 국민의 서비스 가입을 유도했다.

마지막으로 하나는 통신비부담이 비교적 적절하다는 것이다. 그래서 한국 시장은 이제 세계 인터넷시장의 시범시장이 되어서 새로운 테크놀로지가 시험되고 있으며 많은 얼리어답터들이 이러한 테크놀로지를 시험하고 새로운 발전의 추진세력이 되고 있다고 소개하고 있다.

2011년 5월 6일 "유럽에서 삼성 모바일 1위" 기사를 통하여, 핀란드의 노키아가 유럽시장에서 줄곧 1위를 했지만, 2011년에 와서 삼성이 휴대폰 유럽시장 점유율 29%를 차지하면서 28%에 그친 노키아를 앞섰다고 실었다. 이러한 기사들을 통해서 한국은 정보통신 시장에 있어서 1위의 브랜드를 가진 국가이며 국내적으로는 가장 **빠른** 광대역 서비스의 지원을 받는 인터넷을 사용하는 국가로서 그 이미지를 새롭게 보여 주였다.

3. 한국 경제가 남긴 교훈

2000년대에 들어오면서 한국 경제에 관한 기사 중 대부분의 기사들이 재벌에 관련된 기사였다. 가장 최근의 7기 경제 관련 기사에서 눈에 띄는 한국의 이미지는 프랑스에 주는 3가지 교훈이다(2013.3.1. "한국: 한강의 세 가지 교훈). 이 기사에서 한국 경제의 경이적인 발전에 놀라워하면서 이 발전의 근간에는 한국식 경제발전모델이 있었다는 것을 강조하고 있다.

1950년대 아프리카 어느 국가보다도 가난했던 한국은 50년 만에 한강의 기적을 이루었다. 이 기간 동안 석유수익으로 인해서 상당한 오일머니를 벌어들인 나이지리아보다 10배나 일인당 국민소득이 높다고 썼다. 1963년부터 산업시설도 없는 상태에서 독재를 겪으면서 선택한 두 가지 전략인 수출과 대기업에 기초한 전략이 상당히 효과적이었다는 것이다. 이러한 전략은 이전 시기에 보여주었던 대로 재벌과 같은 몇몇 행위자를 우호적으로 하여 발전하는 것인데 이 과정에서 결국 상당한 정경유착을 낳았고, 또한 많은 문제가 나타났다고 전했다.

그 이후 민주화되면서 민주화된 정치체제에서도 이전의 권위주의정권이 사용하던 방법을 따랐다. 그래서 엄청난 부를 만들었지만 부패와 정경유착이라는 좋지 않은 문화를 낳았다고 전했다. 1997년 금융위기와 함께 재벌들이 어려움을 겪으면서 30개의 기업 중 11개가 사라졌지만 남은 기업들은 더 강해졌다. 삼성의 세계적인 성공은 산업 왕조의 힘에 기댄 이 모델의 적절성이 유효함을 말해준다.

이어서 프랑스에 주는 3개의 교훈을 적고 있다.

첫째는 경제발전의 유일한 모델은, 그러나 르 몽드 기자는 자본주의 발전에서 중요한 것은, 역사학자 페르낭 브로델이 강조했듯이 모델이 아니라 정치권력과 경제권력 사이의 동맹의 질이라고 말한다. 한국의 발전모델은 바로 정치권력과 경제권력의 동맹이 잘 되었기 때문이라는 상당히 긍정적인 해석을 하고 있다.

두 번째 교훈은 새로 떠오른 국가들도 또한 선택의 기로에 서 있다는 것이다. 추월을 하고 나면 이제 추월당할 일만 남은 것이다. 일본이나 한국, 곧이어 중국도 늙은 유럽과 같은 문제에 봉착한다는 것이다. 비우호적인 인구통계, 경제적으로 정치적으로 요구가 많은 국민들 그리고 자기들의 위치를 곧이어 약화시키게 될 새로운 경쟁자들 말이다. 한국이 일본에게 그렇게 했고 이제 중국이 한국에게 그렇게 하고 있다.

마지막으로 삼성의 역정과 그의 현재 질문은 성장추구에 있어서의 이노베이션의 결정적인 중요성을 생각하게 한다는 것이다. 삼성이 IMF 위기를 거쳐서 살아남았고 이제 새로운 개발을 통해서 세계시장을 공략하고 있는 측면을 볼 때 이노베이션이 얼마나 중요한지 다시 한번 생각하게 한다고 분석하였다.

4. 한국 문화의 강점

이 시기 가장 눈에 띄는 것은 한국 문화에 대한 르 몽드의 관심이다. 이 시기 르 몽드 기사의 제목을 대충 훑어만 봐도 르 몽드가 한국 문화에 얼마나 많은 관심을 가지고 있는지 잘 알 수 있다.

파리에서 재즈공연을 하는 나윤선에 대한 기사 2011년 9월 19일 자를 보면, 원래 재즈와는 다른 독창성 즉 그녀의 비교적 가는 목소리 그리고 동양적 정서가 그녀의 재즈에 파리가 열광하는 이유라고 소개했다. 안은미에 관한 기사에서는(2013.7.16. "한국에서 온 제블롱, 안은미") 한국적 샤머니즘적 현대 무용가로서 안은미를 소개하고 있다. 황석영에 대한 기사에서는 노벨문학상 후보가 인터넷에 소설을 연재한다는 기사도 있었고, 재벌과 한국 경제의 부정적인 측면을 보여주는 기사에서는 조세희의 "난쟁이가 쏘아 올린 작은 공"에 대한 설명도 나왔다.

영화는 보다 자주 르 몽드가 소개하는 한국 문화 기사인데 김기덕은 단골로 소개되는 한국의 대표적 감독이며, 강우석, 임권택, 홍상수, 최동훈 등 여러 감독들이 르 몽드에 소개되었고 그들의 필모그래피도 자세히 소개되었다. 또한 베를린 영화제 금공상을 수상한 피에타의 경우에는 영화의 내용도 소개되면서 간단한 평을 곁들었다. 이러한 기사들과 더불어 한국 영화 발전의 원동력을 '문화적 예외'가 잘 이루어졌기 때문이라는 분석기사도 나왔다 (2013.8.2. "한국, 문화적 예외를 잘 성취하다") 이 기사에서 프랑스 역시 문화를 시장 개방에서 예외로 인정받기 위해서 미국과 많은 논란을 겪었던 것을 상기하면서 한국 역시 2012년부터 미국의 시장요구 개방에서 힘겹게 문화적 예외를 인정받기 위해서 애쓴 과정을 소개하고 있다.

특히 이 기사에서 르 몽드는 한국은 이미 1967년부터 정부의 정책을 통하여 한국 영화 발전을 위해서 노력해왔고, 1990년대부터는 대기업들이 우선 영화산업에 많은 투자를 했고 이어서 김영삼 정권에서는 문화산업의 중요성을 인식하고 적극적으로 노력해온 것을 소개하면서 한국의 상영관 쿼터제에 대해서 설명하고 있다. 이러한 한국 영화 지원시스템이 좋은 영화감독을 등장시켰고 정부에 지원하에 이들은 많은 좋은 영화를 만들고 있다고 전했다.

한편 르 몽드는 이명박 정부 시절 국가 브랜드 개발을 위해서 노력하고 있는 현상을 짚으면서 과연 정부가 어떤 방향으로 국가 브랜드를 발전시킬 것인지 질문하고 있다. 2009년 12월 26일 "한국은 이미지를 찾고 있다" 기사에서 정부가 국가 브랜드를 개발하려고 하지만 그것은 국가적 나르시시즘인지 아니면 진짜 문제인지 묻는다. 이 기사에서 르 몽드는 진정한 문제는 이명박 대통령이 국가를 기업처럼 수익을 잘 남기는 기업으로 운영하려고 마케팅을 시도하는 것이라고 설명한다. 이미 한국은 영화와 문학에서 훌륭한 국가 이미지를 구축하고 있지만 이런 것을 잘 활용하여 외국에 이미지를

알리려고 하기보다는 오히려 마케팅이라는 개념으로 접근하는 것이 문제라
고 설명하고 있다.

『르 피가로』에 나타난 한국의 이미지

제3장 『르 피가로』에 나타난 한국의 이미지

Ⅰ. 1기, 1946~1955: 자신의 역사에 책임지지 못하는 민족

이 시기 르 피가로의 기사는 한국전쟁, 휴전 그리고 이승만 중심으로 보도되었다. 이 시기 전체 기사 수는 274건인데 이 가운데 정치 기사는 전체의 98.9%로서 모두 271건의 기사가 보도되었다. 주로 한국전쟁 관련 기사이고 그 외의 기사는 3건밖에 되지 않았다.

1. 한국전쟁

이 시기 르 피가로의 한국에 대한 기본적인 이미지는 '자신의 역사에 책임지지 못하는 민족'(1952.4.8)이라는 것이다. 한국은 우선은 중국에 그리고 이어서 일본의 먹이가 되었고, 1945년에 두 제국(즉 미국과 소련)의 첫 내기

거리가 되는 불행을 맞이하게 되었다고 기사에서 썼다. 같은 기사에서 한국은 철저히 국제사회의 주체가 되지 못하는 객체로서 "얄타회담에서의 한국의 운명은 서로 자신의 아이라고 주장하던 두 어머니 사이에서 솔로몬이 아이를 구해냈던 것과 같았다. 만약 역사와 자신들이 닮지 않은 민족이 있다고 하면, 그것은 아마 한국일 것이다."라고 씀으로써 한국에 대한 기본적인 시각은 주체적으로 자신의 역사를 이끌지 못하고 주변국들의 내기거리가 되는 국가라는 이미지를 가지고 있었다. 그러나 한국민에 대해서는 '아시아에서 가장 다정한 나라 중 하나인 한국'(1950.6.29)이라는 타이틀을 통해서 한국민들의 장점을 소개하였다.

전쟁에 대한 자세한 보도는 르 몽드와 차이가 없어 전선의 전개와 전투의 상황이 소개되고 있다. 르 피가로 역시 자세한 전세와 더불어 전쟁으로 인해서 폐허가 된 도시, 그곳에서 신음하는 한국민들에 대한 보도가 실렸다. 1951년 1월 4일 자 '부산의 재건' 기사에서 서울이 세 번째 적의 손에 떨어지게 되었고, "바위투성이인 산으로 완벽하게 둘러싸인, 그리고 그 위로 까마귀떼가 날아다니는 서울은 황폐 도시에 가까웠으며 의사당(Capitole)은 잿빛으로 변하고 재로 가득한 들판은 눈에 뒤덮인 듯했다. 그곳에서는 희망이라고는 없는 굳은 얼굴(visage durci)만이 새로운 참혹한 보복만을 기다리고 있었다"라고 적으면서 서울의 암울한 표정을 생생하게 전달했다.

1953년 3월 26일 자 "서울, 전쟁이 모든 즐거움을 파괴한 고난의 도시" 기사에서는 "전쟁은 아무런 불씨조차 없이 세 번째 겨울을 나야 하는 이 수난의 도시에서 모든 즐거움을 파괴했다"고 적으면서 추위와 전쟁의 공포 속에서 불안에 떨고 있는 서울 사람들의 모습을 전했다. 또한 이 과정에서 "서울에는 28개의 고아원이 있어서 4천 명의 고아들을 수용한다. 대부분의 아이들은 북쪽 출신으로, 전쟁 중에 몰살당한 5백만 명의 아들이고 딸이다. 정부는 예산의 10분의 1만을 사회 문제와 경제 재건에 쓰고 있다. 즉, 이 말은 고아원들은 적선을 받아서 생계를 이어갈 수밖에 없다는 것이다. 많은 미군 부대가 돈, 배급품, 옷을 기증한다. 서울의 시민들은 너무나도 가난하

기도 하거니와 아시아에서는 '동정'이 흔한 감정은 아니기 때문에 무엇이라
도 주는 이가 거의 없다."

2. 이승만

　역시 르 피가로에서도 이승만 중심으로 한국 정치를 보고 있었다. 르 피
가로에 비쳐진 이승만은 성공(1952.7.4. "이승만의 중요한 성공"), 시민을
버리고 혼자 도망가는 지도자(1951.1.5. "불길이 맹렬한 서울에서의 공황"),
경솔함(1953.6.7. "이승만의 반역이 워싱턴에서 드라마틱한 상황을 만들
다"), 단호함(1953.6.24. "유엔이 이승만에 대해 항의"), 워싱턴에서의 연설
(1954.8.2. "이승만 대통령이 도움을 증대하겠다는 워싱턴의 약속을 받아
냄") 등 여러 모습을 보여주었다. 이승만의 성공은 전쟁 중 부산에서 이승만
이 개헌에 성공함으로써 이승만이 재선을 위한 발판을 마련하였다는 기사에
서 나타난다.

　1951년 1월 5일 자에서는 서울이 적의 손에 다시 들어가기 전에 이승만
은 자신의 가족과 더불어 국민들 몰래 서울을 빠져나갔다는 기사를 보도하
였다. 아무도 그가 고위 공무원들과 자신의 가족들을 우선 대구나 부산으로
피신가도록 하리라고는 생각지 못했으며 결국 중공군에 의해서 서울의 북동
부가 뚫렸을 때 그제야 군사령부가 피난 명령을 내렸다고 보도하면서 이승
만 정권의 도덕성에 대해서 비판하고 있다.

　이어서 르 피가로에 나타난 이승만은 반공포로 석방에 대해서 단호한 태
도를 보였고, 그래서 유엔군사령부에서는 이러한 이승만의 결정에 대해서
항의했다고 적었다. 휴전협상 과정에서 이승만은 휴전 조건으로 지나치게
많은 것을 구체적으로 요구하고 있어서 르 피가로 기자는 이를 '반란'이라는
단어로 표현하고 있으며 '이승만이 미국에 의해서 설득되고 제자리로 돌아
올 수 있기를 바란다'고 표현함으로써 이승만이 신중하지 못하게 지나치게

자신의 주장만 하고 있다는 인상을 주었다.

마지막으로 이승만의 워싱턴 연설에서 무력을 이용한 통일방식이 사실은 아시아의 미래에 절대적으로 중요하다는 그의 주장이 큰 동의를 얻지 못했다고 보도했다. 이러한 보도들을 통해서 이승만은 약간의 과대망상과 신중하지 못함, 그리고 단호하게 자신의 정책을 밀고 나가는 '늙은 애국자'적인 면모로 소개되고 있다.

II. 2기, 1956~1965: 지도자 없는 민주주의

이 시기는 전체 85건의 기사가 검색되었는데 이 가운데 정치 관련 기사는 66건으로 전체의 77.6%를 차지하고 있고 사회 관련 기사가 15건 정도 차지하면서 한국에 대한 정치 이외의 다른 모습이 보도되기 시작하는 시기라고 할 수 있다.

1. 폐쇄적인 한국: 도덕적 고립을 겪고 있는 유리종 속의 국가

르 피가로는 이 시기 한국을 묘사하면서 1950년대는 분쟁의 땅으로, 그리고 후반부는 4.19와 5.16으로 한국을 보여주고 있다. 한국전 이후 한국에 관한 기사를 6번의 시리즈로 실으면서 르 피가로가 보여주고자 했던 것은 '도덕적 고립을 겪고 있는 유리종 속의 국가'(1956.12.31. "한국 분쟁의 땅 6: 국제적으로 고립된 유리종 속의 나라")로 묘사하고 있다. 즉 자신들의 모습과 자신들의 도덕이 자신들 속에서만 울리는, 전혀 외부로 나가지 않고 혼자 고립되어 있는 모습이다. 일종의 한국의 폐쇄성에 대한 강조로 보인다.

르 몽드가 한반도에서의 미국의 역할에 초점을 맞춘 분석을 하고 있다면, 여기에서 르 피가로가 특히 강조하고자 했던 것은 유엔의 역할이다. 1956년 12월 28일 전문 특집기사 "한국 분쟁의 땅 4: 이승만―유엔군은 북한군보다 훌륭하다" 기사에서 사실 한반도에서의 유엔 역할의 중요성을 강조하였다. 이승만 역시 UN 가입을 원하고 있고 UN은 사람 사이의 화합과 문화·경제적 협력을 위해 일하는 곳으로서 민주주의적 원칙을 기반으로 기능한다는 점을 강조했다. 시리즈의 다른 기사 1956년 12월 25일 자 "한국 분쟁의 땅 1: 유엔이 일군 화단" 기사에서 기자는 한국의 통일과 재건을 위한 UN위원회(UNKRA UN Korean Reconstruction Agency)가 한국의 기초교육을 지원함과 더불어 한국재건을 위해서 노력하고 있다고 적었다.

또한 1956년 12월 26일 자 "한국 분쟁의 땅 2: 남한, 혈색좋은 자유로운 국민" 기사에서는 미국과 UN이 5년간 한국에 130억 달러를 지원함으로써 한국 재건을 도울 것이며 이에는 군에 대한 원조 등은 포함되지 않아 실제로는 훨씬 더 많은 비용이 남한 재건에 사용될 것을 시사하면서 유엔 역할의 중요성을 강조하고 있다.

2. 이승만 정권의 민주성

다른 한편으로 르 몽드가 비판하고 있던 이승만 정권의 비민주성에 대해서 르 피가로의 경우에는 1956년 선거가 그다지 비민주적이지는 않다고 보았다. 1956년 12월 26일 기사를 보면("한국 분쟁의 땅 2: 남한, 혈색좋은 자유로운 국민") 유엔한국재건위원회도 관찰하고 수호하는 역할을 하고 있지만 한국은 대체로 민주적이라는 의견을 냈다. 즉 지난 선거가 비교적 순조롭게 이루어졌으며, 특히 야당의 장면이 부통령에 당선된 것만 보아도 이번 선거가 그렇게 비민주적인 것은 아니었다는 의견을 내놓았다.

3. 4.19: 지도자 없는 민주주의

4.19의 원인에 대해서는 1960년 4월 20일 기사 '남한 계엄령 선포'에서 선거 취소와 질서 확립을 위해서 군대 개입을 요구하는 학생들의 시위라고 적음으로써 선거가 문제라는 시각을 보였다. 1960년 4월 23일 자 "불안에 휩싸인 수도"에서는 이승만 대통령의 고집과 완고함 때문에 해결가능성이 어려워지고 있다는 시각을 보였다. 4.19는 젊은 지성인들과 기득권 간의 간극이 매우 커서 메우기 어려울 정도임을 보도했고(1960.4.25. "한국의 긴박한 상황 지속") 이승만 대통령이 대통령직은 사임하지 않고 자유당 당수직만을 물러나겠다는 발표가 시위대로서는 납득할 수 없어서 시위가 가속화되고 있다고 보도했다.

다른 한편으로 르 피가로는 정권의 붕괴가 한국을 위험에 처하게 할 수도 있다는 의견을 냈다. 1960년 4월 28일 자 "정권의 붕괴가 한국을 위험에 처하게 할 수도" 기사에서 이승만 대통령은 필요 이상으로 대통령직 포기를 강요받고 있으며, 그의 고집이 그의 손실로 이어지고 이 경우 국가는 심각한 상황에 처할 수 있다고 평가했다. 이는 르 피가로가 이승만 정권의 붕괴는 한국의 권력을 진공상태로 만들어서 불안이 가중될 것이라고 판단했던 것 같다.

즉 학생들이 혁명의 주체이지만 이들은 결코 지도자가 될 수 없고, 군대에는 지도자가 있지만 학생들이 군부정권을 받아들이지 않을 것이다. 또한 야당에도 지도자를 할 만한 인물이 없기 때문에 이승만의 퇴진은 결국 한국을 진공상태로 만들 것이라고 주장했다. 1960년 5월 6일 자 "한국은 우두머리 없는 민주주의" 기사에서도 한국은 민주주의의 이상적인 지도자가 없다는 평가를 내놓았다. 이러한 평가는 르 몽드의 분석, 즉 미국이 이승만 정권을 포기하였고 장면 정권에 대해서 어느 정도 준비하고 있었으며 그래서 이승만의 하야를 밀어붙였다는 것과는 사뭇 차이를 보인다.

4. 5.16: 부패와 공산주의에 대항하는 싸움

르 피가로는 5.16 군사쿠데타를 부패와 공산주의에 대항하는 싸움으로 평가했다(1961.5.16. "남한에서의 군사쿠데타"). 그러나 곧 이어서 군사쿠데타로 인한 철의 독재자의 강권통치에 대해서 비판하고 있다. 1961년 5월 24일 "철의 독재자에 틀어막힌 한국의 무거운 침묵" 기사에서 군부의 철의 독재자에 의한 무거운 장막이 서울에 드리워지면서 모든 주요 도시에 대해서 효과적인 감시체계를 사용하여 국민들에게 최대한 공포감을 조성하고 있다고 적었다. 그러나 르 피가로 기자는 이러한 강압적인 통치가 국정 쇄신을 어려움 없이 달성할 것으로 전망하였고 군부의 새로운 지도자들이 이전 정권보다 훨씬 잘하고 있다고 전하면서 긍정적인 평가를 하고 있다.

르 몽드가 의심 반, 기대 반으로 군사정부를 바라봤던 것과는 달리 르 피가로는 일찌감치 군사정권의 효율성에 대해서 긍정적인 평가를 하고 있다. 이러한 평가는 1962년 6월 20일 자 기사 "한국의 심각한 신뢰 결여"에서도 종전 이후 처음으로 부정부패와 공금횡령에 맞서 효과적으로 싸웠고 공공재정을 정리했으며 인플레이션의 위험을 완화하고 건강한 경제를 위해 기금을 조성하는 등 긍정적인 측면이 있다고 보도했다. 그러나 다른 한편으로 같은 기사에서 한국의 군사정권이 지나친 군사 독재의 자질을 보이고 있다고 비판하면서 정당은 해체되고 시민의 자유는 억압되고 2만 명에 달하는 정치사범이 체포되었다고 비판했다.

III. 3기, 1966~1975: 박정희식 교도민주주의, 그리고 경제발전

이 시기는 전체 기사 수가 62건밖에 되지 않아서 특별히 눈에 띄는 보도는 많지 않다. 이 가운데 52건의 정치기사가 검색되어서 83.9%의 기사가 정치 분야로 분류되었고 경제 관련 기사가 2건, 사회 관련 기사가 22건으로 12.9%로 검색되었다.

1. 박정희식 교도민주주의

이 시기 르 피가로 기사의 상당 부분을 차지하는 것은 정치 관련 기사 중에서 박정희 정권의 권위주의적 속성을 표시하는 기사들이었다. 특히 1972년 10월 유신 이후 지식인과의 충돌, 독재성향, 야당에 대한 탄압 특히 김대중 동경 납치 사건과 관련하여 일본과의 불편한 관계, 그리고 미국의회의 반박정희 정서에 대한 것도 나타났다.

1960년대 말까지는 그래도 박정희 정권에 대해서 어느 정도 긍정적인 시각을 보여주었다. 그것은 박정희 정권이 불안정한 국내질서를 안정시키고 열악한 경제상황을 발전으로 전환한 것에 대한 긍정적인 시선이라고 할 수 있다. 1967년 5월 5일 기사 "박정희가 대통령에 재선됨"에서 박정희 대통령의 인기가 결국 한국의 산업화 실현이라고 지적하면서, 그 근간에는 베트남전을 통한 달러의 유입이 경제붐을 일으켰다고 지적했다. 특히 그는 자신의 고향이 있는 한반도 남동쪽(경상도)에서 큰 지지를 받고 있다고 적고 있다.

그러나 1972년 이후부터는 다소 부정적인 시각의 보도들이 많이 나오는데 1973년 12월 4일 자 "여론의 악화로 인해 박 대통령이 한발 물러선다" 기사에서 10월 유신 이후 상당히 강경하던 박 정권이 결국 여론의 적대감을 의식하여 이후락을 해임하는 등의 일종의 유화정책을 취한다는 내용이 보도되었다. 그러나 곧 이어서 이러한 조치조차도 사실상은 '가짜 자유화'(1974. 6.7. "박정희 대통령과 지식인 사이의 힘겨루기")로 비판하였다. 그래서 1972년 10월 이후의 한국 민주주의는 완전히 약화되어서 결국 의회는 입법부이기보다는 일종의 '등기소'로 전락하였고, 박정희 대통령의 결정은 점차 독재정권의 속성이 더욱 강해지고 있다고 적고 있다.

이어서 1974년 7월 3일 자 "박정희 대통령, 자기 자신을 고립시키다" 기사에서는 이러한 통치방식을 교도민주주의(Démocratie guidée)로 명명하면서 '19명의 정치범을 사형시키고 15명을 종신형에 처하며 24명에게 15년을 구형하는 등 모든 형태의 반대를 없애려는 목적이 분명한 억압을 행하고 있다'고 지적했다.

1974년 6월 7일 자 "박정희 대통령과 지식인 사이의 힘겨루기"에서는 이러한 억압적인 상황에도 불구하고 지식인을 중심으로 하는 반대세력은 비밀리에 조직을 구성하여 세를 확장하고 있으며 대통령에 대항하기 위해서 사생결단의 싸움을 전개하고 있다고 적었다. 그러나 군부는 어떤 혼란도 용납지 않을 것이라서 박 정권 전복을 위한 투쟁에 대학생들은 유혈사태라도 감수해야 할 것이라고 적었다.

이러한 르 피가로의 분석은 역시 이 시기 한국 정치는 군부의 억압을 기반으로 하는 교도민주주의적 속성을 가지고 있다는 데 기초하고 있었다.

2. 한국의 경제발전: 일본식의 변화

이 시기 두 번째 관심은 한국 경제의 급속한 발전이다. 1960년대 10년간의 평균 성장률이 8.6%에 달할 정도로 놀라운 발전을 보이고 있으며 국내총생산 증가율이 5%에 그친 서양 산업국가들을 제치고 있어서 서방이 놀라워하고 있다고 보도했다(1971.4.24. "남한 경제의 기록적 성장").

이러한 놀라운 경제발전 성공의 한 원인은 일본식 경제발전이다(1967.8.

29. "남한 1967: 일본식 변화"). 한국이 일본과의 과거 껄끄러운 관계에도 불구하고 일본식 경제발전을 적극 도입하여서 급속한 경제발전을 위한 이륙을 하고 있다고 적었다.

두 번째는 중국과 일본의 특징을 모두 가지고 있는데 중국의 대륙적인 속성과, 일본이라는 섬적인 특성을 잇는 한국적 속성이 있다고 평가했다. 솜씨가 좋고 열심히 일하며, 어려운 과학에 소질이 있고, 기계와 같은 효율성을 보인다고 긍정적인 평가를 아끼지 않고 있다. 그러나 이러한 급속한 경제발전이 불평등의 문제는 해결하지 못하고 악화시키고 있다고 적었다. 경제를 안정시키기 위해서는 빠른 확장을 이루어야 하고 이러한 성과가 없다면 아무도 일을 하지 않고 투자도 이루어지지 않기 때문에 경제가 침체되고 더욱 가난해질 수밖에 없다는 정부관료의 설명을 바탕으로 급속한 발전을 위해서는 어쩔 수 없는 것이라는 논리를 보여주었다. 또한 산업화가 완성되고 나면 그때 가서 사회복지정책을 펼 수 있기 때문에 우선은 발전이 우선이라는 한국 정부의 입장을 소개하고 있다.

3. 남북관계, 한미관계

세 번째 중요한 기사는 남북관계와 한미관계이다. 남북관계에 관해서는 많은 기사들이 보도되었는데 이 기사들은 대부분이 아직 남북관계에 있어서 긴장완화의 징후가 없다는 것이다(1968.2.8. "남한과 미국의 불안 가중"; 1968.2.15. "한국, 이완의 징후가 없다"; 1968.6.24. "북한에 의해 격침당한 '미제국의 공격선'은 남한의 평범한 어선이었다"; 1970.2.16. "북에서 납치된 항공기 승객 석방"; 1970.7.14. "남한 총리, '미군의 군병력을 줄인다면 사퇴할 것이다'"). 이런 기사들에서 보여주고 있는 것은 한반도 주변에는 데탕트가 진행되고 있지만 여전히 판문점에 있는 휴전군사위원회에서는 UN군과 북한 대표 사이에 폭력적인 비난이 교환되고 새로운 전쟁이 유발될 만큼 위협적인 분위기가 유지되고 있다고 지적했다.

또한 미국은 추가적인 군사적인 지원을 약속하고, 남한 정부는 미군의 병력이 줄어든다면 총리가 사퇴하겠다고 발표할 정도로 북한의 군사적인 위협에 대한 두려움이 지배하고 있는 남한 사회를 보여주고 있다. 북한도 평범한 남한의 어선을 납포하여 미국의 간첩선이라고 주장할 만큼 공격적인 태도를 완화시키지 않는다고 소개하였다.

조금 다른 기사라면 1972년 7월 5일 자 "서울과 평양 사이에 통일에 대한 큰 진전" 기사에서 남북한의 7.4 공동성명을 통해서 서로 다른 두 체제의 나라가 과연 빠른 통일을 이룰 수 있을지 질문하고 있다. 그러나 르 피가로는 통일 전망에 대해서는 비관적인 평가를 내놓은 것이 25년 동안 다른 체제가 굳어지면서 북한은 마르크스주의, 남한에서의 미국의 영향과 같은 상당히 이질적인 성향이 과연 통일될 수 있을지, 그리고 200만 명이 잔인한 죽음을 맞은 한국전쟁의 씻을 수 없는 상처가 치유될 수 있을지 질문하고 있다.

이런 상황 속에서 한국은 미국의 군사적 후원에 의지할 수밖에 없는데 1974년 11월 22일 자 "서울 기항: 신뢰의 재확인" 기사에서 미국의 국무장관 키신저가 방한하여 남한에서의 미군 감축 계획은 없다는 미국의 입장을 밝힘으로써 남한은 상당히 안심하는 분위기가 있다고 했다. 실제로 1970년대에 오면서 박정희 정권의 독재와 억압정치로 인해서 미국의회에서는 상당히 반박정희 정서가 나타고 있어서 한미관계는 불편한 관계가 나타났고 또한 김대중의 납치사건으로 인해서 일본 정부와도 불편한 관계였는데 이번의 키신저의 방한으로 데탕트에도 불구하고 강경한 남한에 대해서 미국이 어느 정도 인정함으로써 한미관계가 재확인되었다고 적었다.

IV. 4기, 1976~1985: 군의 편재 그리고 곤봉정치

이 시기 르 피가로 기사는 대다수가 정치 관련 기사이다. 1979년 박정희 대통령의 피살사건이 있었고 이어서 1980년 광주사태, 1981년 전두환 집권과 제2의 군부정권 등 한국 격동의 역사 시기여서 정치 관련 기사가 77%로 대부분을 차지한다.

군사정권에 대한 기사를 제외하면 남북관계에 대한 기사들이 눈에 띄고 한국의 경제발전에 관한 기사도 눈에 띤다.

〈표 1〉 4기 르 피가로 기사 수 분야별

정치	경제	사회	문화	과학	스포츠	합계
98	4	22	2	1	0	127
77.2%	3.1%	17.3%	1.6%	.8%	.0%	100.0%

1. 한국 정치: 군의 편재 그리고 곤봉정치

1) 곤봉정치

군사정권의 권위주의를 표현하는 르 피가로의 언어는 군의 편재(omni-présent, 遍在)이다. 1980년 8월 18일 자 "한국: 군의 편재" 기사에서 박정희의 죽음 이후 최규하 대통령의 짧은 재임기간을 지나면서 그의 사임과 더불어 한국의 정권은 전두환에게 승계되었고 이러한 사태를 르 피가로는 군의 편재라고 적었다. 최규하 대통령의 강요된 사임에 대해서 미국이 우려를 표명한다고 적었고, 국가 비상사태를 최고수준으로 높이고 군부는 도처에 퍼져 있다고 보도했다. 이제 전두환 장군이 권력을 잡게 되면 이 상황은 더욱 심해질 것으로 보았다.

1981년 3월 24일 자 "민주주의를 향한 긴 걸음" 기사에서는 한국에서의 민주주의라는 단어는 서구나 다른 아시아 국가들에서 주는 의미가 전혀 없다고 적고 있다. 그만큼 민주주의와는 거리가 먼 정치질서라는 것을 의미하고 있다. 이렇게 서구민주주의를 그대로 적용할 수 없는 한국 상황은 한국 전쟁으로부터 시작되어서 한반도 통일이 될 때까지 척박한 환경 속에서 민주주의로 가는 행보가 아직 많이 남았음을 보여준다고 보도했다.

2) 민주주의를 도입하기에는 아직 시기상조

이러한 군의 편재는 1980년 5월 28일 자 "한국: 거침없는 정리" 기사에서 광주사태를 보도하면서 잘 드러났다. 이 기사에서 광주에서의 반정부 시위 결과 19명이 죽고 295명이 체포되었다는 정부의 발표를 인용하여 보도하였다. 앞에서 보았듯이 르 몽드는 정부의 발표에 대해서 의문을 제기하면서 병원 내에 신원이 밝혀지지 않은 시체가 100여 구 있음을 병원 관계자의 증언을 통해서 알리면서 실제는 훨씬 더 사망자가 많은 것으로 보도했지만 르 피가로는 정부의 발표를 그대로 전했다. 그럼에도 불구하고 광주는 외부와의 연락이 아예 끊겨져 있고 군의 철저한 감시하에 놓여 있다고 전했다.

광주 시위의 진압을 통해서 드러난 전두환 정권의 강경한 입장을 '곤봉정치(politique du gros bâton)'라고 표현하고 있다. 르 피가로는 이러한 한국의 상황은 서구식 민주주의를 도입하기에는 아직 모든 조건이 충족되지 않았다는 의식이 강하다는 분석을 내놓았다. 즉 야당인사들은 수감되었고 젊은 급진파들에 대해서 정부는 내버려두지 않는 방침을 세웠기 때문에 이것을 민주주의라고 하기는 어렵다는 것이 르 피가로의 주장이다.

3) 결국 북한의 위협 때문

여기에서 르 피가로는 미국의 입장에 대해서 조심스럽게 의견을 내놓았는데 광주에 대해서 전두환을 지지함으로써 미국의 입장을 분명히 드러냈다고 보도했다. 즉 미국은 현재로서는 불확실한 민주주의보다는 아시아 지역의 안정을 선호하고 있음이 분명하다는 것이다.

이러한 한국 상황에 대해서 앰네스티 인터내셔널(Amnesty International)
과 같은 인권단체는 한국 상황을 비난하고 있지만 정부는 "지금은 북한의
위협에 대해 효과적으로 맞대응하기 위해 강한 정권이 필요한 시기"라고 응
답했다고 전했다(1980.8.13. "남한의 긴장된 공기").

결국 군이 편재하는 한국 정치의 기초에는 북한의 위협이 놓여 있는데
르 피가로 기자는 과연 북한의 위협이 실재하는지에 대해서 분석하고 있다.
김일성은 한 번도 무력통일에 대한 의지를 감춘 적이 없으며, 남한의 군사령
부는 북한이 비무장지대에 파놓은 땅굴은 북한의 호전성을 드러내는 예라고
했다. 미국 또한 북한의 위협에 대해서 인지하고 있어서 북한의 위협에 대
해서는 어느 정도 이론의 여지가 없다라는 설명을 하고 있다.

한편 르 피가로는 이러한 상황에 대해 정작 한국인들은 박정희 정권의
19년 동안의 권력 남용에 대해 아무런 문제를 제기한 적이 없기 때문에 이
번에도 남한 사회의 변화를 가져오지는 못할 것으로 보인다고 하였다.

2. 남북관계 그리고 한국의 국제관계

1) 여전히 긴장상태인 남북관계

1976년 7월 1일 자 "1976년 한국: 냉전의 고립지" 기사에서 독일과 한국
을 비교하면서, 독일이 분할 점령이 이루어지자마자 동독과 서독을 형성한
반면, 한국은 안정을 찾기도 전에 북한의 남침으로 폐허가 되었다고 보도했
다. 남북은 어떠한 소통도 없이 개인적인 차원의 교류조차도 이루어지지 않
는 반면, 독일은 무역을 통한 일종의 공존상태를 이루고 상호 부모님의 방문
이 가능하다고 적으면서 한국이 얼마나 철저히 냉전의 고립지인지를 설명하
고 있다. 특히 미소, 미중 간의 데탕트가 진행되고 있던 당시에도 한국만이
철저히 '과거에 남게 되면서 남한은 매년 6월 25일마다 자신들의 고독을 자

각한다'고 적었다.

1977년 5월 18일 자 "방어태세의 민주국가" 기사에서는 한국의 무장된 민주주의에 대해서 많은 비판이 있지만 이것은 정작 우리가 북한의 악독한 독재를 잊고 있기 때문이며, 한국이 이렇게 무장민주주의를 할 수밖에 없는 것은 북한의 공격에 대한 방어 태세 때문이라고 설명하고 있다.

2) 한미동맹의 강화

1970년대 말 미군철수가 논의되기 시작하였다. 1977년 7월 27일 자 "남한: 미군을 대체할 2억 달러" 기사에서 남북의 공동성명을 통해서 미군 감축의 방법과 그 이후 갈등이 발생할 시 보완조치를 하겠다는 내용을 보도했다. 이 보도에서 한미는 모두 북한에 대한 우려를 표명했지만 미군은 점차 3만 3,000명을 감축할 계획과 남한의 병력 증강도 있을 예정임을 밝혔다.

1980년대에 이르면 레이건이 미국의 새로운 대통령으로 당선하면서 레이건은 신냉전시대를 주도하게 되었다. 이것은 동북아시아에서도 워싱턴-도쿄-서울의 삼국동맹의 강화를 의미하는 것이며, 자유진영의 가치를 유지하고 동북아 평화와 번영을 유지하려는 미국의 전략이 나타나는 것이다(1983. 11.15. "삼국의 동맹 안정화"). 레이건 대통령은 한국군의 현대화에 기술을 이전하는 데에 공헌할 것이며, 군사기술뿐만 아니라 안정적인 에너지와 식품을 공급하면서 레이건 대통령은 긴장을 완화시키겠다고 선언했다고 전했다. 일본과 함께 한국 주변국의 연대감을 강화하고 북한을 고립시키는 데 찬성하는 레이건은 전두환 대통령에 한국의 UN 가입을 지속적으로 지지하겠다고 하면서 한미동맹의 강화된 모습을 보도했다. 한반도의 통일을 위해서 레이건 대통령은 한국의 참여 없이는 북한과 협상하지 않겠다는 확신을 주었다.

3) 비동맹외교

다른 한편으로 르 피가로는 한국의 '비동맹외교'에 대해서도 관심을 보였

다. 1983년 10월 8일 자 "남한은 비동맹국과 가까워짐" 기사에서 전두환
대통령이 버마, 인도, 스리랑카, 호주, 뉴질랜드, 브루나이로 3주간 순방을
떠날 예정이며 이 순방은 전두환 정권이 추진하는 외교적 개방정책의 일환
으로 정권에 오른 3년 전부터 추진되고 있다고 전했다. 이러한 외교 다각화
는 한국의 국제적 위상을 강화하고 북한의 선전으로 나빠진 정부의 이미지
를 개선하기 위한 것이라고 보도했다. 이를 저지하고자 북한은 버마 아웅산
에서 대통령 순방 중 테러를 일으켰다고도 보도했다(1983.10.11. "한국: 잇
단 충격적 상황의 강박").

3. 한국 경제: 제2의 일본

한국 경제의 발전상을 소개하면서 이제 곧 제2의 일본이 될 것이라고 보
도했다(1984.8.20. "한국: 제2의 일본"). 한국은 광속으로 발전하고 있는 국
가로 더 이상 가난하지는 않지만 그렇다고 아직 부유한 국가는 아니라고
보도했다. 한국은 20년 전부터 경제부흥으로 시작했는데 이 부흥의 목적은
역사와 문화에 걸맞은 위치를 주겠다는 의지에서 생겨났다고 적었다. 그래
서 한국은 이제 곧 내년이면 일본의 발전 수준을 따라잡을 수 있을 뿐만 아
니라 좋은 문화와 역사가 있음을 알릴 수 있을 것이라는 낙관적인 분석을
했다.

한국 경제발전의 특징을 이 기사에서 몇 가지로 적었는데 그 첫째가 기업
들 간의 사회적인 관계가 좋다는 것이다. 그 저변에는 신가족주의가 있어서
주거의 일보나 교육과 같은 사회적 보호를 고용주가 제공하는데, 대기업들
이 중소기업보다도 훨씬 잘 보장된 서비스를 제공하고 있다고 했다. 두 번
째 특징은 정부의 개입으로 수출업자들을 위한 환경이 통일되어 있다는 것
이다. 이는 세계적으로 상당히 긍정적인 효과가 있다는 것인데 정부가 엄격
한 계획을 제공하면서 외국자본을 자유롭게 사용하도록 지원하고 있다고 적

었다. 세 번째 특징은 국가가 최고 보스처럼 행동한다는 것이다. 이념이나 권력을 행사하는 것보다는 경제의 효율성을 추구하면서 국가가 보스처럼 모든 것을 지도한다.

1981년에 당선된 전두환 대통령은 9년간 은행의 민영화를 시행하였고 국가 산업에 뛰어들어 반국영기업들이 활동하고 있다. 결과는 긍정적으로 수출이 늘어나고, 가난으로 고통받는 사람이 5%로 줄어들고 있으며, 생활수준이 정기적으로 좋아지고 있다고 보도했다. 하지만 국채라는 단점이 있어서 83년 말에는 400억 달러가량이며 86년에는 470억 달러가 될 전망을 소개했다. 이러한 경제성장의 대가로 발생하는 문제점들이 심리적 동요를 발생시킬 것이라고 했다. 실제로 이러한 국가의 부채는 결국 1997년 금융위기를 가져왔던 것이다.

V. 5기, 1986~1995: 애로가 많은 한국 민주주의

5기의 한국은 1987년 민주화가 되면서 군사독재체제를 청산하고 민주주의로 전환한 시기이다. 그러나 여러 분야에서 비민주주의적인 요소가 남아 있어서 민주주의는 가는 길이 아직 멀다고 르 피가로는 보도하였다. 또 다른 중요 사건은 올림픽인데 의외로 르 피가로에서는 한국의 올림픽 관련 기사가 많지 않았다. 전체적으로 4건의 기사가 검색되는데 그것들이 모두 북한도발 관련으로 직접적인 올림픽 관련 기사는 많지가 않다. 즉, 르 피가로의 한국에 대한 일차적인 관심은 남북관계이고, 남북관계가 완화되어서 프랑스가 투자하는 데 안전한 국가가 되는가 하는 것이 큰 관심인 것으로 보인다.

또한 이 기간에는 지난 기간에 비해서 정치 관련 기사의 수는 많아졌지만

〈표 2〉 이 기간 올림픽 관련 기사

날짜	기사 제목
1988-05-24	서울올림픽 기간에 북의 도발 염려
1988-06-06	Sport Travel이 독점적으로 올림픽 공식 여행사로 지정됨
1988-06-30	학생들의 반미 시위, 북한은 서울 올림픽 개최에 평화적으로 협조해야 함
1988-07-07	올림픽 개막 72일째, 노태우 대통령이 북에게 통일을 위한 새로운 제안을 함

전체적으로 기사가 늘었기 때문에 전체기사 중 정치가 차지하는 비중은 이전 시기에 비해서 많이 줄었다. 그것은 그만큼 한국에 대한 관심이 다양해지고 있음을 알 수 있다. 경제 관련 기사가 이전보다 많이 늘어서 한국 경제에 대한 관심이 높아지고 심층적인 보도도 늘고 있음을 알 수 있다.

　연도별로 보면 1987년 6월 민주화 관련 보도가 많았고 1991년에는 한국 경제에 관한 많은 기사들과 노태우 정권 말기의 시위 및 노조와의 갈등이 주요 내용으로 나타났다.

〈표 3〉 5기 기사의 내용별 분류

정치	경제	사회	문화	과학	스포츠	합계
111	51	32	0	0	4	198
56.1%	25.8%	16.2%	.0%	.0%	2.0%	100.0%

〈표 4〉 5기 연도별 기사 수

1986	1987	1988	1989	1990	1991	1992	1993	1994	1995	합계
24	61	8	11	16	33	9	8	11	12	193

1. 애로가 많은 한국 민주주의

이 시기 많은 비중을 차지하는 정치 관련 기사들은 대부분이 한국 민주주의의 애로사항에 관한 것이다. 전두환 정권 말기와 1987년의 민주화, 그리고 노태우 정권의 등장, 그리고 김영삼 정권으로 이어지는 이 시기는 한국 민주화가 정착되어가는 과정이었다. 르 몽드에서는 이 시기를 '은밀한 권위주의'로 묘사한 반면, 르 피가로에서는 '애로가 많은 민주주의(démocratie sur un sentier escarpé)'로 묘사하고 있다.

1986년 6월 10일 자 "한국: 애로가 많은 민주주의자들" 기사에서 전두환 정권의 5공화국 헌법에 대해 민주주의적 개정을 요구하는 반대파들이 정부의 '사회주의자'라는 비난에 직면하면서도 대통령 직선을 요구하고 있다는 기사를 보도했다. 그러나 정부는 여전히 반대파에 대한 집회방해를 통해서 여전히 비민주적인 요소를 강하게 보인다고 적었다.

이러한 한국 정치는 결국 1987년 6월의 광범위한 시위에 의해서 호헌을 철회하고 대통령 직선의 개헌을 받아들이면서 1987년 12월 대통령 직접선거를 실시하게 되었다. 그러나 이 선거 역시 순조롭게 민주주의적인 정권교체가 되지 못하고 폭력의 위험이 도사리고 있는 '폭력의 강박증'을 보이는 모습으로 나타났다(1987.12.15). 이번 선거에서 누가 승리하든지 선거에서 승리하지 못한 상대방들은 폭력적으로 대응할 준비가 되어 있다고 적고 있다. 김대중은 노태우의 승리를 받아들이지 못할 것이라고 이미 공표한 상태이고 만약에 노태우가 당선될 경우 '마르크시스트'와 '레지스탕스'적 성향을 지닌 두 학생운동은 폭력적인 시위를 일으킬 용의가 있다고 르 피가로는 예측했다. 김대중이 승리할 경우에도 군부 쪽에서 그리고 노태우 진영에서 반대할 가능성이 있어서 결국 어느 쪽이 당선되더라도 대선을 둘러싼 폭력적인 양상은 쉽게 사라지지 않을 것으로 보았다.

결국 노태우가 당선되었고 노태우의 당선은 김대중과 김영삼의 갈등 때문이라고 해석이 되면서 노태우 집권 초기에는 새로 당선된 대통령에게는 상당한 은총의 시간이 계속되고 있다고 르 피가로는 적었다(1987.12.21. "대통령을 위한 은총의 시간"). 이 기사에서 야당은 전적으로 세상의 신용을 잃었고 노태우는 이제 정당성을 가진 대통령이 되면서 야당을 우스운 존재로 만들어버렸다고 보도하였다. 김대중과 김영삼은 선거캠페인 내내 '정치적 동반자살'을 한 것으로 파악되었고 좌파 및 학생, 실직자들은 대규모 시위로 서울 중심을 '소란하게 했다'고 보도했다. 이러한 시위는 어떤 의미에서는 상당히 명분을 잃어서 지난 6월 이곳에서의 '아름다웠던' 시위에 대해 향수를 느끼게 했다고 적었다. 여기에 미국과 도쿄도 노태우의 당선에 '만족하는 눈치'여서 노태우는 집권 초반을 상당히 안정된 분위기 속에서 이끌어 갈 수 있을 것이라고 예측했다.

그러나 노태우 집권 초기의 평안한 시기는 금방 지나고 사회적 동요의 날들이 나타나지만 정부의 지나치게 신중한 태도는 사회의 문제를 해결하지 못하고 사회적 대립은 악화되었다(1989.11.16. "조용한 아침으로부터 동요의 나날로"). 그러나 르 피가로 기자는 무질서 속에서 민주화를 추구하고 있는 한국인들의 적극적인 모습을 긍정적인 시각으로 보도하고 있다.

2. 한국 경제

이 시기에는 많은 경제 관련 기사가 나오면서 그 어느 시기보다도 한국의 경제에 대한 프랑스의 높은 관심을 반영하고 있다. 1989년 11월 16일 "조용한 아침으로부터 동요의 나날로" 기사에서 한국은 '악착스럽게 일하는 거대한 공장'과도 같다고 적었다. 자동차와 전자기기 부문은 이미 세계적인 수준에 달해 있지만 한편으로는 한국의 기적은 끝난 감이 없지 않아서 노동집약적인 산업 부문에 있어서는 한국 상품들이 필리핀이나 말레이시아, 태국과 같은 지역에 밀리고 있다고 적었다. 이렇게 한국 경제의 명암을 소개하였다.

한국 경제의 명암 속에서 재벌의 중요성은 여전히 한국 경제의 중추적인 역할을 한다는 것이 르 피가로의 분석이다(1990.6.14. "한국: 재벌들의 영향력 회복"). 르 피가로는 이 기사에서 재벌 덕택으로 한국 경제의 성공을 이루었고 그 이면에는 생산력이 있다고 진단했다. 또한 소련의 삼성이 수출 계약을 성공시킨 사례에 대해서 재벌들의 국제적인 영향력이 강화되고 있다고 적었다. 그러나 다른 한편으로는 재벌들의 역할이 지나치게 크기 때문에 축소해야 하며 중소기업을 지원해야 한다는 주장도 있지만 노태우 대통령은 여전히 재벌 중심의 경제가 가지는 효율성에 의지하고 있다고 보도하였다. 특히 이러한 대통령의 친재벌정책은 선거캠페인에서 재벌들이 주요한 경제적 지원을 하고 있기 때문에 재벌중심정책은 비용은 많이 들지만 그만큼 산출이 크다고 지적했다.

3. 남북관계

르 몽드에 비해서 르 피가로는 남북관계에 관심이 많다. 전 기간을 통틀어 르 피가로는 전체 정치 관련 기사 중 50% 이상에 남북관계를 할애하고 있는 반면, 르 몽드의 경우에는 40%에 그치고 있다. 이 시기에도 르 피가로에서는 전체 정치 관련 기사 가운데 31.5%에 달하는 35건의 남북관계 관련 기사를 보도하였다. 이 시기는 노태우 정권 시기로서 그는 북방정책을 중요한 정책 모토로 삼고 소련과 중국과의 관계 개선을 도모하면서 북한의 반응을 이끌어내기 위해서 노력하였다(1988.7.2. "북쪽으로 눈짓"). 이 기사에서는 노태우 대통령은 남북한 통일 진전을 위해 가장 완성도 높은 제안을 새롭게 하였다고 보도했다. 이러한 그의 제안은 올림픽을 앞두고 북한과의 좋은 관계를 유지하여 올림픽을 원활하게 치르려는 의도가 없지는 않지만, 다른 한편으로는 이산가족의 방문을 돕고 다양한 민간 교류를 지원하는 것을 볼 때 남북관계 개선의 진정성이 있다고 르 피가로는 분석하였다.

1992년 2월 7일 자 "두 한국 사이 이익의 상호접근" 기사에서는 심각한 경제 위기를 겪고 있는 북한이 경제개방의 압력 앞에서 남한과의 정치적 합병을 구체화하고 있다고 보도하면서 남북한 사이의 화해합의를 통해서 경제적 협력도 강화될 전망이라고 보도했다. 북한은 필수적인 식량 확보가 불가능해지면서 식량난이 가속화되고 있고 중국과 소련의 지원도 점차 어려워지면서 북한은 결국 남한과의 화해를 피할 수 없게 되었다고 설명했다. 남한의 경우에는 임금이 높아지면서 북한의 노동력은 상당히 매력적으로 비쳐지게 되어서 남북한 사이의 이익이 점차 접근하고 있다고 설명했다. 그러나 이러한 경제적 협력이 반드시 정치적 통일로 갈지는 미지수라는 것이 르 피가로의 분석이다.

VI. 6기, 1996~2005: IMF, 문화혁명이 필요한 국가

이 시기 중요한 기사들은 1997년 12월에 아시아 금융위기의 연장선에서 한국에 닥친 금융위기로 인해 IMF 구제금융을 받게 되면서 한국 경제는 완전히 새롭게 재구성하게 된 내용과, 2000년의 남북정상회담을 중심으로 한 남북관계, 그리고 마지막으로는 2002년의 월드컵 관련 기사들이다. 이런 시기적 특징 때문에 르 피가로 기사에서 늘 정치 관련 기사가 50% 이상을 차지하고 있던 것과는 대조적으로 이 시기에는 경제 관련 기사가 전체의 45.2%를 차지하고 있으며, 정치 관련 기사는 39.7%에 그치고 있다. 스포츠 관련 기사도 16건으로 3.8%에 달하고 있으며 흥미로운 것은 문화 관련 기사가 많이 늘어서 월드컵 시기에 한국 문화에 대해서 소개하는 기사를 많이 볼 수 있었다.

1. 한국 경제의 재조정: IMF 체제, 기업과 정부의 갈등

르 몽드의 IMF 관련 기사는 닫힌 국가에서 열린 국가로의 전환을 중심으로 다루어졌고, 국제적 표준을 적용하도록 외부로부터의 강요에 의해서 국가가 재조정되는데 초점을 맞추고 다루었다. 반면에 르 피가로 기사에서는 역시 개방에 초점이 맞추어지긴 했지만, 국제적 표준에 맞추려는 한국의 노력이라는 관점보다는 채무상환 및 IMF의 프로그램에 따라서 국내 재벌을 해체하려는 정부의 노력과 이에 대해 반발하는 기업 간의 갈등을 중심으로 기사가 쓰였다. 따라서 IMF 체제만을 놓고 보았을 때 르 몽드의 시각이 보다 국제적이라면 르 피가로는 보다 국내적으로 보도가 이루어지고 있다고 할 수 있다.

IMF 체제 직전인 1997년 5월 2일 자 "한국 호랑이, 세계 정복을 향해 강요된 행보" 기사에서 르 피가로는 한국이 내수가 포화상태에 이르러서 활성화가 어렵기에 기업이 살아남고 한국 경제가 살아남기 위해서는 어쩔 수 없이 해외시장 확대가 필요하다는 주장을 폈다. 이렇게 강요된 세계시장으로의 확대는 결국 자동차 산업과 같이 새로운 활력을 모색하기 위한 분야에 투자되어야 한다는 것이다. 이미 이 시기에는 한국 경제의 문제가 심각하게 드러난 상태인데 르 피가로는 문제에 대한 근본적인 해결보다는 확대를 통해서 타개해 나가려는 한국 기업들의 과제를 중심으로 기사가 보도되었다. 이 기사에서 기자는 한국 경제의 문제를 환율의 문제와 더불어 파악했는데 일본의 엔화가 달러 대비 상당히 절하되면서 원화는 이만큼의 절하가 이루어지지 않아 국제시장에서 가격경쟁력을 잃고 있다고 적었다.

또한 한국 경제는 기술의 해외의존이 심하기 때문에 수출로 인한 이윤이 고스란히 수입에 투자되기 때문에 그만큼 생산성이 떨어지는 구조를 가지고 있다고 지적했다. 또한 늘 나오는 말이지만 정경유착은 당시 한보사태와 같은 어마어마한 정치적 스캔들을 낳았고 이러한 스캔들은 한국 경제의 심각한 위기를 예고한다고 적었다. 이와 더불어 재벌들의 가부장적이며 권위주의

적인 방식은 새로운 기술 시대에 적절한 대응을 하지 못해 어려움을 겪는다
고 적었다. 그래서 결국 자동차 산업과 같은 분야에 신규투자가 없으면 한
국 경제는 어려움을 피하기 어렵다는 것이 르 피가로의 해석이다. 이러한
한국 경제의 문제는 결국 1997년 12월 단기 채무를 상환하지 못하여 IMF로
구제금융을 지원받게 되었다.

1) 외국인에게 한국 개방

IMF 체제에서 르 피가로가 시리즈로 보도한 기사들은 첫째 외국에 대한
개방이다. 1998년 4월 24일 자 "한국: 외국인에게 개방" 기사에서 정부는
한국 기업들의 적대적 인수 합병을 허용하기로 했다고 하면서, 이제까지 외
국 투자에 상당히 폐쇄적이었던 한국이 이제 한국에서 가치가 있는 모든
기업을 외국 투자자들에게 적극적으로 매각할 준비가 되어 있다고 썼다. 외
국 투자자들에게 국내 기업을 매각함으로써 정부는 일석이조를 노린다고 했
는데 첫째는 재벌들의 체질 개선이고 다른 하나는 당장 필요한 자본을 마련
하는 것이다. 이를 통해서 경제가 빠르게 재건될 것이라고 기대한다고 했
다. 그러나 이러한 외국에의 매각은 두 가지 문제를 낳는다. 그것이 시리즈
기사의 두 번째, 세 번째 내용이다.

2) 기업과 정부의 갈등

외국에 한국 기업을 매각하는 과정에서 두 번째 정부와 기업 사이의 갈등
이 생긴다. 이것을 한 기사에서는 "기업과 정부 사이의 귀머거리들의 대화"
(1999.3.19)라고 묘사했다. 즉 정부는 외국에 매각하기 쉬운 형태의 작은
규모로 기업들을 분리하여 매각하기를 원하고, 기업들은 속성대로 대기업의
형태를 유지하기를 원한다. 이 과정에서 정부와 기업 사이에는 경제위기를
타개해야 한다는 목적에는 동의하지만 방법에 있어서는 차이를 보인다고 적
었다. 그래서 재벌들은 이중언어를 구사한다는 것이다(1998.5.6. "한국: 재
벌의 이중언어"). 이제까지 재벌들은 한국 경제발전의 촉진제였고 한국의

행운이었다. 그러나 이제는 정부의 희생양이 되고 있다.

다른 기사에서는 정부가 가장 미워하는 대상(Bête noire)이 되었다고 적었다. 어쨌든 한국 경제 위기의 책임소재로서 기업을 지목하면서 기업은 이제 완전히 인기를 잃은 존재가 되었다. 그러나 르 피가로는 이렇게 된 것이 기업의 잘못은 아니고 정부가 이제까지 기업들의 방만한 경영 및 자기자본의 450%까지 은행에 채무를 지는 데도 수수방관한 책임이 있다고 지적했다.

정부의 책임도 중요하다는 점을 강조하면서 르 피가로는 1997년 12월 24일 "한국: 두려움을 주는 위기" 기사에서 한국이 이러한 위기 상황으로 가게 된 도화선은 정부가 채무수준을 속이고 있다가 나중에 진실을 밝히게 되면서 급속하게 위기가 확대되었다고 적었다. 이런 점에서 기업의 채무구조에 대해서 특히 그 총량도 중요하지만 채무구조가 단기 채무로 구성된 것에 대해서 아무런 조치를 하지 않은 책임이 정부에 있음을 암시하고 있다.

그럼에도 불구하고 정부는 이제 재벌들을 비난하면서 특권을 포기하라고 한다. 이 상황에서 재벌들은 겉으로는 정부의 말을 따르겠다고 하지만 뒤로는 위기는 곧 기회이기 때문에 기회를 살리기 위해서 정부는 수출에 방해가 되는 장애물들을 없애줘야 한다고 말하고 있다. 정부는 기업들에게 스스로 구조조정을 하도록 요구하고 있지만 이러한 이중언어를 통해서 기업들은 해체를 늦추면서 정부에 대항하고 있는 것이다. 이러한 상황은 기업과 국가 사이에 자기 주장만을 되풀이하면서 상대방의 말에는 귀 기울 수 없는 귀머거리들의 대화가 진행되고 있는 것이다.

외국에 국내 기업을 매각하는 과정과 대기업의 해체 과정에서 불가피하게 따라오는 것이 실업이다. 그래서 르 피가로 IMF 체제에 대한 시리즈 기사 세 번째 내용은 실업에 관한 것이다.

3) 실업

한국 IMF 체제 시리즈의 세 번째 내용은 실업 문제이다. 정부가 가장 신경쓰는 것은 실업 문제이다. 그것은 결국 정부에 대한 불만으로 연결될 것이기 때문에 정부는 가능하면 대기업보다는 중소기업들에 일자리를 없애지 말아달라고 호소하고 있다(1999.3.19. "한국: 기업과 국가 사이의 귀머거리들의 대화"). 정부는 실업을 줄이기 위해서는 무엇이든지 다할 예정인데 예를 들어 국가는 국가 주도의 대규모 공공사업을 추진하여 일자리를 창출할 예정이다. 또한 외국투자가 보다 용이한 기술혁신의 중소기업들을 적극 지원하여 이들이 보다 많은 일자리를 창출해줄 것을 기대하고 있다.

그러나 정부의 실업을 줄이려는 노력만으로는 충분하지 않다. 아무리 정부가 실업을 줄이려고 해도 대기업의 해체 및 외국인의 투자를 통한 기업의 매각 과정에서는 어쩔 수 없이 구조조정이 전제되어야 하고 그 과정에서 해고는 불가피한 것이기 때문이다. 그래서 결국 해고를 줄이려는 노력과 더불어 실직자들에 대한 사회보장이 반드시 필요하다.

르 피가로에서는 1998년 5월 12일 "한국 사회보장을 찾다" 기사에서 한국의 사회보장 상황에 대해서 보도하였다. 이 기사에서 실업이 늘어나면서 정부가 긴급조치를 하고 있지만 이것은 절대 충분하지 않다고 평가하면서 전체 실직자의 18%만이 사회보장의 혜택을 받고 있다고 보도했다. 노사정 합의를 통해서 5인 이상의 작업장의 경우에도 실직보험이 적용되기로 했지만 기금 마련이 어려워 실제로 시행여부에는 문제가 있다고 적었다.

르 피가로는 한국의 경우 이러한 공적인 안전장치보다는 이제까지는 가족의 연대를 통해서 어려움을 해결해왔지만, 이렇게 동시다발적으로 광범위한 실업이 발생하자 이제까지의 사적인 영역의 부조가 불가능해졌고 그래서 공적인 사회보장이 필요하게 되었다고 적었다. 그러나 한국의 경제 상황 때문에 불충분하고 합의된 보장은 아직 시행이 불투명하다고 보도했다. 이러한 김대중 정부의 망설임을 비판하면서 사회보장은 국가의 안정이 달린 문제이기 때문에 신속한 대응이 필요하다고 역설했다.

4) 문화혁명

IMF 체제에 관한 보도에서 눈에 띄는 기사는 외국인에 한국 기업을 매각

하는 것, 외국인의 투자가 한국 시장에 유입되는 것은 단순한 개방경제 차원
이 아니라 그것은 한국인들의 의식의 전환, 즉 문화혁명이라고 지칭한 기사
이다. 그 기사는 1998년 4월 29일 자 "한국: 문화혁명" 기사인데 이 은둔의
나라에서 어느 날 갑자기 자신들의 기업이 외국에 매각된다는 것은 한국인
들에게는 이해하기 어려운 일이라고 적었다.

한국인들의 폐쇄적인 속성을 설명하면서 두 가지 에피소드를 적었다. 하
나는 1996년 대우가 톰슨 멀티미디어를 인수하려고 했지만 실패했을 때 프
랑스의 이러한 결정을 한국인은 이해하지 못했다고 적었다. 다른 한 에피소
드는 "서울-부산 TGV가 늦어질 때 이번에는 필요할 때 적절한 토목사업을
하지 못한 한국인의 무능력 때문에 늦어졌을 때 다시 한국과 프랑스 사이의
감정이 끓어오른 사건"이었다.

이 두 에피소드를 든 것을 보았을 때 한국인들의 폐쇄적인 속성은 민족주
의 어쩌면 '국수주의'적 속성을 말하는 것 같다. 그래서 이 기사에서 "외국의
영향력이 적절하지 않다고 판단했을 때 화를 내는 민족, 외국에 대해서 상당
히 폐쇄적인 민족"이라고 적은 것을 보더라도 르 피가로 기자는 한국인들을
상당히 국수적인 성향을 가진 민족으로 이해하는 것 같다.

하여튼 이 기사에서 르 피가로 기자는 "지난 200년 동안 문화적으로 자기
중심적이었던 한국 사람들은 상당히 민족주의적이다. 이러한 민족주의는 외
국 물건 반대 캠페인을 벌이고 무역 파트너와 분쟁을 일으키기도 했다. 그
래서 이러한 신념의 위험에 대해서 배워야 한다"고 적었다. 이런 점에서 외
국에 한국 기업을 매각하면서 한국 시장에 외국인 투자를 허용하는 것은
한국인들에게는 일종의 문화혁명이라는 설명이다.

2. 남북정상회담

르 피가로가 이 시기에 관심을 가진 기사는 남북관계 특히 2000년의 남북

정상회담기사이다. 르 몽드의 남북정상회담 관련 기사는 보다 국제적인 시선을 보여주었다. 특히 동북아시아의 국제질서에 입각하여 남북정상회담이 가지는 의의를 분석하였고, 이를 통하여 각국의 이해관계에 대해서 분석하였다. 반면 르 피가로는 남북한 두 국가 사이의 관계에 초점을 맞추고 있으며, 특히 남북정상회담을 성사시킨 김대중 대통령에 초점을 맞추고 있는 것으로 보인다.

2000년 6월 7일 자 "통일을 향하여" 기사에서 김대중은 1972년 야당의 지도자였을 때 박정희 당시 대통령과 더불어 남북한 공동번영과 아시아 공존 정책 철학을 포기하지 않았고 대통령이 되면서 1998년부터 "햇볕정책"을 실시하면서 북한과의 대화를 시도하고 경제적인 지원도 해왔다는 것을 밝혔다.

2000년 6월 13일 자 "북한에 대한 남한의 햇볕" 기사에서는 김대중이 과거 야당 지도자 시절에 박정희 대통령으로부터 엄청난 정치적 억압을 받았을 때 그 명분이 북한과 화해할 희망을 가졌다는 이유로 공산주의자라는 낙인이었고, 또한 전두환 정권에서는 광주사태의 배후 조정자로 지목되어 사형을 선고받았다가 종신형으로 감형되었고 레이건의 도움으로 미국 망명을 해야 했던 것도 결국 북한 정권이 친밀감을 느끼게 하는 요소라고 지적했다. 이러한 기사들이 지적하는 것은 모두 남북지도자의 만남은 1953년 휴전 이후 처음 있는 일이며 당장 통일이 되지는 않겠지만 세계에서 유일하게 남아 있는 냉전의 흔적이 이제 청산되기 시작하는 것이 아닌가 하는 희미한 희망의 메시지를 전하고 있다.

그러나 2002년 10월 23일 기사 "한국: 위험에 처한 햇볕정책" 기사에서 북한의 핵무장 계획이 비밀리에 추진되어 오고 있음을 고백한 북한 정권을 기만을 일삼는 정권으로 묘사하면서 남한은 배신감을 느낀다고 썼다. 북한은 2000년 남북정상회담을 통해서 많은 것을 얻었다고 썼다. "미국은 즉시 북한에 대한 반세기 동안의 경제제재조치를 풀었다. 3개월 뒤 남한은 서울과 평양을 연결한 철도의 첫 삽을 떴다. 경제적 접근은 모든 단계를 뛰어넘었다"면서 정상회담 이후 많은 것을 얻은 뒤에 정상회담 약속을 이행하지 않고 비밀리에 핵무장 계획을 추진한 것은 명백한 배신이라는 것이다. 이로 인해서 김대중의 햇볕정책은 큰 위험에 처해 있다고 보도했다.

3. 월드컵: 경제적 계산

월드컵 관련 기사에서도 르 몽드와 르 피가로는 좋은 대조를 보여준다. 르 몽드는 월드컵을 한국의 열기 그리고 한국 민족주의에서 아시아 민족주의로의 확대를 중심으로 보도했다. 르 피가로는 경제적 이익이라는 관점과 한일 공동개최를 통해서 한일 간의 화해가 일어난다는 시각으로 보도되었다. 2002년 5월 27일 자 "월드컵: 일본과 한국은 이익을 계산한다" 기사에서 아시아지역에서 최초로 경기가 치러지면서 공동 개최국인 두 나라에는 얼마만한 경제적인 이익이 있는지 분석하였다.

다른 기사 2002년 6월 14일 "일본과 한국, 적이면서 형제" 기사에서는 한국과 일본은 원래 오래된 경쟁과 역사적 기억이 생생한 국가들이지만 이번에 공동 개최를 통해서 상당한 접근이 일어나고 있다고 적었다. "월드컵 효과는 이미 상당한 성과를 가져온 셈이다.

지난 4월 양국은 공식적으로 역사회고위원회를 출범시켰다. 서울은 반세기 동안 진행되어오던 문화상품 불매운동을 완화하기로 했다. 월드컵 기간 중에 라디오에서 일본 가요가 부분적으로 나왔다. 지난 4월 두 국가 사이의 자유무역 지역 논의가 진행되고 있다고 밝혔다. 그리고 "지난 12월 아키히토 국왕 즉위 68주년 직전에 그의 선조 중 한 사람이 한국 출신이라는 것이 알려졌다. 참으로 놀라운 상징적인 일이다." "월드컵이 동북아시아국가들 간의 연대를 강화할 것을 기대할 수 있다. 축구는 미국의 지배를 피해서 일어나는 세계화의 드문 현상 가운데 하나이다."

VII. 7기, 2006~2014: 새로운 테크놀로지, 그리고 한류

　　　　　　　　7기의 한국은 르 피가로에 새로운 테크놀로지와 한류의 나라로 소개되고 있다. 7기의 기사들은 다양한 분야를 포함하고 있다. 정치로부터 시작하여 경제 관련, 사회 문제, 문화, 과학, 스포츠에 이르기까지 그 어떤 시기보다도 다양한 기사들이 한국에 대해서 소개하고 있다.

〈표 5〉 7기 분야별

정치	경제	사회	문화	과학	스포츠	전체
369	153	67	70	29	23	711
51.9%	21.5%	9.4%	9.8%	4.1%	3.2%	100.0%

〈표 6〉 2012년 르 피가로에 실린 싸이에 관련된 기사

한국 K-Pop, Bercy에 도래하다	2012.02.08
싸이와 그의 강남스타일, 세계적인 무료공연	2012.10.04
미친 싸이 유튜브에서 폭발되다	2012.10.22
강남스타일, 한국과 일본의 불화	2012.10.24
강남스타일, 유튜브에서 2위에 오르다	2012.11.02
싸이와 마돈나, 강남스타일을 위해서 한 무대에 서다	2012.11.14
싸이의 강남스타일은 유일한(unique) 현상은 아닐 것이다	2012.11.14
강남스타일, 유튜브에서 세계에서 가장 많이 본 동영상	2012.11.26
미국: 가수 싸이 사과하다	2012.12.08
싸이, 묵시록에 관한 소문들	2012.12.18
강남스타일, 10억 뷰(view)를 향하여	2012.12.21
싸이, 전 세계적 광대의 여정	2012.12.28
한류가 세계를 흔든다	2012.12.28

특별히 이 시기에 주목을 끄는 것은 2012년에 세계를 강타했던 싸이와 더불어 프랑스 파리 제니스 공연장에서 SM콘서트까지 프랑스에 한류열풍이 나타났는데 르 피가로에서는 이에 대해서 많은 기사들을 싣고 있다는 것이다. 2012년과 2013년의 기사들 가운데에는 싸이에 관한 기사와 한국 팝에 관한 기사들이 상당 부분을 차지하고 있다.

〈표 6〉과 같이 2012년 한 해에만 싸이 관련 보도가 13건을 기록할 정도로 르 피가로는 큰 관심을 보였다. 2012년의 전체 기사 수는 86건인데, 그 중 13건이면 20% 조금 안 되는 비율로 한 명의 가수에 관한 기사가 이 정도이면 상당한 관심이라고 할 수 있다.

또 하나 이 시기에서 주목을 끄는 것은 이 기간 전체적인 기사는 예년과 비슷하지만 유독 2010년에 많은 기사가 보인다. 2010년 3월에 있었던 천안함사건으로 인한 남북관계에 초점을 맞춘 기사들로서 르 피가로는 이 한 해에만 103건의 정치 관련 기사 그중 특히 천안함사건과 관련된 남북관계에 초점을 맞춘 많은 보도기사를 냈다.

이 시기 몇몇 관심을 끄는 주요 기사들은 르 몽드에서는 잘 다루지 않았던 한일관계, 특히 독도 문제와 위안부 문제에 대해서 2012년에 여러 기사를 보도하고 있다는 것이다. 르 몽드가 2012년에 삼성과 애플의 특허권 싸

〈표 7〉 7기 르 피가로 기사 연대별 변화

2006	2007	2008	2009	2010	2011	2012	2013	2014	합계
66	43	36	69	167	98	86	59	49	673

〈표 8〉 2010년 르 피가로 기사 분야별

정치	경제	사회	문화	과학	스포츠	전체
103	38	9	2	1	8	161
61.9%	23.6%	5.6%				

움에 관한 자세한 보도로 한 해를 보낸 것과는 달리 르 피가로에서는 한일
관계에 대해서 보도하고 있다는 것이다. 아마도 르 몽드의 경우에는 특파원
이 동경에 상주하고 있기 때문에 독도 문제에 대해서 덜 심각하게 인식하고
있는 듯하고, 르 피가로의 특파원은 서울에 상주하기 때문에 한국의 감정을
보다 생생하게 느끼고 있었던 것으로 보인다. 그렇다고 하여 르 피가로가
결코 독도 문제에 있어서 한국의 입장을 대변하고 있지는 않다.

다른 기사는 한국의 교육에 관한 많은 기사들이 나왔는데 이것은 역시
2013년 PISA에서 고등교육에 대한 OECD 국가들 간의 평가를 바탕으로 한
것이다. 한국이 3년 연속 수학과 읽기에서 우수한 성적을 거둔 것에 대한
관심이며, 미국 오바마 대통령이 한국의 교육제도에 대해서 언급하였기 때
문일 것이다. 이와 더불어 2013년과 2014년에 한국 사회에서 과열된 교육
으로 인한 학생들의 자살 및 폭력사건들이 발생한 것을 반영한 보도라고
할 수 있다.

1. 햇볕정책의 실패(?)

2006년 10월 북한이 핵실험을 재개하면서 유엔에서는 이에 대한 제재조
치를 투표할 예정이었고 주변국들도 이에 대해서 민감한 반응을 보이고 있
었다. 이에 대해서 르 피가로는 다른 무엇보다도 이를 김대중 정부와 노무
현 정부에서 시행하고 있던 북한에 대한 유화정책 즉 '햇볕정책'의 실패가
아닌가라는 시각의 기사를 보도했다(2006.10.13. "한국: 남한 대북정책이 강
경해지다").

이 기사에서 "한국은 지난 정권부터 취해온 햇볕정책이 이제 실패로 드러
나고 있다. 한나라당에서는 이 정책을 비판했었고 이제 열린우리당에서조차
도 이 정책의 포기를 주장하고 있다. 심지어 몇몇은 한반도비핵화 조약을
포기하고 우리도 이 기회에 핵무장을 해야 한다는 주장을 하는 사람도 있다"

고 보도했다. 그렇지만 이 기사는 그동안의 유화정책이 많은 성과를 거두어서 두 정상이 만났고 "이산가족 상봉이 있었으며 금강산 관광이 시작되었다. 1년에 40만 명의 한국인들이 금강산을 관광한다. 평양으로서는 무시하기 어려운 외화의 근원이다. 두 국가 사이의 경제적인 관계도 개성 복합산업지구를 중심으로 발전하고 있다. 이 지역은 휴전선에서 7킬로미터로 떨어진 곳으로 15개의 한국 기업들이 〈한국산〉이라는 브랜드로 생산하고 있다. 2004년에 시작하여 남한의 투자가 오늘날 북한사람 8,300명에게 일자리를 제공하고 있다"고 평가했다. 그러나 이 기사는 한국의 유화정책은 이제 결국 동맹국들의 손으로 넘어가서 동맹국들이 원한다면 북한과의 관계를 유보할 것이라는 통일부 장관의 말을 인용하였다.

2. 한국의 과열된 교육열

PISA 평가에서 한국이 3년 연속 수학과 읽기에서 우수한 성적을 거두면서 한국의 교육시스템에 대한 관심이 OECD 회원국들 사이에 널리 퍼져 있던 때에 르 피가로는 르 몽드와 마찬가지로 한국의 교육 문제에 대해서 여러 건의 보도를 냈다. 르 몽드는 '교육이 종교'라고 썼지만 르 피가로는 '졸업장이 사회적 지위와 동의어'라고 썼다(2014.5.6. "한국 과열된 교육").

이 기사들에서 르 피가로는 한국의 끔찍한 교육열 때문에 엄마의 압박에 견디다 못한 학생이 자신의 엄마를 살해한 사건을 예로 들면서 얼마나 끔찍한 일이 발생하는지 적었다. 또한 아침부터 밤까지 끊임없이 학교와 학원에서 공부해야 하는 학생들의 일과를 자세히 보도했다.

결국 이러한 과열된 교육의 열기는 경쟁사회가 가져다준 결과이며 이제까지 빠른 한국 경제성장의 대가라고 설명했다. 기본적으로 한국의 교육은 주입식 교육으로 암기 위주로 이루어지며 '읽고 듣고 생각하지 않고 암기하는 것'이 곧 공부라고 적었다. 그렇기 때문에 박근혜 정부의 창조경제와 삼성이 이노베이션에서 애플과 경쟁을 하게 될 때 큰 문제가 된다고 평가했다. 르 피가로는 이러한 과열된 교육열이 결국 한국에서 출산율을 낮추고, 하나만 낳아서 그 아이에 모든 것을 거는 잘못된 부모들의 심리로 연결되고 있다고 설명하고 있다.

3. 한일관계: 과거가 끝나지 않은 한국

이 시기 르 몽드는 다루기를 꺼렸던 문제인 독도 문제와 위안부 문제를 르 피가로는 여러 건의 기사를 통해서 소개하고 있다. 2012년 10월 8일 "서울과 도쿄 사이에 잃어버린 섬 하나가 우뚝 솟아 있다" 기사에서 기자는 독도를 방문하여 독도를 방문하는 한국인들과 인터뷰를 하였고 그곳에 사는 주민과 경비병들을 보면서 기사를 작성했다.

이 기사를 통해서 기자가 보여주고자 했던 것은 한국의 '실질적인 영유'로 되어 있는 이 작은 섬(들)을 지키기 위해서 한국이 어떻게 노력하고 있는지, 두 명의 주민을 살게 하고 24명의 경비병들을 상주하게 하고 그리고 인터넷 망과 망원경, 기타 등등의 장비들을 설치하고 있는 것을 보여주고 있다.

또한 독도 문제가 불거지게 된 것이 이명박 대통령이 지난 8월에 갑자기 이 섬을 방문하면서부터라는 시각을 보였다. 이전까지는 일본에서는 일반 시민들이 독도에 대해서 어떤 관심도 보이지 않았지만 이명박의 방문으로 인해 일본에서 독도 문제에 대해서 분노하게 되었다고 적었다. 이미 한국에서는 독도는 일종의 "일본 점령의 치욕에 대한 상징"으로서 인식되어왔기 때문에 절대로 지켜야 하는 대상이라고 적었다.

그러나 기자는 이 기사에서 독도 문제에 대해 일본 측 자료를 상당히 많이 참고한 것으로 보인다. 일본이 이 섬에 대해서 영유권을 주장하는 것은 17세기로 거슬러 올라가기 때문에 일본 식민지배와는 아무런 관련이 없다는 것을 주장하고 있다고 소개했고, 일본이 국제사법재판소로 이 문제를 가져갈 것을 주장하지만 한국이 거부한다는 것도 소개했다. 그러나 정작 이 섬의 문제가 왜 생겼는지, 그리고 실제로 한국인들의 주장은 무엇인지는 이 기사에서 전혀 소개되고 있지 않아서 한국주재 특파원이 왜 일본의 자료만 가지고 기사를 썼는지 의문이 든다. 아마도 한국의 자료가 접근 가능한 것이 없지 않았나 하는 추측을 할 수 있다.

이외에도 2012년 7월 6일 자 "한국 위안부에 관한 궁극적 투쟁" 기사에서 위안부들이 일본의 사과를 기다린다는 것을 소개했고, 2012년 8월 13일 "서울과 도쿄 사이 한 섬이 적개심의 결정체가 되고 있다"는 기사에서 이명박의 독도방문을 둘러싼 양국의 갈등을 소개하고 있다.

『르 몽드』와 『르 피가로』의
기사 비교

제 4 장 『르 몽드』와 『르 피가로』의 기사 비교

I. 두 신문의 한국에 대한 서로 다른 시각

다음의 표를 보면 르 몽드와 르 피가로는 한국에 대하여 조금 다른 시각을 보여준다. 1기(1945~1955) 한국의 모습을 르 몽드에서는 지정학적인 위치가 가져온 분쟁의 장소로서 "전쟁이라는 알을 품은 닭"으로 묘사하면서 한반도가 처한 국제정치적 위상에 초점을 맞추었다. 반면 르 피가로에서는 "자신의 운명을 책임지지 못하는 국가"로 묘사함으로써 국내적인 요인에 더 초점을 맞추고 있다.

두 번째 시기인 1956~1965년에 대해서는 르 몽드에서는 "민주주의의 쇼윈도우" 즉 미국의 지원을 받아서 신생독립국이 민주주의를 잘 시험하는, 한번 보여주는 국가의 이미지로 한국을 그렸다. 미국은 공산주의권에 대해서 신생독립국에서도 민주주의가 잘 이루어질 수 있음을 보여주기 위해서 한국이라는 신생독립국을 선택하여 물질적·군사적 지원을 아끼지 않고 민

	주요 사건	르 몽드에 나타난 한국 이미지	르 피가로에 나타나 한국 이미지
1기 1945~ 1955	한국전쟁 1954 제네바협상	• 지정학적인 특징: 반도 국가, 외세의 침입이 끊임없음 **'전쟁이라는 알을 품은 암탉'** • 한국전쟁은 한국의 전쟁이 라기보다는 국제전	• 자신의 역사에 책임지지 못하는 민족 • 늙은 애국자 이승만의 나라
2기 1956~ 1965	4.19 5.16 한일국교정상화	• 4.19와 더불어 지속적으로 한국 정치에 있어서 학생의 힘에 대한 강조 • 문제를 많이 가진 신생국가 의 민주주의. **'민주주의의 쇼윈도우'** • 5.16 쿠데타정권에 대한 기대 반, 의심 반(과연 경제 발전과 정치적 안정을 이룰 수 있을까) • 미국의 역할: 과연 미국이 장면 정권 몰락에 영향이 있었을까. 박정희를 지원했 을까	• 폐쇄적 한국: 도덕적 고립을 겪고 있는 유리종 속의 국가 • 4.19: 지도자 없는 민주주의 • 5.16: 부패와 공산주의에 대항하는 싸움
3기 1966~ 1975	동백림사건 베트남파병 남북관계 삼선개헌	• '한국적 민주주의'의 실체 • **'자유가 감시되는 곳'** • 박정희식 경제발전의 문제 점: 외국에 대한 지나친 의존, 불균형적인 발전	• 박정희식 교도민주주의 • 일본식 경제발전: 놀라운 성장
4기 1976~ 1985	한국 경제 군사민주적인 군사정권 정권에 대한 미국의 지원 전통이 해체된 한국 사회	• **한국 경제의 빛과 그림자:** 놀라운 성장률 그러나 엄청난 외채와 외부에 취약한 구조 • 과연 경제발전을 위해서 내부적 안정이 필요한가? • 전두환의 집권과 광주소요 에 대한 미국의 책임	• **군의 편재, 곤봉정치** • 한국: 냉전의 고립지 • 한국 경제: 제2의 일본

5기 1986~ 1995	재벌, 한국 경제 은밀한 권위주의 열악한 노동자의 삶	• **폐허에서 올림픽 개최국 으로 재등장** • 민주화 이후의 은밀한 권위주의 • 재벌 • 존엄이 결여된 한국 노동자 의 삶	• **애로가 많은 한국 민주주의** • 재벌의 영향력 재확인 • 남북한 이익의 상호접근
6기 1996~ 2005	IMF, 재벌개혁 시민운동의 진화 남북정상회담 월드컵	• **IMF: 닫힌 국가에서 열린 국가로** • 남북정상회담으로 본 국제관계 • 월드컵에서 나타난 아시아주의 • 학생운동의 저항계보를 이은 한국 시민운동	• **한국 개방: 문화혁명이 필요** • IMF: 정부와 기업의 갈등 • 월드컵: 경제적 계산
7기 2006~ 2014	흔들리는 한국 사회 (지나친 교육열, 사 회 문제 극심해짐) 한국 문화 새로운 기술의 한국	• **새로운 테크놀로지의 나라** • 불안한 젊은층 • 한국 문화의 발견	• **한류가 세계를 흔든다** • 새로운 테크놀로지

주주의가 성공하도록 시험하고 있다는 의미이다. 결국 이러한 시도는 이승만 정권의 독재와 4.19 학생의거 그리고 5.16을 거치면서 혼란스러웠지만 박정희 정권에 다시 한번 기대를 걸어본다는 시각이 이 시기 르 몽드 기사를 지배하고 있었다.

르 피가로의 경우에는 폐쇄적인 한국에 초점을 맞추어서 깨어지기 쉬운 유리종, 그 유리종은 도덕적 고립을 상징하는 것으로 그렸다. 즉 한국은 유교라든지 혹은 전통적인 가치관이라고도 할 수 있는 서구 국가들과는 다른 도덕을 유지하고 있지만 그것이 쉽게 깨질 수 있는 유리종과 같은 속성을 가진 취약한 국가로 인식되고 있다.

3기(1966~1975)는 박정희 정권이 절정에 달하고 있던 시기인데 이 시기를 르 몽드에서는 "자유가 감시되는" 정치적 억압체제와 "박정희식 경제발전" 즉 지나친 외채 의존과 불균형한 발전의 경제로 보여주었다. 이 시기를 르 몽드는 권위주의적인 한국 정치와 수출중심의 급속한 경제발전의 어두운 측면에 관심을 가지고 보도한 것으로 보인다. 르 피가로의 경우에는 당시 동남아시아에 나타나고 있었던 교도민주주의의 연장선 속에서 한국 민주주의를 파악하였고 급속한 경제발전에 관심을 보였다. 르 피가로는 3기의 한국이 전체 기간 중 가장 긍정적 국가 이미지로 묘사되었다. 반면 르 몽드는 3기의 한국을 가장 부정적인 국가 이미지로 보았다.

네 번째 시기는 1976~1985년으로 박정희 정권에서 1979년 10.26을 거쳐서 전두환 정권으로 이어지는 군사정권의 연속 시기이다. 이에 대해서 르 몽드는 경제발전을 위해서 정치적 안정이 필요한지에 대해서 묻고 있다. 이 시기 한국 경제는 상당히 발전하였고 안정되었는데 이를 유지하기 위해서 반드시 전두환 정권과 같은 강력한 정권이 필요한지에 대해서 묻고 있다. 르 피가로에서는 "군의 편재, 곤봉정치"와 같은 재미있는 표현을 통해서 군사정권 지속의 속성을 정확하게 지적하였다.

다섯 번째 시기는 1986~1995년까지의 시기로서 노태우, 김영삼으로 이어지는 정치적 격변기이다. 르 몽드는 1988년 올림픽을 통해서 과거 전쟁의 폐허로 기억되고 있던 프랑스 사람들에게 한국이 이렇게 변화했다고 알리는 계기였다고 소개했다. 또한 민주화되었지만 은밀하게 진행되고 있던 민주화 정권의 권위주의적 속성에 대해서도 지적하고 있다. 르 피가로의 경우에는 르 몽드처럼 민주화 이후에도 민주주의 정착에 여전히 어려움을 겪고 있는 한국을 "애로가 많은 민주주의"라는 표현으로 소개하고 있다.

여섯 번째 시기는 1996~2005년까지의 시기로 IMF라는 중요한 변동의 사건이 있었던 시기이다. 르 몽드를 이 시기의 한국을 폐쇄성을 극복하고 개방국가로 거듭나는 한국으로 묘사하였다. 이전까지 한국 정치가 가졌던 폐쇄성, 대북관계의 폐쇄성을 깨고 남북화해의 시작으로 남북정상회담을 소개했고 폐쇄적인 경제의 틀을 깨고 세계시장에 한국을 개방하는 것으로 IMF

이후의 한국 경제의 모습을 묘사했다. 르 피가로에서는 한일공동주최의 월드컵과 남북정상회담을 경제적 이익이라는 관점에서 분석함으로써 르 몽드와 기본적으로 다른 시각을 보여주었다.

마지막 7기는 두 신문 모두 한국을 새로운 테크놀로지의 나라로 소개하면서 르 몽드의 경우에는 한국의 다양한 문화적 특성들을 조명하려고 했고, 르 피가로는 한류와 테크놀로지의 한국에 관심을 보였다.

이 두 신문의 한국 관련 보도는 상당히 시각이 다름을 알 수 있는데 이를 몇 가지로 정리해보면 다음과 같다.

첫째, 르 몽드의 경우에는 한국 정권과 미국의 관계에 많은 관심을 두고 기사를 보도하고 있는 것을 알 수 있다. 이승만 정권, 2공화국, 박정희 정권, 그리고 전두환 정권에 이르기까지 각 시기마다 미국이 그 정권에 대해서 어떠한 태도를 보였는지 미국이 과연 5.16과 광주사태를 추인했는지에 대해서 큰 관심을 두고 추적하고 있다. 이것은 기본적으로 미국이 한국의 후원국이라는 시각으로부터 출발하고 있으며 그래서 결국 한국 정치에 있어서 미국의 역할을 빼고는 논할 수 없다는 것이 기본적인 시각인 것으로 보인다. 이러한 시각은 르 피가로 기사에서는 찾아보기 힘들다.

두 번째 두 신문의 차이점은, 르 몽드가 보다 국제정치 혹은 국제관계적 시각에서 한국을 보도하고 있는 반면, 르 피가로의 경우에는 한국의 내부적인 요인들의 관계 중심으로 분석하고 있음을 알 수 있다. 예를 들어 2000년의 남북정상회담을 보도할 때 르 몽드의 경우에는 이를 둘러싼 동북아시아 국가들의 이해관계가 어떻게 전개되는지, 중국이 북한에 대해서 어떠한 태도를 보일 것인지, 그리고 그러한 중국의 태도는 일본이라는 영향력을 무시할 수 없으며 일본은 또한 미국의 영향력을 간과할 수 없다는 데에 보다 많은 관심을 두고 분석하고 있다. 반면, 르 피가로의 경우에는 김정일과 김대중 두 정상들의 정치적 이상, 정치적 입지, 그리고 국내정치적 요인에 보다 관심을 둔 분석을 하고 있음을 알 수 있다. 이것은 IMF 관리체제에서도 유사하게 나타난다. 르 몽드는 IMF 관리체제를 한국적 경제방식에서 국제적 표준을 적용해가는 과정이라고 이해하고 있는 반면, 르 피가로의 경우에는 부채를 해결하려는 정부의 노력과 이에 반하는 이익을 가진 기업의 대결 구도로 보는 경향이 있다.

마지막으로 두 신문의 한국보도에 있어서 차이점은 르 몽드는 보다 한국 사회의 정치사회학적 관점에서의 관심이 많이 담겨 있는 반면, 르 피가로의 경우에는 남북관계에 관심이 많은 것으로 보인다. 르 피가로의 남북관계에 대한 관심은 결국 한국이라는 시장에 프랑스 기업들이 투자할 때 남북관계 가 변동의 주요한 요인이 되기 때문에 이에 대한 가급적 정확한 분석자료를 제공하고자 하는 의도가 있는 것으로 볼 수 있다. 또 한 가지 두 신문의 가장 큰 차이는 르 몽드의 경우에는 기사가 상당히 분석적이며 다각도의 분석을 하고 있는 반면, 르 피가로의 경우에는 다소 내용이 간단하고 그만큼 분석의 깊이도 깊지 않다고 할 수 있다. 르 몽드의 경우에는 A4용지 8매에 달하는 장문의 분석기사들도 심심치 않게 눈에 띈다.

II. 『르 몽드』와 『르 피가로』에 게재된 주요 기사 요약

1. 르 몽드

1기, 1945~1955

"조용한 아침의 나라에서"

_ 르 몽드(1950.6.26)

기사 요약

• 수많은 전쟁을 겪은 마치 전쟁을 품은 암탉과도 같은 처지(청일전쟁, 러일전쟁).

• 이번에는 공산주의 바이러스에 감염된 내전. 인도네시아로부터 인도차이나, 중국, 한국까지 그 전선이 와서 모든 극동지역 전역으로 뻗쳤다.

• 가난하지만 부드러운 한국(19세기 유럽인들이 그렇게 기술함).

• 국민은 지적이면서 평화롭다. 그러나 서울의 부패한 정부 때문에 믿을 수 없는 비참한 삶을 살고 있다.

- 과거 일본인들이 문화를 상당히 전수받아온, 세련된 문명적 유산을 가지고 있다. 자신의 독립과 민족정신을 유지하고자 한다.
- 일본의 지배로 인구가 증가했고 철도, 도로도 발달했다.
  석탄광산, 텅스텐, 철, 몰리브덴, 섬유산업 등이 발달했고 근대화된 농업을 하였지만 경제적 발전이 일본의 패악을 감추지는 못한다.

기사에 나타난 한국

- 수많은 전쟁을 치룬, 마치 전쟁을 품은 암탉과도 같은 처지.
- 일본 식민 지배로 경제발전을 가져왔다.

"이승만의 아름다운 군대가 그렇게 잘 행진했지만…"

_Charles Winter, 르 몽드(1950.6.28)

기사 요약

- 서울에 살았던 유럽인들에게는 지금 전쟁이 벌어지고 있는 지역들은 소풍을 가거나 놀러가는 지역으로 익숙한 지역들이었다. 그런데 이 지역은 지금 지켜지지 못하고 전쟁의 소용돌이에 빠져 있다.
- 이승만의 군대
  이승만의 군대가 민주적이었을까? 이승만의 군대는 좋은 장비를 가졌지만 그만큼 전투력이 있는 것은 아니다.

- 게릴라와 경찰

  전쟁 이후의 한국은 전혀 민주적이 아니었다. 그러나 누가 아시아 국가가 민주주의를 할 수 있을 거라고 생각할 수 있을까? 한국은 일본의 폭정에서 벗어나자마자 '끔찍한 노인네'라고 별명붙여진 이승만의 권력하에 놓이게 되었고 그는 경찰로 통치했다. 그러나 인민민주주의에 의해서 '해방'될 것이다. 그렇지만 그 군대도 남한의 군대보다 덜 세거나 덜 미움을 받는 것은 아니다.

- 한국식 민주주의

  한국에서 민주주의라면서 선거를 했지만 그것은 민주주의 아니다. 그냥 연습한 정도이다. 유권자들의 여론이 전혀 반영되지 않았고 청년(민청)이라는 사람들을 두려워했다.

- 반도빌딩의 낙관론

  반도호텔에 모여있던 외교관들은 유엔 아시아경제위원회(ECA)로부터의 지원금 3억~4억 달러를 가지고 한국을 지킬 수 있을 것으로 생각하고 있다. 그래서 쉽게 한국군이 미군을 대체해서 한국을 지킬 것으로 생각했다. 그것은 실수였다. 너무 늦었지만 다른 지역에서는 이를 기화로 실수하지 말기를…

기사에 나타난 한국

- 이승만의 군대

  새무기로 장착했지만 실제 전쟁에서는 그렇게 용감하지 않음.

- 전혀 민주적이지 않음.

  경찰은 엄청 미움받고 일본식의 방법과 잔혹함으로 반군을 진압했고 완전 일본식을 청산하지 못했다.

- 이승만은 '끔찍한 노인네'라는 별명으로 불리우고 경찰에 의한 통치를 하고 있었다. 테러를 두려워하여 국민들을 향하여 총을 겨눌 정도로

불안해하고 있었다.

- 한국에는 아직 정부가 완전히 장악하지 못한 불안한 지역이 있었다.
- 통일을 열렬히 원했던 김구가 아닌 이승만을 선택한 것은 미국의 실수다.
- 한국인들은 미국의 친절을 잘못 이해하고 있다.
- 어쩌면 항일독립운동에 참가했던 김일성을 더 좋아하는 남한민도 있을 것이다. 남한의 공산주의자 활동도 있었다. 그리고 남한보다 북한이 더 깨끗하고 잘 정리되었다.

2기, 1956~1965

"서울의 비극"

_르 몽드(1960.4.29)

기사 요약

• 소요과정에서 흘려진 피, 위기들. 헌법개정이나 새로운 선거, 법적 개혁 등등이 논의되고 있지만 정치인들은 아직도 자신들의 이익만을 챙기고 있다. 이승만 밑에서 당선된 많은 자유당 의원들이 다시 민주당의 공천을 받기 위해서 급히 노력하고 있다. 부통령 이기붕은 자신의 아들, 그렇지만 이승만의 양자가 되었던 자신의 아들에게 살해당했

다. 한 가족의 비극은 공식적으로 집단 자살로 명명되었지만 그렇게 분명하지는 않다. 이 사건은 하여간 야당을 잠잠하게 하는 데 도움이 될 것이다. 또한 이승만을 어느 정도 사면하는 효과도 가져올 것이다. 이승만은 그동안 자신보다는 정부나 자신의 주변 사람들에게 모든 책임을 돌렸다.

- 이승만이 다시 권력에 복귀하지는 못할 것이다(미국의 후원을 받은 요시다나 피불 송그람(태국)처럼 종신이 보장되지는 못할 것 같다).
- 미국은 이승만을 부인하는 것을 원하지는 않는다. 왜냐하면 오랫동안 이승만을 지지해왔기 때문에 이승만을 부인하는 것은 자기 부정이 된다. 그러나 이미 오래전부터 미국은 이승만이 개인적인 정권 유지나 부패, 미국 후원의 잘못된 사용 등등으로 걱정을 하고 있었다. 미국은 민주당을 꽤 신뢰하고 있어서 때가 되면 민주당으로 교체될 수 있을 것으로 생각했다. 학생 데모와 민중 소요는 사람들이 생각할 수 없었던 진화를 촉진시켰다.

기사에 나타난 한국

- 이승만 통치에 미국은 불만을 품고 있었지만 이승만을 포기하지는 못했다. 그를 포기하는 것은 미국이 잘못했다는 것을 보여주는 것이기 때문에 그를 포기하기보다는 민주당이 이승만을 대체하기를 바라고 있었다. 그러나 민주당이 아니라 학생데모와 민중소요가 기대하지 않았던 진화를 촉발시켰다. 이승만의 하야결정이 자의에 의해서인지 타의에 의해서인지는 확실하지 않다.

"민주주의의 쇼윈도우"

_Robert Guillain, 르 몽드(1961.7.19)

기사 요약

• 휴전 이후 8년

미국은 "우리는 이 나라를 민주주의의 쇼윈도우로 만들 것이다"라고 하면서 한국에 많은 지원을 했지만 결과는 보잘 것이 없었다. 남한은 실험대가 되었고 자유국가들이 자신들이 구한 국가에서 민주주의의 완성을 보는 시험대가 되는 것이다. 전쟁과 학생의거 그리고 군사쿠데타로 쇼윈도우는 깨어졌고 진열대는 비었다.

• 이승만의 과오

이승만의 정부는 최악의 시대 때의 국민당만큼 부패하였다. 이승만을 넘어서야 했는데 서울에 연이은 대사들은 힘이 없었고 미국 인사들 대부분은 무능했고 워싱턴의 한국 로비는 막강했다. 그의 반공은 모든 것을 용서했고 미국은 한국의 민족주의를 두려워했다. 미국은 불합리한 비간섭주의를 고수했다. 바닥이 보이지 않는 우물과 같은 한국에 30억 달러를 퍼붓고도 제대로 통제도 하지 않았다. 이승만은 미국에 두 가지 즉 경제적 지원과 군사지원 모두를 요청했고 미국은 미군 60만 군대를 주둔시켰다.

이승만의 도시중심정책은 농촌을 초토화시켰다. 농민들이 건설의 막대한 부담을 지게 되었다.

이승만의 원화강화정책은 엄청난 달러 암시장을 낳았고, 정직한 사업의 자본을 망가뜨렸다.

• 미국의 과오

1. 아무런 장기 계획 없이 지원함.
2. 투자의 취약성: 전체 지원 가운데 투자에는 적은 비용이 들어갔다.
3. 산업화의 불충분함: 경공업 중심의 산업화. 지나치게 한두 분야에 치중된 투자.
• 농민의 비극
1. 인구는 급증하였다.
2. 농촌: 인구가 아직도 너무 많다.

기사에 나타난 한국

- 한국 경제는 엉망진창

한국을 살려서 민주주의의 진열장으로 보이고자 했던 자유진영의 열망은 깨어졌다. 전쟁 이후 8년 동안 한국 경제는 살아나지 못했다.
- 미국이 적극적으로 지원해줘서 1956년 어느 정도의 기아에서는 벗어났다. 그러나 이승만이 경제에 정치를 개입시켜서 어렵게 만들었고 말할 수 없는 부패가 판치게 했다. 이승만을 넘어서야 했는데 미국 대사관이나 미국 관계자들은 무능했고 이승만은 워싱턴에 강력한 로비를 해서 정치생명을 유지했다. 미국의 불간섭주의가 이승만 정권의 부패 조장.
- 미국 원조의 문제점

장기계획이 없는 지원이었고 투자 중심이 아니었으며 산업화를 가져오지 못했다.
- 군사정부가 미국의 지원을 받아내기는 쉽지 않을 것.

3기, 1966~1975

"자유의 한 형태"

_Alain Bouc, 르 몽드(1970.7.20)

기사 요약

- 전쟁 이후의 서울의 모습과 오늘날 서울은 얼굴은 변했지만 그 몸은 변하지 않았다. 화려한 건물들, 은행, 호텔 거주지들이 들어섰지만 뒷골목에는 여전히 자그마한 상점들, 지저분한 짐꾼들, 구두닦이들, 남루한 옷차림의 아이들이 뛰어놀고 지저분한 집들이 늘어서 있다. 그러나 남한의 빈곤은 다른 아시아 국가들의 극심한 빈곤은 아니다. 그리고 그것은 도덕적 비참함도 아니다. 시련에도 불구하고 한국은 활동적이며 에너지가 넘치고, 끊임없이 노력하고 그래서 명랑하다. 한국은 자신의 고통에 적응하면서 생존하기 위해서 모든 것을 한다. 이런 군대 사회 속에서 노동에 악착스럽게 매달리는 게 마치 자유의 한 형태인 것처럼 그들은 열심히 일한다.
- 정치적·군사적 엄격한 통제체제하에서 한국인들의 움직임의 자유가 유지된다. 엄격한 규제사회는 질서를 전복한다는 것은 생각할 수 없으며 언론은 상당히 조심한다. 그러나 뒷소문은 무성하며 반정부적인 인사들도 많이 있다.

기사에 나타난 한국

- 엄청난 군대사회.

- 한국의 경제발전으로 겉으로 보기에는 화려한 건물들이 들어섰지만 뒷골목은 여전히 빈곤의 냄새가 가득하다. 그러나 그 빈곤은 슬프지 않고 명랑하다.
- 한국 사람들은 자신들의 고난에 적응해서 그 고난으로부터 살아남기 위해서 무엇이든지 한다. 엄격한 군사적 통제사회 속의 자유로움이 공존하는 모습.
- 그러나 여전히 반공이라는 가장 중요한 정권의 이데올로기에 따라서 사람들의 자유를 억압하고 체제를 공격하고 비판하는 것은 공산주의에 찬성하기 때문에 처벌받아야한다는 어마어마한 권위주의적 분위기를 만들어내는 사회이다.

"남한은 일본의 경제적 지원에 광범위하게 도움을 청하고 있다"

_Robert Guillain, 르 몽드(1970.9.7)

기사 요약

• 한국 대다수의 사람들은 일본 기업의 진출을 받아들이고 있고, 한국 경제발전에 중요한 요인으로 생각하고 있다. 한일국교정상화를 통해서 일본은 지난 식민지배에 대한 보상으로 8억 달러를 지원하기로 했다.

• 1966년부터 일본 기업인들이 한국에 많이 들어오고 관계자들과 활발하게 접촉함. 한국인들은 일본의 투자를 환영함. 일본투자가 늘어나

면서 1969년 전체 해외투자 가운데 35%가 일본의 투자. 그러나 일본 투자의 효율은 미국의 전후 20년간 지원과 마찬가지로 상당히 실망스럽다.

• 적자 무역

무역에서 한국과 일본의 관계는 어느 때보다도 가깝다. 한국은 아시아에서 일본의 가장 좋은 상대국이다. 반대로 미국은 일본보다는 덜 중요하다. 10년 사이에 일본으로부터의 수입은 열 배가 늘었고 산업제품 가운데 일본제품이 3/4이다.

반대로 한국은 일본에 농업제품이나 식료품, 1차 산품, 경공업품 이외에는 수출하는 것이 거의 없다. 한일 간의 무역적자는 극심하다.

• 재정지원의 새로운 기관차

일본이 한국의 경제개발 5개년 계획 3차(중공업의 발전) 시기에 맞추어 새로운 경제적 지원을 하기로 하였다.

• 포항제철소

세계은행의 중개로 5개 강대국의 컨소시엄의 도움을 받아 한국 정부는 포항에 제철소를 만들기로 결정하였다. 일본이 이 컨소시엄에 참여하게 되었다.

기사에 나타난 한국

- 한일 간의 경제적 협력이 가속화되면서 한국의 경제발전도 안정되고 있다. 즉, 한국 경제발전의 기초는 일본과의 경제협력이다. 한국은 일본의 군대는 싫어하지만, 일본 기업의 진출은 적극적으로 환영한다.
- 그러나 이로 인해 한국은 일본에 대한 무역적자가 점점 커지고 있다.
- 한국 경제발전은 통일의 초석이 되며, 공산주의의 전염으로부터 한국을 지키는 길이다.

4기, 1976~1985

"모든 희생을 치루고라도 수출을"

_Philippe Pons, 르 몽드(1977.3.31)

기사 요약

• 한국 사람들은 경제발전을 위해서 서구가 말하는 민주주의는 사치라고 생각한다. 경제는 수출 중심으로 외자에 의존해서 돌아가고 있지만 1976년 한 해 동안 눈부신 부흥을 하고 있다. 1974~75년 에너지 가격의 상승 때문에 원자료가 거의 없는 한국은 상당히 위험해보였다. 어떤 이들은 재정적인 문제가 발생할 수도 있다고 염려했다. 상당히 높은 경제성장률을 유지하기 위해서 정부는 끔찍한 인플레이션(1975년 25%)을 감행했고, 상당한 외채를 감당하기 위해서 재정적 균형의 중요한 절하를 시도했다. 1975년 말 지불위기에서 한국은행은 매일매일 결산을 하면서 미국은행의 도움으로 겨우 위기를 모면했다.

• 수출은 한국 경제발전의 중요한 동력이다. 1976년 수출은 78억 달러에 이르렀고 1975년에 한해서 56%나 증가했다. 한국은 미국과 일본이라는 파트너로부터 많은 이득을 얻었고, 이 두 국가는 한국 전체 수출의 50%이상을 차지한다. 한국의 수입의 규모는 지난 2년 사이에 15% 감소했고 이를 통해서 상당 부분 무역수지 불균형을 해소했다.

• 전문가들은 한국이 수출과 빚의 고리를 1980년대 이전에는 빠져나오지 못할 것으로 예상하고 있다. 수출 때문에 발전정책이 실패가 될 수도 있다. 주요 해외시장의 상황이 중요하다. 한국은 보호주의적 정

책을 걱정하고 있으며, 특히 의류시장에서 이미 시작되었고 의류시장은 한국 수출품의 36%를 차지한다. 이 경우 수출이 예정된 수치를 달성하지 못할 경우 외자상환이 어려워지고 이것은 경제적 위기상황으로 가게하며, 이는 내외적 정치적 불안정이 더해지면 어려움이 가속화될 것으로 예측할 수 있다.

기사에 나타난 한국

- 회복의 원동력은 미국과 일본에 대한 수출강화정책에서 비롯된 것이며, 수출로 소득이 늘지만 임금 및 구매력은 큰 상승을 보이지 않는 것도 강력한 통제경제정책의 소산.
- 한국 경제발전의 특징은 상당히 정부 통제적인 정책방식이다. 정부는 수출을 진작하기 위해서 상당한 통제 경제를 실시하고 있고, 수출기업을 장려하는 정책을 쓰고 있다.
- 그러나 경제가 상당히 외부의존적이기 때문에 외국 시장의 보호주의적 성향은 한국 수출에 타격을 줄 수도 있고, 국내적 정치상황의 불안정 역시 경제를 어렵게 할 수 있다.

"기술관료들을 부름"

_Philippe Pons, 르 몽드(1980.10.9)

기사 요약

• 박정희의 시해 이후 대학생들의 시위, 무장화된 반대, 일련의 쿠데타 등 일이 끊이지 않았지만 특히 경제가 나빠졌다. 1963년부터 평균 9.7%의 성장률을 기록했던 한국 경제는 올해 0%의 성장률이 예상되고 있다. 이런 상황에서 대우 회장은 자신의 재산 중 일부를 회사에 재기로 했고 비슷한 일들이 몇몇 기업가들에게 일어났다. 이것은 국가를 살리겠다는 것보다는 정권의 포플리즘이 작동하고 있다는 것을 보여주는 것이다.

• 정화운동을 살짝 비켜난 기업가들은 국민동원운동에 찬동하지 않을 수 없으며, 군사정부가 경제를 살리기 위해서 강력한 규율을 가지고 통치해주기를 바라고 있다. 박정희 시대의 경제성장은 군대가 가져온 질서가 없었다면 불가능했을 것이라는 것이 기업가들의 생각이다. 다시 한번 생산기계가 작동하도록 군대에게 요구하고 있는 것이다.

• 박정희가 죽고 나서 정치가 불안정해지면서 효율적인 관료제가 마비되고, 스스로 책임지는 데 익숙하지 않아서 우왕좌왕하고 있으며, 부처들 사이에 결정을 미루는 상황은 필요한 조치를 늦추게 되면서 경제적 불안을 악화시키고 있다.

• 중앙집권적이고 강력한 권력을 가진 전두환은 논리적으로 두 방향으로 국가를 이끌 것으로 보인다. 절제와 재건이다. 경제는 과거처럼 국가가 주도할 것이다. 1차 원자료 수입과 수출에 꼭 필요한 외자와 외국 기술의 유치를 유지할 것이다. 석유가의 등귀, 산업국가들의 성

장률 저하, 수출증가의 약세 등은 한국식 산업화의 구조적 취약점을 그대로 보여주는 것이다. 중공업이 발전해줘야 하는데 중공업의 발전은 더디게 진행되고 있다.

기사에 나타난 한국

- 한국 경제는 박정희 시해 이후 경제가 엄청 나빠짐. 석유가격의 폭등과 국제적으로 성장저하 등이 원인이 되어 한국 경제가 어려운 데다가 박정희의 군대가 유지시켜주던 질서가 사라지면서 경제적 어려움이 가속화되고 있다.
- 전두환의 집권은 다시 한번 한국 경제가 안정된 사회질서 속에서 유지될 것이라는 기대를 주어 일단은 외국 채권자들에게 긍정적 사인으로 보인다. 그러나 현재의 전두환은 경제에 대해서 전혀 모르고 박 정권 때의 계획경제가 잘 작동하지 않기 때문에, 당분간은 어려움이 있지만 전두환의 인사 스타일로 보아 테크노크라트 전문가들에게 맡길 것으로 보여 안정될 것으로 기대된다.
- 자동차산업과 전자산업의 재편성으로 경쟁력을 노리고 있고 당분간의 서민층에 대한 긴축으로 경제적 어려움을 타개할 것으로 보인다.
- 이런 점에서 외국에서는 다시 한번 군부의 집권에 대해서 안심하는 분위기이다.

5기, 1986~1995

"신뢰받지 못하는 정권"

_Philippe Pons, 르 몽드(1995.11.18)

기사 요약

• 정치권력과 기업 사이의 금전 관계는 1960년대로 거슬러 올라간다.
  박정희 정권하에서 경제적인 성장을 시작할 때부터 이러한 관계가 형
  성된다. 국가의 개입은 산업의 목표를 정하고(분야, 생산품, 수출) 재
  벌들에게 필요한 재정적 지원을 하며(은행 신용과 국가지원), 정치와
  기업 사이의 촘촘한 관계를 유지해왔다. 노태우는 전두환보다는 덜
  불안했지만 1988년 올림픽 준비는 수입이 좋은 계약의 기회들이 많았
  고, 기업인들은 조심스럽게 대통령과의 관계를 유지해나갔다.
• 권력과 경제 주체들 사이의 결탁은 경제 운영의 불투명을 가져오는
  구조의 한 단면일 뿐만 아니라 경제 권력의 집중은 한국에서 다른 어떤
  국가들도 필적하기 힘든 정도로 이루어졌다. 노태우 스캔들은 재벌의 이
  미지를 손상시켰고 재벌들이 권력과의 관계를 약간 거리를 두게 했다.

기사에 나타난 한국

- 재벌과 권력의 밀착이 지나치게 심하다.
- 정치권력은 재계에 은행신용이나 국가지원 같은 것을 해주고 기업들
  은 정치권력에 정치자금을 제공해주고 있다. 군사정부는 정치권력 유
  지를 위해서 상당한 자금을 필요로 했다.
- 대통령이 바뀌면서 이러한 관계가 지속되었다.

"올림픽 폐막, 서울 금메달"

_ 르 몽드(1988.10.4)

기사 요약

• 올림픽으로 세계의 이목을 집중시켰던 한국은 11년간의 국제사회에
  서의 침묵을 깨고 다시 나타나 사람들을 놀라게 했다.

• 1977년 서울은 불확실한 목적의 건설로 조직이 안 된 거대도시였다.
  에너지 부족으로 길거리는 밤이 되면 어슴푸레했고, 22시에 통행금지
  가 되면 거리는 버려진 도시가 되었다. 언론은 침묵했고 정부관계자
  는 북한의 공격이라는 고정관념 속에 살았고, 이러한 고정관념이 군
  대를 전쟁의 미명하에 지속적으로 유지해왔던 국가였다.

• 서울의 끝도 없는 아파트와 한강, 거대한 교통, 한국산 자동차들이 오
  래된 건축들과 정원들 사이를 비집고 돌아다니고 있고, 과거의 찬란
  함을 잘 보여주기 위해서 고궁과 정원들이 잘 정비되어 있다. 동경과
  는 좋은 대조를 이룬다. 서울 도시화의 계획이 있었고 그것을 잘 준수
  했다. 이런 상황 속에서도 러시아워 시간에 서울이나 다른 한국의 대
  도시에서 운전하고 다니는 것은 일본보다 더 쉽지는 않다.

• 이것이 계속될까? 노태우 대통령은 자신의 임기가 10월 3일 공식적으
  로 시작된다고 본다. 물론 지난 2월부터 대통령직에는 있었지만 공식
  적으로 10월 3일 시작된다는 것이다. 올림픽과 그 준비기간은 상대적
  인 정전의 시간이었다. 이제 그것이 끝났다. 많은 학생들은 1980년
  피비린내 나는 진압의 순간에 군대의 지휘관이었던 대통령에 대해서
  완전히 신뢰하지는 않는다. 노조는 임금 수준에 의해서 정의되는 자
  신들의 주장을 펴는 행동이 용납되기를 기다린다. 전두환 형이 사실
  상 부패혐의로 조사받고 있다.

- 한국은 전 세계 지도자들이 올림픽에 참여하도록 초청했고 1972년 이래 처음으로 한국은 보편성과 특히 스포츠의 경쟁의 이중적인 상징하에 있게 했다.
- 노태우 대통령은 개방외교와 민주화를 나란히 추구하고 있다. 학생들은 올림픽 기간 동안에는 폭력적인 시위는 자제했다. 노 대통령은 올림픽 결과에 자부심을 가질 것이다. 정치의 금메달이 올림픽 기간 동안 주어졌다면 그에게 돌아갔을 것이다.

기사에 나타난 한국

- 노태우가 올림픽을 성공적으로 개최하면서 국내에서는 민주화를, 세계적으로는 보편성을 어느 정도 보여주었다.

6기, 1996~2005

"한국은 자신의 재건을 강화하기 위해서 개방을 모색하고 있다"

_Marc Mangin, 르 몽드(2000.5.23)

기사 요약

- 6월 12일 김대중과 김정일이 평양에서 만나기로 한 것과 삼성자동차에 르노가 70%로 다수 참여를 결정한 것은 한국이 지난 과반세기 동

안의 경쟁과 폐쇄를 끊겠다는 명백한 의지를 보여준다. 남한 정부는 1998년과 1999년에는 IMF의 지원으로 투자정책을 진작했지만 2000년에도 그렇게 하기는 쉽지 않다. 한국 기업에 외국 자본 투자를 장려하고 있다. 삼성자동차의 르노에 의한 인수는 한국의 폐쇄성을 무너뜨리는 것으로 은둔의 왕국이라는 별명을 버리게 할 것이다.

• 조용한 아침의 나라의 이러한 작은 혁명은 김대중 정권에는 정치적 위험이 없는 것은 아니다. 민족주의적인 한국인들은 산업국가 반열에 들기 위해서 악착스럽게 노력한 결과인 국가의 부로 생각되는 것이, 외국에 매각되는 것을 보는 것은 상당히 힘들 것이다. 남북대화 발표는 한국 경제에 관한 나쁜 소식으로부터 관심을 돌릴 수 있는 좋은 타이밍이다. 남북대화가 김대중 대통령이 기대하는 만큼 자기가 그 모든 이익을 가져가지는 않겠지만 어쨌든 한국에 산소공급과 같은 것이 될 것이다.

• 북한의 자료는 경제뿐만이 아니라 정치적인 것도 제공한다.

• 김대중 대통령의 햇볕정책은 냉전의 마지막 보루에서 긴장완화의 분위기를 만들 것으로 보인다. 북한의 공장은 지역산업과 파트너들에게 행운이다. 평양도 서울도 이제 막 나타나기 시작한 희망을 부수려고 하지 않을 것이다.

기사에 나타난 한국

- 삼성자동차를 르노가 인수하는 것과 남북정상회담의 개최는 한국에게 새로운 개방의 시기가 될 것이다. 한국은 이제까지 자신들의 악착같은 경제성장의 산물이 그들의 부를 외국에 매각하는 것은 용납하기 어려웠다. 그러나 이제 르노가 삼성자동차를 인수함으로써 한국인들은 새로운 개방의 역사를 쓰게 된다. 또한 북한과의 대화는 한국에 경제적 못지않게 정치적 이익이 될 것이다.

"한국은 졌지만 아시아는 이긴다"

_Sylvian Cypel, 르 몽드(2002.6.27)

기사 요약

• 한국은 월드컵에서 챔피언이 되지는 못한다. 국민들 사이에서 축구팀
이 불러온 특별한 열정이 오래도록 흔적을 남길지 예측하는 것은 너
무 이르다고 하더라도 아마도 우리는 몇 가지 교훈을 얻을 수는 있을
것이다. 남한 국민 정체성의 강화가 무엇보다 언급되어야 할 것이다.
때로 기분 나쁜 국수주의적 냄새를 풍기는 열정, 그리고 더 자주 따뜻
하고 솔직한 아이들이다. 새로운 영웅, 전사들로 대표되는 이 환희는
안정환, 이운재, 홍명보들이다. 한국의 기적으로부터 국가의 위대함까
지 영혼의 승리라고도 말해지는 이 축구팀은 국가적인 흥분의 도가니
를 만들고 있다.

• 의미론적인 변화

한국의 영광, 한국의 승리 같은 구호는 어느 사이엔가 '아시아의 자존
심' '감독은 우리에게 아시아도 가능하다는 것을 보여주었다' 등으로
아시아로 옮겨가고 있다. 이런 의미론적 전환은 한국으로부터 아시아
전체로 가고 있고, 이 현상은 중재에 대한 논쟁으로 뜨거워지고 있다.
대부분의 서양에서는 공식적으로 그리고 미디어들은 한국이 준결승으
로 가게 했던 심판의 잘못을 비방했다. 아시아 정부들이나 축구연맹들
은 한목소리로 한국의 성공을 축하하면서 자기들의 눈에도 한국에게
유리했다고 했다.

• 동경에는 많은 한국인 이주자들이 살고 있는데 중앙일보는 일본의 수
상이 "한국팀이 오늘밤 이겨서 결승에 가는 것은 단지 우리의 열렬한

기원일 뿐만이 아니라 아시아 전체의 희망이다"라고 말했다.

일단 월드컵이 끝나고 나면 누가 심판의 판정 잘못을 기억하겠는가?

- 1달도 안 되어서 모두 처음으로 아시아 국가가 세계 토너먼트에서 준결승까지 갔다고 기억할 것이다. 그만큼 정치적 의미가 크다.

기사에 나타난 한국

- 한국의 열기는 이제 한국만이 아니라 아시아 전체의 자신감으로 번지고 있다. 그 뒷면에는 심판의 판정 잘못이라는 사실이 있지만, 유럽사람들은 이를 비난해도 아시아에서는 한목소리로 한국의 준결승 진출을 환영했다.

7기, 2006~2014

"한국 황우석 교수의 배신은 국가적 불명예를 경험하게 했다"

_Philippe Pons, 르 몽드(2006.1.18)

기사 요약

- 황우석 교수의 사기는 이제 정부에 의해서 철저히 수사되고 있다. 왜냐하면 황 교수의 연구에는 국가가 많은 연구비를 지급했고, 국가에서는 한국을 세계우수기술 보유국으로 만들어줄 것을 기대하며 많이

지원했기 때문에 황 교수의 몰락은 국가적 불명예가 될 수 있기 때문이다.

- 한국은 지난 역사 가운데 주변 국가들에 의해서 호되게 다루어진 경험을 가지고 있어서 국가적 자부심에 의해서 살아왔다. 황우석은 한국인 최초의 노벨상 가능자로 언론의 주목을 받아왔고 세계의 인정을 받는 것이 꿈이었는데 한순간에 다 망쳐져버렸다. 그래서 중앙일보에서는 전 국민이 속았다고 썼다.

- 이를 통해서 한국의 과학적 신뢰도 땅에 떨어져서 정부는 앞으로 과학 분야에서의 해외 협력에 문제가 생길까봐 발빠른 대응을 하고 있다. 정부는 사건을 철저히 조사하고 있으며 지난 5년간의 연구비 사용에 대해서 남용여부 등을 조사하고 있다. 그나마 정부가 다행으로 생각하는 것은 이번의 사건이 밝혀지게 된 배경이 일단의 한국 젊은 과학자들에 의해서라는 것이었다.

- 성공에 대한 집착이 깔린 사회적 제도가 이번 사건의 원인이라고 할 수 있다. 정부는 관대하게 연구비를 지원했고 국민들은 국가적 자부심으로 불타올라서 남용을 내버려두었다는 의견이 이 광기를 가능하게 했다는 것이다. 아직 일단의 황우석 추종자들은 그에 대한 지지를 철회하지 않고 촛불시위를 벌이고 있다. 황은 한 기자회견에서 "우리는 성공에 대해서 집착하지 않고는 어떤 성공도 할 수 없다. 우리는 우리의 눈이 멀어지는 지점까지 가면서 그렇게 했다"고 말했다.

기사에 나타난 한국

- 한국 사회의 과도한 성공에 대한 집착.
- 세계로부터 인정받으려는 정부의 꿈이 황우석의 사기를 도왔고 가능하게 했다.

"한국, 자신의 노력이 보상받는 것을 보다"

_Philippe Mesmer, 르 몽드(2008.4.10)

기사 요약

- 한국이 정보통신기술을 위해서 한 노력이 보상받고 있다. 다보스세계
경제포럼의 정보통신기술 활용 효과성을 표시하는 네트워크 준비지수
의 비교를 보면 한국은 1년 전 19위였는데 올해는 127개국 가운데
9위로 올랐다.

- 이 연구에서 정부의 정보통신기술보다 일반적으로 이노베이션을 위한
응집력 있는 역할과 지속적인 역할이 이 국가의 발전에 있어서 가장
중요하다고 했다. 1990년대 중반 정부는 이 분야에서의 개발을 시작
했다. 인터넷 제공자들의 경쟁이 너무 일찍 시작되었다. 인구밀도가
높고 도시화 비율이 높기 때문에 이러한 회사들은 빠르게 수익을 올
렸다.

- 정부는 가정주부와 노령층 그리고 장애인들 수백만 명에게 무료로 인
터넷 교육을 제공했다. 또한 학교와 대학에 인터넷 설치를 지원했고
소외계층에는 컴퓨터를 제공했다. 2006년에는 Wibro(무선인터넷브
로드밴드)를 도입하였다. 이제 한국에는 90%의 가정이 컴퓨터를 가
지고 있고 빠른 속도의 와이파이를 사용하고 있다.

- 서울은 기술이 잘 정비된 인터넷망을 보급하기 위해서 노력하고 있다.

- 여기에 휴대폰에서 선구적인 위치를 보유하고 있다. 한국은 2001년
처음으로 3G로, 2002년에는 3.5G로 발전하고 있다. 해상도도 아주
높은 기술을 활용하고 있다.

- 한국은 이제 자신의 기술을 수출하고 있다. 와이브로는 러시아를 비
롯해서 미국에도 소개되고 있다.

기사에 나타난 한국

- 와이브로기술을 수출하는 국가.
- 정부가 나서서 인터넷망을 구축함.
- 인구밀도가 높고 도시화가 높은 것이 발전의 원동력.

2. 르 피가로

1기, 1946~1955

"자신의 역사에 책임지지 못하는 민족"

_François Mauriac, 르 피가로(1952.4.8)

기사 요약

• 우선은 중국, 그리고 다음에는 일본의 먹이가 되었던 한국은 1945년
에 두 제국의 첫 내기거리가 되는 불행을 맞이하게 된다. 얄타회담에
서의 한국의 운명은 서로 자신의 아이라고 주장하던 두 어머니 사이
에서 솔로몬이 아이를 구해냈던 것과 같았다. 만약 역사와 자신들이
닮지 않은 민족이 있다고 하면, 그것은 아마 한국일 것이다.

기사에 나타난 한국

- 자신의 역사에 책임지지 못하고 주변국가들의 이익에 먹이가 된
한국.

"서울, 전쟁이 모든 즐거움을 파괴한 고난의 도시"

_Jules Roy, 르 피가로(1953.3.26)

기사 요약

• 네 차례나 전선이 변하고 두 번이나 초토화되고 포격을 맞고 불탔지만, 서울은 아직도 존재한다. 한국은 박스처럼 생긴 집들로 가득한 길들로 다시 재건했다. 과거 350개였던 전차 차로가 79개만 남았다. 지금은 여경들이 교통정리를 한다.

• 전쟁은 아무런 불씨조차 없이 세 번째 겨울을 나야 하는 이 수난의 도시에서의 즐거움을 모두 파괴했다. 장작은 매우 귀했고 한 짐에 24만 원이나 되는 비싼 가격에 거래되었다. 한 달 전에는 차표 한 뭉치에 천 원, 차 한 잔에 3천 원, 밥 한 끼는 차 한 잔의 10배 이상의 돈을 지불해야 했다. 1달러당 6천 원 정도 했지만, 암시장에서는 가끔 3만 원에 이르렀다. 곧 발표가 될 화폐개혁은 '원'을 '환'으로 바꾸는 것이다. (1환에 100원) 이로써 계산은 쉬워졌지만, 그렇다고 이 역경을 줄여주는 것은 아니었다.

• 서울에는 28개의 고아원이 있어서 4천 명의 고아들을 수용한다. 대부분의 아이들은 북쪽 출신으로, 전쟁 중에 몰살당한 5백만 명의 아들이고 딸이다. 정부는 예산의 10분의 1만을 사회 문제와 경제 재건에 쓰고 있다. 즉, 이 말은 고아원들은 적선을 받아서 생계를 이어갈 수밖에 없다는 것이다. 많은 미군부대가 돈, 배급품, 옷을 기증한다. 서울의 시민들은 너무나도 가난하기도 하거니와 아시아에서는 '동정'이 흔한 감정은 아니기 때문에 거의 아무것도 주는 것이 없다.

기사에 나타난 한국

- 전쟁으로 폐허가 된 한국. 전쟁고아들이 넘쳐나는 한국.

2기, 1956~1965

"한국은 지도자 없는 민주주의"

_ 르 피가로(1960.5.6)

기사 요약

• 계엄령이 내려진 서울. 육군 보병부대가 국회 근처에 머무는 와중에 헌법개정안을 준비하기 위해 국회의원들이 모였다.

• 교수들과 학생운동 지도자들에게 와서 바람직한 개혁에 대한 좋은 아이디어를 달라고 촉구했다. 이상적인 민주주의를 지향하고 있지만 그것을 이룰 지도자는 없다. 지난 12년간의 독재를 겪으면서 젊은 지성인들이 분노하고 있다. 임시 정부는 거대한 논란들에 직면해 있고, 경찰력 주요 인사 지명 문제 등 국내의 불안정함을 보여주는 사례들만 나타나고 있다. 서울은 진정됐으나 남쪽은 여전히 혼란스러운데 마산, 부산, 대구 등에서 학생들이 매일 거리로 나오고 있다.

기사에 나타난 한국

– 이상적 민주주의를 꿈꾸지만 그것을 이룰 지도자가 없는 나라.

"한국의 심각한 신뢰 결여"

_Jacquet-Francillon, 르 피가로(1962.6.20)

기사 요약

• 권력을 장악한 지 13개월 된 군부정권, 위기를 마주하고 있음. 도쿄의 외교 관계자에 따르면 그 존속을 위협할 수 있다고 판단.

• 한국의 군사 정권은 과도한 군사 독재의 자질을 보이고 있음. 정당은 해체되고 시민의 자유를 억압함. 20,000명가량이 정치사범으로 체포됨.

• 그러나 종전 이후 처음으로 효과적으로 부정부패와 공금횡령에 맞서 싸웠고, 공공재정을 정리했으며, 인플레이션의 위협을 완화하고 건강한 경제를 위해 기금을 조성한 긍정적인 면이 있다.

• 군사정권이 총리와 재정부 장관 사퇴를 밝힘. 박정희가 이미 두 달 전부터 공식적인 국가수반의 역할을 해옴. 두 사람의 사퇴는 군부만이 진정한 권력을 행사하고 있음을 보여주는 사례.

• 박정희 정권은 지난 6월 10일, 원화 가치를 평가절상해 화폐개혁을 한 바 있음. 이전 정권의 자본주의자들뿐만 아니라 상당수의 농부들도 개혁의 희생자가 됨.

기사에 나타난 한국

- 권력을 장악한 지 13개월 된 군사정권은 부정부패 척결 및 공금횡령
  과 맞서 싸우고 있지만 자유를 억압하고 정당을 해체하는 등 군사독재
  의 모습을 보이고 있다.

3기, 1966~1975

"박정희 대통령, 자기 자신을 고립시키다"

_Jean-Pierre Langellier, 르 피가로(1974.7.30)

기사 요약

• 박정희 대통령은 '유신개혁'이라는 슬로건하에 '교도민주주의(démo-
  cratie guidée)를 주창했는데, 오늘날 그의 단어 선택은 비웃음을 당
  할 처지이다. 몇 주 되지 않아 19명에게 사형을 내리고 15명에게는
  종신형을 내렸으며 24명에게 15년형을 구형했기 때문임. 이는 모든
  형태의 반대를 없애려는 목적이 분명한 억압이었다.

• 1972년 유신헌법에 근거한 계엄령을 통해 박정희는 이미 홀로 권력을
  장악하고 있다. 국회는 핵심적인 권한을 상실했으며, 언론은 검열당
  했고 대학교들은 감시당하고 있다.

• 대학생의 시위는 잦아들었고 농부와 노동자는 '새마을운동'에 가담했

으며 노동조합은 일하고 기다림(노조활동을 하지 않음). 박 대통령이 창시한 '사회적인 평화'는 경제성장을 통해 삶의 수준을 높였을지는 모르나, 민주주의 원리를 따르지 않고 반대파의 위협에서 자유롭지 않은 등 전체주의적인 북한과 다름이 없는 모습을 보이고 있다.

• 이 밖에도 남한의 도발적인 태도는 일본의 심기를 건드렸다. 일본과 한 약속과 다르게 김대중을 재판에 회부하고, 체포된 두 명의 일본인에게 징역 20년형을 내렸다. 한국에 유입되는 외자의 93%를 제공하는 일본은 경제적인 압박을 가하여 박 대통령이 다시 재고할 수 있도록 하였다.

기사에 나타난 한국

– 교도민주주의라는 이름의 독재적인 정치권력을 구사하고 있는 박정희 정권.

"남한 경제의 기록적 성장"

_Max Olivier-Lacamp, 르 피가로(1971.4.24)

기사 요약

• 1953년 휴전협정을 맺으면서 북과 단절된 이승만 정권은 일본에 대한 반감으로 개방을 하지 않겠다고 고집을 부리고, 이는 정치적인 무질서, 경제의 붕괴, 인플레이션, 그리고 발전의 정체를 야기했다. 이승만 대

통령의 '백색혁명(삼백산업)'의 성공은 이전에는 이루지 못한 남한의
비약적인 경제, 산업, 사회의 발전을 위해 반드시 필요했다.

• 1962년 이후로 박정희 대통령은 그 전처럼 속국이 되지 않으면서도,
현재 경제대국 3위인 일본으로 엄청난 확장을 이루고 있음. 남한의
연간 국내총생산 증가율이 10년 동안 8.6%에 다다르면서, 남한은
1960년~1970년 동안 국내총생산 증가율이 5%에 그친 서양의 산업국
가를 제치고 있다.

기사에 나타난 한국

- 1962년 이후 한국 경제가 비약적으로 발전하여 서양의 많은 산업국가
들을 앞지르고 있다.

4기, 1976~1985

"남한: 거침없는 정리"

_Antoine Keomanivong, 르 피가로(1980.5.28)

기사 요약

• 9일 동안 광주에서 있었던 반정부 시위의 결과, 19명의 학생이 죽고
295명이 체포되었다. 정부군은 반란세력과 북한 간첩을 찾기 위해 면

밀히 조사하였다. 광주는 외부와의 연락이 아예 끊겼으며 군의 감시
하에 놓여 있다.

- 광주학생운동 진압을 통해 전두환 정부는 강경한 입장을 확인함. 그
러나 전두환은 '곤봉 정치(politique du gros bâton)'의 위험성에 대
해 인지하고 있으며, 그 어떤 것도 광주에서 벌어진 일이 재발하지
않을 것이라는 보장을 할 수 없다.

- 박정희의 죽음 이후 진행된 민주화 과정은 이미 돌이킬 수 없다. 최근
몇 주간의 소요는 한국이 서양식 민주주의를 도입하기에는 아직 모든
조건을 충족시키지 못하고 있다는 의식을 더 강하게 하였다.

- 군부는 이번 운동에 북한과 중국의 선동이 배후에 있다는 것을 추가
적인 구실로 삼아 광주를 점령하였다.

- 야당 주요 인사들은 감옥에 갇혔으며 연장된 계엄령으로 언론의 검열
이 다시 도입된 한편, '젊은 급진파'는 국무총리가 민정을 자유롭게
운영할 수 있도록 두지 않았다. 이런 환경에서 민주주의를 논하기 힘
들다.

- 몇몇 야당 인사들의 계산 실수로 민주주의의 실패가 발생하였다. 대표
적으로 김대중의 경우, 북한이 공개적으로 독재정권에 대항하는 김대
중을 지지하지 않았다면 그의 캠페인이 성공했을 수도 있었을 것이다.

- 광주학생운동에 참여하지 않은 시민들은 의심의 여지없이 북한의 위
험에 대해 이해하고 있다. 미국 또한 현재로서는 불확실한 민주주의
보다 아시아 지역의 안정을 선호함을 분명하게 표현하였다.

기사에 나타난 한국

- 야당의 보루였던 광주를 완전히 소탕하여 민주주의가 실패로 돌아
갔다.
- 한국에 서양식 민주주의를 도입하기에는 아직 시기 상조.

"한국: 제2의 일본"

_Antoine-Pierre Mariano, 르 피가로(1984.8.20)

기사 요약

• 한국은 광속으로 발전하고 있는 국가, 더 이상 가난하지 않지만 아직
부유한 국가도 아니다. 한국의 경제부흥은 20년 전부터 그 역사와 문
화에 걸맞은 위치를 주겠다는 의지에서 생겨났다. 한국인들은 그들이
내년에 일본의 발전수준을 따라잡을 수 있을 뿐만 아니라 좋은 문화
와 역사 또한 가지고 있음을 알리고 싶어함. 북한의 위협에 대해 영구
적으로 경계를 해야 하는 국가로 정기적인 훈련이 있고, 군대 복무기
간이 길며, 국방비 지출이 크고, 어릴 때부터 반공 교육을 받는다.

• 한국 경제성장의 요건이 과중한 업무를 수행할 능력과 경제적 효율성
대한 정부 정책이었다. 주당 노동시간은 48시간에서 50시간, 하지만
어떤 기업들에서는 주당 70시간이 되기도 한다. 일 년에 2주 정도의
휴가를 갖는다. 기업들 간의 사회적 관계가 좋다. 저변에 신가족주의
가 있다. 주거의 일부나 교육과 같은 사회적 보호가 고용주에 의해서
제공되었다. 큰 기업들이 작은 기업들보다는 더 잘 보장해주고 있다.
1962년에 박정희 대통령이 당선되고 한국은 수출에 집중하기로 하였
다. 낮은 임금과 노동조건, 64년 원화가치 하락으로 한국 제품들이
경쟁력을 갖추고 있다. 62년에서 79년 사이에 결과가 드러났다. 해마
다 수출이 50%씩 성장한다.

• 국가가 최고 보스처럼 군다. 이념이나 권력을 행사하는 것보다는 경
제의 효율성을 추구한다. 81년에 당선된 전두환 대통령은 9년간 은행
의 민영화를 시행한다. 국가가 산업에 뛰어들기도 하였는데 결과는 긍

정적이었다. 수출이 늘어나고, 가난으로 고통받는 사람이 5%, 생활수
준이 정기적으로 좋아지고 있다. 하지만 국채라는 단점이 있다. 83년
말에는 400억 달러가량, 86년에는 470억 달러가 될 것이다. 경제성장
의 대가로 발생하는 문제점들이 심리적 동요를 발생시킬 것이다.

기사에 나타난 한국

- 경제가 급속하게 발전하고 있는 국가. 정부가 경제 전반을 책임지고
노동자들은 엄청난 노동시간을 자랑한다. 국가가 최고 권력자로서 국
민에 군림하며 어릴 때부터 반공교육을 받는 국가.

5기, 1986~1995

"남한: 애로가 많은 민주주의자들"

_Martine-Amice Matyas, 르 피가로(1986.6.10)

기사 요약

• 선거와 민주주의 헌법을 요구한 반대파들이 정부의 "사회주의"라는
비난에 응대함. 23개의 대학에서 264명의 교수진들이 민주주의 헌법
개정을 요구함. 김대중은 상황이 바로 진행되고 있다고 평한다. "권력
은 대화와 대립은 연결되어 있다는 걸 받아들여야 한다." 하지만 최근

의회의 반대파들의 무절제함이 나타나고 있다. 다수당은 대통령과 총리 각각 통제권을 갖는 시스템을 선택한 듯 보인다. 이러한 동거는 보통선거를 통해 독재 대통령체제로 군사권을 장악하는 데에 반대하기 때문이다.

기사에 나타난 한국

- 야당이 여당의 지나치게 강한 통제권을 견제하려고 하지만 어려움이 많다.

"두 한국 간 이익의 상호접근"

_C. F., 르 피가로(1992.2.7)

기사 요약

• 모스크바가 포기한, 강력한 사회주의의 기저점 중 하나인 북한이 심각한 경제상황에 대면하면서 경제개방의 압력을 받고 있다. 동시에 남한과의 정치적인 화해도 구체화고 있다. 지난 12월 13일 화해조약으로 남북한 경제협력도 강화되고 있다. 북한은 점점 필수적인 식량을 확보하는 것이 불가능해지고 있고 수확량은 인구 대비 턱없이 부족, 심각한 경제위기에 직면한 구소련은 평양이 어쩔 수 없이 세계시장 속에서 외화를 조절하도록 한다.

- 남북 간의 화해는 불가피한 것이다. 남북 간의 간접적인 교류는 미미한 상태에 머물긴 했어도 진정으로 엄청난 반향을 기록함. 북한은 금강산 국제 무역 발전 회사와 함께 1991년 5,000톤의 쌀과 석탄, 시멘트로 교환함. 높은 임금에 직면한 남한은 북한의 노동력에 관심이 있다.
- 정치적인 통일은 미래에 확실하지는 않지만 경제협력은 피할 수 없다. 남한의 북한 흡수 통일 가설이 가장 유력해보이나 서울은 북한 경제수준을 끌어올리기 위해 비싼 값을 치러야 할 것이다. 북한은 동독(ex-RDA)보다 더 가난하고 남한은 더 부자인 현 시점에서, 38선 이남에 사는 한국인들은 의심할 여지없이 그 격차를 줄여야 할 것이다.

기사에 나타난 한국

- 남북한 간의 접근은 경제적인 이익에 기반하고 있다. 정치적으로 통일될 가능성은 높지 않다.

6기, 1996~2005

"한국: 문화혁명"

_Arnaud Rodier, 르 피가로(1998.4.29)

> **기사 요약**

- 한국 사람들은 은둔의 나라가 어느 날 갑자기 자신의 기업을 외국에 매각한다는 것을 이해하기 어렵다. 재벌들은 어제까지만 해도 국민들로부터 사랑을 받았는데, 이제는 그걸 없애야 한다는 것도 이해하기 힘들 것이다.

- 재벌들은 극단적으로 다원화하여 정보통신에서 에너지산업까지, 자동차와 조선사업까지 확장했는데, 이제는 엄청난 어려움에 처해있다. 정부는 이들을 해체하려고 하고 있다. 김대중 정부는 현재의 어려움이 과거 정부들의 정경유착의 결과라고 분석하고 이를 해결하려고 하고 있다.

- 그러나 한국인들에게 재벌은 30년의 성장의 반영이다. '한강의 기적'의 완벽한 이미지가 바로 재벌이다. 한국인들은 오랫동안 자신의 산업을 자랑스러워해왔다. 그러나 정부도, 국민도, 노동계도, 그 누구도 이 비판으로부터 자유롭지 못하다. 그것은 마치 움직이는 모래 위에 지어진 집같은 것이다.

- 오늘날 재벌의 해체와 수익 없는 그 산하기업을 매각하면서 외국투자에 개방하는 것은 위기를 해결할 뿐만 아니라, 한국에 한국이 없는 기술과 노하우를 가져다주는 방법이라고 외교통상부 장관은 말하지만

정치인은 그렇게 말할 수 있지만 일반 국민들은 이해하기 어렵다. 아시아가치가 더 우월하다고 생각하고 있기 때문에 지난 200년 동안 문화적으로 자기중심적이었던 한국 사람들은 상당히 민족주의적이다. 이러한 민족주의는 외국 물건 반대 캠페인을 벌이고 우리의 상업 파트너와의 분쟁을 일으키게 한다. 그래서 이러한 신념의 위험에 대해서 배워야 한다고 경제 문제 담당대사인 김기환은 말한다.

• 경제 사회 문제는 쉽지가 않다. 그러나 진정한 문제는 문화다. 한국인들은 사회적 변화를 가져올 심각한 개혁을 받아들여야만 한다. 그러나 한국인들이 이를 위해서 순수하게 그리고 단순하게 자신의 전통을 포기하게 되지는 않는다.

기사에 나타난 한국

- 외국의 영향력이 적절하지 않다고 판단했을 때 화를 내는 민족, 외국에 대해서 상당히 폐쇄적인 민족.
- 금융위기로 기업을 외국에 매각하게 되면서 경제적인 문제는 해결할 수 있지만, 폐쇄성 자체를 극복하는 데에는 더 많은 시간이 걸린다.

"한국: 기업과 국가 사이 귀머거리들의 대화"

_Arnaud Rodier, 르 피가로(1999.3.19)

기사 요약

• 기본적으로 한국 경제를 개혁하자는 데는 동의하지만, 정부와 기업 사이에는 이견이 있다. 정부는 기업들이 기본적으로 스스로 자정의 노력을 하기를 원하며, 스스로 방만한 계열사를 정리하고 주력산업에 주력하기를 바라며, 기업에서는 방만한 계열사를 정리하는 데 정부의 압력으로 하는 것은 어렵다는 것이다. 이런 것을 하는 데는 시간이 많이 걸린다는 것이다. 그러나 정부에서는 기업이 투명성을 제고하지 않고 개혁을 못하는 변명만 늘어놓고 있다고 비판한다.

• 정부에서는 채무를 상환하기 위해서 기업을 팔아야 하는데, 기업의 덩치가 크면 매각하기가 어렵기 때문에 그 규모를 줄이려고 하는 것이다. 더구나 정부가 가장 두려워하는 것은 실업의 증가인데 대기업보다 중소기업에 일자리를 없애지 말아 달라고 호소하고 있다.

• 정부는 실업을 줄이기 위해서 모든 것을 다한다. 그래서 국가 주도의 공공사업을 추진하며 외국투자가 보다 쉬운 기술혁신의 중소기업 일자리 창출을 기대하고 있다. 정부는 프랑스식의 사회보장제도와 미국식의 제도 사이에서 적절한 제도를 모색하고 있다.

기사에 나타난 한국

- 정부와 기업이 한국 경제를 개혁하자는 데에는 동의하지만, 그 처방에 있어서는 동의하지 못하고 갈등이 나타나고 있다.

7기, 2006~2014

"한국: 남한 대북정책이 강경해지다"

_Aurore Skelton, 르 피가로(2006.10.13)

기사 요약

- 북한이 다시 핵실험을 하면서 유엔에서는 제재조치에 대한 투표를 할 예정이다. 중국도 처음에는 북한의 핵실험이 제재조치를 받아 마땅하다는 입장이었지만 곧 이어서 입장을 바꿔 제재조치를 해야 한다면 그것은 보복이기보다는 위기의 평화적 해결을 위한 것이어야 한다고 말했다. 러시아와 중국은 이에 대해 입장이 다르지만 기본적으로 제한된 보복조치를 선호하고 있는 것으로 보인다. 이 시점에서 노무현과 후진타오의 정상회담이 있을 예정인데 북한 핵 문제가 중요한 주제로 떠오를 것이다.
- 한국은 지난 정권부터 취해온 햇볕정책이 이제 실패로 드러나고 있다. 한편 이들과 반대되는 의견을 가진 사람은 이 햇볕정책을 만든 김대중 전 대통령이다. 그는 이 유화정책이 어느 정도 기능을 했다고 생각한다. 그가 처음 이 정책을 추진했을 때 적에 대한 두려움이 지배적이었다. 오늘날의 상황은 더 좋지 않지만 더 이상 남한 사람들이 적을 두려워하지는 않는다.
- 1997년부터 유화정책이 추진되면서 상당히 많은 진전이 있었다. 두 정상이 만났고 이산가족상봉이 있었으며 금강산관광이 시작되었다. 1년에 40만 명의 한국인들이 금강산을 관광한다. 평양으로서는 무시하

기 어려운 외화의 근원이다. 두 국가 사이의 경제적인 관계도 개성 복합산업지구를 중심으로 발전하고 있다. 이 지역은 휴전선에서 7킬로미터 떨어진 곳으로 15개의 한국 기업들이 〈한국산〉이라는 브랜드로 생산하고 있다. 2004년에 시작하여 남한의 투자가 오늘날 북한사람 8,300명에게 일자리를 제공하고 있다.

• 이 정책을 포기하는 것은 남한에게는 심각한 결말을 가져올 것이다. 그러나 남한의 통일부 장관은 "만약 동맹국들이 원한다면, 남한은 북한과의 경제적 교역과 협력을 줄이거나 유보할 것이다"라고 했다. 이어서 국방부 장관 역시 한국은 북한의 대량살상무기에 대응하여 재래식 군비를 강화할 것이라고 했다.

기사에 나타난 한국

- 햇볕정책을 비판하는 목소리가 높아지면서 남한 정부는 북한에 대한 강경정책으로 선회하고 있다.

"서울과 도쿄 사이에 잃어버린 섬 하나가 우뚝 솟아 있다"

_Sebastian Falleti, 르 피가로(2012.10.8)

기사 요약

- 한국이 독도를 지키기 위해서 어떻게 노력하고 있나를 주고 있다. 독도에 두 명의 주민이 살고 있고 24명의 경비병이 지키고 있다.
- 이명박의 갑작스러운 방문으로 일본에서는 분노하고 있다
- 일본은, 그전까지 독도에 대해서 국민여론이 별로 없었는데, 이명박의 방문으로 여론이 들끓고 있다고 말하고 있다.
- 한국인들에게 독도는 일본 점령의 치욕의 상징이다. 독도를 두고 한국인들은 식민과 위안부로 대표되는 결코 지나가지 않는 과거를 본다.
- 일본은 1965년 국교정상화로 모든 것이 다 해결되었음을 상기시킨다.
- 한국은 더 이상을 요구한다. 일본은 국제사법재판소에 이를 제소할 것이다. 이제 독도 문제는 막 시작되었다.
- 일본은 자신들의 다케시마(독도) 영유권은 17세기로 거슬러 올라가서 일본 식민지배와는 아무 관련이 없다고 한다.
- 일본은 국제사법재판소로 가자고 하지만 한국은 거절하고 있다. 일본 총리 노다가 이명박에게 편지를 보냈는데 이명박은 수령을 거부했다. 거기에 다케시마라는 단어가 써 있었기 때문이라고 한다.

기사에 나타난 한국

- 일본은 국교정상화로 모든 것이 다 해결되었다고 생각하고 있지만, 한국에게 독도는 일본 점령의 치욕에 대한 상징이며 식민과 위안부 등과 함께 지나가지 않은 과거로 인식하고 있다.

제 5 장

결론

제5장 결론

　　　　　　　　　　　1945년~2014년까지 한국 현대사를 관통하는 시기에 있어서 의외로 프랑스의 언론들은 한국에 대한 관심을 많이 드러냈다. 물론 그 관심이 때로는 상당히 프랑스 국익에 기반한 것이기도 하고, 때로는 단지 세계의 중요한 이벤트의 현장이어서 그 현장에 대한 보도라는 의미를 부인할 수는 없다. 그렇지만 상당히 많은 부분에, 프랑스로부터 멀리 떨어진 한국이라는 낯선 국가에 대한 관심이 포함되어 있음을 부인하기는 어렵다. 이러한 낯선 국가에 대한 관심이라는 점에서 중요한 큰 정치적 사건들의 경우에는 어김없이 보도가 되어왔고, 큰 사건이 아니라고 하더라도 한국 사회를 이해하는 중요한 열쇠가 될 만한 사건의 경우에는 자세히 보도가 되어왔다.

　　그러나 이러한 관심에 비해서 그러한 보도들이 한국의 시각에서 혹은 한국의 입장에서 보도가 되기보다는, 프랑스인의 시각에서 한국과 프랑스를 은연중에 비교하여 보도가 되거나 혹은 이미 국제사회에 잘 알려진 일본의 시각이 반영된 경우가 적지 않다.

한국 경제에 대한 보도에 있어서 '재벌'에 대한 분석은 프랑스의 양대 신문이 공유하고 있는 아주 흔한 분석이지만 재벌이 가져다주는 긍정적인 측면보다는 부정적인 측면에 초점을 맞춘 분석이 많고, 이러한 분석은 프랑스 경제와의 비교로부터 출발한 시각이라고 할 수 있다. 이러한 연장선상에서 한국의 경제적 성공 및 한국의 경제적 팽창에 대해서 긍정적이기보다는 부정적으로 보는 경향이 있다.

이것은 한국 관련 기사를 많이 쓰는 메스메르 기자나 필립 뿅스처럼 재벌을 특히 비판적으로 보거나 혹은 '고장난 근대성(modernité en panne)'으로 이해하는 경향이 있다(Dayez-Burgeon 2013).

재벌이 한국 경제에 미친 부정적인 영향을 부인하지는 않지만 재벌을 낳게 된 정권과 기업의 결탁에 대해서 비판적인 시선을 보내고 있는 것에 대해서는 설명이 필요할 것이다.

거센크론(Alexander Gerschenkron) 역시 후발국가는 선진국이 개발한 기술을 이용할 수 있어서 빠른 경제성장이 가능하지만 이를 위해서 희소한 자본과 경영자원을 집중해서 동원할 수 있도록 제도나 조직으로서의 은행과 국가의 적극적인 역할을 강조했다. 그의 이러한 이론은 19세기 유럽의 후발국의 경제성장과정을 분석하면서 나온 이론인데 한국의 경우도 이에 해당한다.

경제성장을 위해서는 자본과 자원의 집중 동원을 위해서 은행과 국가의 역할이 중요했고, 여기에서 파생된 것이 재벌이라고 할 수 있다. 이런 점에서 한국 경제발전은 고장난 근대성도 아니고 근본적으로 잘못된 것은 아니다. 다만 프랑스 경제발전 혹은 유럽의 일반적인 발전 모델과 다를 뿐이다. 그렇기 때문에 전체적으로 프랑스 언론에 나타난 한국에 관한 기사는 부정적인 논조가 다소 나타나며 국가 이미지도 긍정적이라고 하기는 어려운 것이다.

세 번째는 르 몽드에서 한국은 언제나 중국 혹은 일본 뒤에 나온다. 즉 남북한을 모두 포함한 기사보다 중국은 20배, 일본은 적어도 2배 이상 기사가 많고 자주 언급된다. 르 몽드는 세계 약 40여 명의 특파원이 파견되어 있는데, 북경이나 혹은 동경에는 파견되어 있지만 한국에 상주하는 특파원은 없다. 동경 혹은 북경의 특파원이 한국에 일이 있을 때 취재하거나 혹은 프리랜서, 연수생 등이 한국 취재를 담당한다. 이것은 사실 한국에게 있어서 상당히 부정적일 수 있다. 왜냐하면 기본적으로 중국과 일본 사회에 익숙한 특파원이 한국을 취재할 경우 중국과 일본의 한국에 대한 시각이 어느 정도 영향을 미치게 되며, 한국 기사의 저변에 중국, 일본의 국가 혹은 사회의 시각이 개입되어 굴절된 한국 사회의 모습이 기사로 나갈 가능성이 있다. 앞에서 예로 든 한국 기사에서 동해가 일본해로 표기된 것이 그 대표적인 예이다. 이 기사는 한국 선박이 북한에 납포된 것에 관한 기사인데 동해를 일본해로 쓰고 있다. 이러한 것이 결국 한국에 상당히 부정적일 수 있다.

르 피가로의 경우 특파원이 서울에 상주하고 있지만 역시 유사한 문제가 발생한다. 르 피가로 독도 관련 기사에서 보듯이, 그리고 동해의 일본해 표기에서 보듯이 이미 국제사회에 보다 많이 알려져 있고 자료의 접근도 쉬운 일본 측 자료들이 한국 보도에 상당히 많이 사용되고 있다. 특히 르 몽드의 경우에는 기자들이 일본에 상주하는 특파원들이기 때문에 도쿄의 관점에서, 그리고 도쿄에 있는 외교관들의 평가를 통해서 한국이 분석되고 있는 것으로 보인다.

또한 한국에 대한 기사들이 한국에 대한 이미 가지고 있는 선입견에 지배를 많이 받는다는 것이다. 예를 들어 한국의 문화는 그들에게 한국의 전통문화가 훨씬 의미가 있고 존중할 만한 가치가 있는 것으로 여겨지는 것같다. 그래서 신문에 소개되는 것은 일반 대중문화보다는 전통문화들이 훨씬 많다. 이것은 남북 문제에서도 마찬가지인 것이 특파원이 처음 서울에 발을 디디면 한국의 모습에 깜짝 놀란다는 기사가 많다. 그것은 그들의 머릿속에는 아직 한국은 전쟁 중이며 물론 휴전 중이라고 하더라도 북한과의 물리력이 대치 중인 위험한 국가라는 인식이 강한 것으로 보인다.

이러한 부정적인 측면에도 불구하고 1기로부터 시작하여 7기에 이르기까지 한국의 이미지 변화를 보면 참으로 놀랍다. 전쟁으로 지친 가난한 국가로터 새로운 테크놀로지의 국가로 급변신하고 있으며, 세계에서 모바일 휴대폰을 가장 많이 판매하는 기업을 가진 국가의 이미지로 새롭게 변신하고 있으며, 이러한 변신이 한 세대도 안 되는 단기간 내에 이루어졌다는 것은 프랑스인들에게는 상당한 놀라움 그 자체라는 것이다.

참고문헌

성일권. 2009. "신자유주의의 도전에 대한 〈르몽드〉의 대응과 그 한계." 『프랑스문화연구』 19집. pp.207-232.

오정숙. 2006. "프랑스에서 한국의 문화이미지, 문화브랜드." 『프랑스학연구』 37집. pp.525-571.

이기라. 2012. "신자유주의 시대 언론 자유의 위기." *Journal of Political Criticism* 11. pp.21-44.

이병종. 2014. "해외 뉴스 매체에서 다양화하는 한국의 브랜드 이미지." 『광고학연구』 25권 2호. pp.91-115.

최연구. 2003. 『르 몽드』. 서울: 책세상.

최향란. 2009. "프랑스 일간지 르몽드를 통해 본 한국에 대한 인식(1986년~1995년)." 『서양사학연구』 20집. pp.133-153.

한국언론연구원. 1992. 『외국신문의 한국보도: 아사히, FAZ, 르몽드, NYT, 더타임스(1992.1~12)』.

_____. 1993. 『외국신문의 한국보도: 아사히, FAZ, 르몽드, NYT, 더타임스(1991.1~12)』.

황상재. 2011. 「해외 주요국 주류 매스미디어에 반영된 한국 국가이미지 변화에 관한 연구」. 해외문화홍보원.

황상재·최진우·조용현. 2012. "유럽의 언론과 한국: 프랑스, 영국, 독일 언론에 나타난 한국의 이미지." 『유럽연구』 30권 3호. pp.141-181.

Albert, Pierre, Nathalie Sonnac. 2014. *La Presse Française. Au défi du numérique*. Paris: La documentation française.

Bider, Eric. 1998. *La Corée, Deux Systèmes et un pays*. Paris: Le Monde.

Dayez-Burgeon, Pascal. 2014. "La Corée vue par les médias français: Quelques pistes de réflexion." *Korea Analysis*, n.1. pp.51-53.

Maurus, Patrick. 1992. "La Corée et ses héros défigurés." *Le Monde Diplo-matique.* 5월.

Tuchman, G. 1978. *Making News.* New York: Free Press.

www.ojd.com(검색일: 2014.11.22).

http://www.mediagaon.or.kr/common/jsp/download.jsp%3Fpath%3DMediaPds
　　　Detail%26fileName%3DAZPTJVLUDCYKPZP.pdf%26filerName%3D108-1
　　　10.pdf&rct=j&frm=1&q=&esrc=s&sa=U&ei=vfdyVPD-DcW78gXh3IGQC
　　　Q&ved=0CBwQFjAC&usg=AFQjCNHQavqNF63sE7dfSB0kVnjx1h3mjg
　　　(검색일: 2014.11.22).

http://www.france.co.kr/culturel/lemonde.htm(검색일: 2014.11.22).

http://maxisurmoi.a.m.f.unblog.fr/files/2014/03/philippe-mesmer-journaliste3.p
　　　df(검색일: 2015.12.28).

〈인터뷰〉

이길호 (프랑스 서파리대학교 정치사회연구소 연구원).

이종수 (재불한국문화원장).

Frédéric Ojardias (Radio France 한국 특파원).

Pascal Dayez-Burgeon (CNRS 브뤼셀 사무소 소장, 전 한국프랑스대사관 문정관).

〈인용된 신문 기사〉

▶ 르 몽드

"한국은 독립을 원한다." 1945.12.22.

"한국과 그 점령국." 1947.3.34.

"한국, 경계선의 나라." 1948.8.12.

"조용한 아침의 나라에서." 1950.6.26.

"이승만의 아름다운 군대(Belle armée)가 그렇게 잘 행진했지만 ⋯." 1950.6.28.
　　　(Charles Winter).

"하나의 전쟁이지만 그 전쟁은 아님(Une guerre mais pas la guerre)." 1950.7.1.

(Jean Creach).

"우리는 이슬처럼 죽을 것이다." 1950.9.6 (Charles Favrel).

"한국민을 위한 연민." 1951.2.12 (Charles Favrel).

"조용한 아침은 다시 오지 않을 것이다." 1951.9.15 (Robert Guillain).

"이승만의 도쿄 방문." 1952.12.30.

"이승만의 태도는 하리슨 장군이 한국군 포로를 옮기는 것에 동의하는 것을 방해하고
　　있다." 1953.5.7 (Robert Guillain).

"이승만의 반란은 유엔의 단결을 위협하고 있다." 1953.6.23.

"'중국에서 전쟁을 합시다' 한국 대통령이 제안하다." 1954.7.30.

"이승만은 휴전중립위원회의 출발을 요구한다." 1955.8.9.

"적십자가 한국에 감금된 일본 어부의 운명을 조사할 것이다." 1959.4.2.

"일본, 한국과 긴장." 1959.6.13 (Robert Guillain).

"이승만의 승리." 1960.3.17.

"남한의 심각한 소요." 1960.4.13.

"씁쓸한 승리." 1960.4.20.

"미국은 이승만 정권의 독재적 성격에 걱정하다." 1960.4.21 (Jean Knecht).

"이승만이 마침내 자신의 사임을 제출할 수밖에 없었다." 1960.4.28.

"서울의 비극." 1960.4.29.

"학생들이 부패일소를 요구하면서 서울에서 다시 봉기." 1960.5.2.

"부두노동자들 파업하다." 1960.5.5.

"한국에서의 아이크의 presence: 민주주의에 대한 격려." 1960.6.21 (Jean Lagrange).

"한국의 선거." 1960.7.31.

"한국의 혼란." 1961.5.17.

"쿠데타의 주동자가 원하는 것은 무엇인가?" 1961.5.17 (Robert Guillian).

"미국의 대경실색한 눈아래에서 한국에 군사독재가 이루어지다." 1961.5.23 (Robert
　　Guillian).

"워싱턴과 한국." 1961.5.26.

"사람들의 경쟁이 안정을 늦춘다." 1961.7.5 (Robert Guillian).

"권자의 장교들." 1961.7.18 (Robert Guillian).

"민주주의의 쇼윈도우." 1961.7.19 (Robert Guillian).

"마지막 카드." 1961.7.20 (Robert Guillian).

"강한 권력의 톱니바퀴 속의 한국." 1963.3.18.

"미국의 대경실색한 눈 아래에서 한국에 군사독재가 이루어지다." 1964.5.23 (Robert Guillian).

"일본과 한국은 그들의 오래된 갈등을 청산하기로 결정했다." 1965.4.14 (Robert Guillian).

"한일 조약에 반대하는 새로운 시위." 1965.6.24.

"끔찍한 노인네." 1965.7.20 (Robert Guillian).

"남한대통령의 재선." 1967.5.5.

"본(Bonn)에서, 서울과 외교적 단절도 고려되고 있다." 1967.7.13.

"서울 지도자들에게는 통일을 준비하는 것이 자신의 경제를 강화하는 것이다." 1967. 8.1 (Robert Guillian).

"'북한 간첩' 재판이 서울에서 열린다. 프랑스에서의 실종사건." 1967.11.10 (Alain Bouc).

"냉전이 계속되는 곳." 1968.8.15 (Alain Bouc).

"서울 자유가 감시되는 곳." 1968.8.16.

"한국 새로운 사건." 1969.1.29.

"긴장의 희생자?" 1969.4.28 (Maurice Duverger).

"서울의 학생들은 공화국의 새로운 대통령을 원한다." 1969.7.31 (Alain Bouc).

"다수당의 술수는 한국 민주주의의 권위를 약화시킨다." 1969.9.17 (Alain Bouc).

"헌법개정에 대한 국민투표에서 박장군의 확실한 승리. 상황에 맞춘 모습." 1969. 10.20 (Alain Bouc).

"자유의 한 형태." 1970.7.20 (Alain Bouc).

"급속한 산업팽창." 1970.9.7 (Alain Bouc).

"학생소요와 게릴라." 1970.9.7 (Alain Bouc).

"남한은 일본의 경제적 지원에 광범위하게 도움을 청하고 있다." 1970.9.7 (Robert Guillian).

"한국, 남한 정보국담당자 평양에 가다: 서울의 계엄령이 모든 민주적인 삶을 숨 막히게 하다." 1972.11.3 (Robert Guillian).

"박정희의 라이벌, 중앙정보부장은 최근 내각 구성의 희생자가 되었다." 1973.12.5 (Robert Guillian).

"언론의 자유를 위한 한 신문의 전투." 1975.1.29 (Robert Guillian).

"박정희가 남한 대통령으로 다시 당선되었다." 1971.4.29 (Alain Bouc).

"일본인만을 위한 한국식 섹스투어." 1973.11.17 (Philippe Pons).

"경제 붐의 종말." 1974.1.12 (Robert Guillian).

"언론의 자유를 위한 한 신문의 전투." 1975.1.29 (Robert Guillian).

"한국 경제상황." 1976.1.5 (Philippe Pons).

"파리는 한국에 원자력발전소 두 개를 지을 것이다." 1976.8.4 (Philippe Pons).

"야당 지도자가 8년 감옥형을 선고받았다. 우리는 지킬 것이 하나도 없다." 1976.8.30.
        (Philippe Pons).

"조용한 아침의 나라로의 새로운 여행." 1976.10.2 (Philippe Pons).

"박 대통령의 우상화." 1977.3.30 (Philippe Pons).

"모든 희생을 치르고라도 수출을." 1977.3.31 (Philippe Pons).

"대통령이 박동선 사건에 워싱턴의 압력에 굴복했다." 1978.2.8 (Philippe Pons).

"가장된 쿠데타?" 1979.10.29.

"억압정책에 반대하는 장군들의 비밀 모임이 대통령의 피살 전에 있었다." 1979.11.
        5 (Philippe Pons).

"반대를 통합하는 문화." 1979.11.20 (Roger Leverrier).

"전통 구조의 파열." 1980.1.22 (Philippe Pons).

"광주반란은 거의 300명이 죽었을 것이다." 1980.5.29 (Philippe Pons).

"미국의 모호함." 1980.9.11 (Philippe Pons).

"기술관료들을 부름." 1980.10.9 (Philippe Pons).

"학생들은 서울 미국문화원 점령을 끝냈다." 1985.5.28.

"은밀한 그러나 강경한 통제." 1986.5.13 (Philippe Pons).

"서울, 여성적인 투기." 1987.5.23.

"한반도 남쪽의 노동자의 상황. 수백만의 한국인들의 존엄성이 요구됨. 후원은 문화
        에 그치는 것이 아니다." 1987.8.7.

"올림픽 시간의 한국, 열기 그리고 포화." 1988.9.17.

"올림픽 폐막, 서울 금메달." 1988.10.4.

"한국, 경찰이 다시 전면으로. 그림 때문에 감옥에." 1990.1.26.

"소요 속의 한국." 1990.6.5.

"점점 더 서구화되어가는 사회." 1990.12.27.

"한국의 거대기업은 강제로 특화되고 있다." 1991.5.10 (Philippe Pons).

"경찰에 희생된 학생 장례식에서 대치함, 학생들 반체제 문화가 다시 한번." 1991.
        5.15.

"5.18에 대하여." 1991.5.20.

"비전향장기수." 1991.5.29 (Christian Chartier).

"신뢰받지 못하는 정권." 1995.11.18 (Philippe Pons).

"7명의 거대기업 회장이 한국을 흔든다." 1995.12.8 (Philippe Pons).

"한국 파업의 불평등한 추이가 지켜봐진다." 1997.1.16 (Françoise Lazare et Frédéric Lemaître).

"OECD는 국제협약과 조약을 존중하는 노동 관련 새로운 법을 만들도록 해야 할 것이다." 1997.1.18 (Françoise Lazare et Frédéric Lemaître).

"한국의 이중적 위기가 지역안정을 위협한다." 1997.3.15 (Philippe Pons).

"한국 폭풍 속에서 나타난 〈기적〉의 헛수고." 1998.3.19 (Philippe Pons).

"한국 그룹들이 자산의 청산과 교환의 준비가 되어 있다." 1998.6.18 (Brice Pedroletti).

"재벌 간 기업 교환이 한국 경제를 새로 만든다." 1999.3.5 (Philippe Pons).

"김 회장의 파산된 우주." 1999.11.23 (Philippe Pons).

"서울에서의 르포, 정치인들에 대한 시민들의 반란." 2000.4.11 (Philippe Pons).

"한국은 자신의 재건을 강화하기 위해서 개방을 모색하고 있다." 2000.5.23 (Marc Mangin).

"독일식의 통일보다는 화해의 첫 돌." 2000.6.11 (Philippe Pons).

"한국의 행복과 현실주의." 2000.6.24 (Philippe Pons).

"한국은 졌지만 아시아는 이긴다." 2002.6.27 (Sylvian Cypel).

"떠오르는 태양, 조양한 아침 그리고 지금 …." 2002.7.2 (Philippe Pons).

"한국 황우석 교수의 배신은 국가적 불명예를 경험하게 했다." 2006.1.18 (Philippe Pons).

"사회 문제가 점점 한국인들을 사로잡고 있다." 2007.12.19 (Philippe Mesmer).

"한국, 자신의 노력이 보상받는 것을 보다." 2008.4.10 (Philippe Mesmer).

"한국은 이미지를 찾고 있다." 2009.12.26 (Philippe Pons).

"한국, 한강의 세 가지 교훈." 2013.3.1 (Philippe Escande).

"한국, 세계에서 접속이 가장 잘 되는 나라." 2013.3.25 (Cecile Ducourtieux).

"한국에서 온 제블롱, 안은미." 2013.7.16 (Rosita Boisseau).

"한국, 문화적 예외를 잘 성취하다." 2013.8.2 (Philippe Mesmer).

"한국 교육열." 2013.9.19 (Philippe Mesmer).

"한국 대학입시는 종교이다." 2013.11.13 (Philippe Mesmer).

"한국, 지나친 학위가 일을 죽인다." 2014.1.26 (Philippe Mesmer).

▶ 르 피가로

"아시아에서 가장 다정한, 친절한 나라 중 하나인 한국." 1950.6.29 (G. S. Moresthe).

"부산의 재건을 향해?" 1951.1.4 (Serge Bromberger).

"불길이 맹렬한 서울에서의 공황." 1951.1.5 (Jean-Marie de Prémonville).

"자신의 역사에 책임지지 못하는 민족." 1952.4.8 (François Mauriac).

"이승만의 중요한 성공." 1952.7.4.

"서울, 전쟁이 모든 즐거움을 파괴한 고난의 도시." 1953.3.26 (Jules Roy).

"이승만의 반역이 워싱턴에서 드라마틱한 상황을 만들다." 1953.6.7 (Nicolas
        Châtelain).

"유엔이 이승만에 대해 항의." 1953.6.24.

"이승만 대통령이 도움을 증대하겠다는 워싱턴의 약속을 받아냄." 1954.8.2.

"한국 분쟁의 땅 1: 유엔이 일군 화단." 1956.12.25 (James de Coquet).

"한국 분쟁의 땅 2: 남한, 혈색좋은 자유로운 국민." 1956.12.26 (James de Coquet).

"한국 분쟁의 땅 4: 이승만 ― 유엔군은 북한군보다 훌륭하다." 1956.12.28 (James de
        Coquet).

"한국 분쟁의 땅 6: 국제적으로 고립된 유리종 속의 나라." 1956.12.31 (James de
        Coquet).

"남한 계엄령 선포." 1960.4.20.

"한국의 긴박한 상황 지속." 1960.4.25 (J. Jacquet-Francillon).

"정권의 붕괴가 한국을 위험에 처하게 할 수도." 1960.4.28 (J. Jacquet-Francillon).

"한국은 우두머리 없는 민주주의." 1960.5.6.

"남한에서의 군사쿠테타." 1961.5.16.

"철의 독재자에 틀어막힌 한국의 무거운 침묵." 1961.5.24.

"한국의 심각한 신뢰 결여." 1962.6.20 (J. Jacquet-Francillon).

"박정희가 대통령에 재선됨." 1967.5.5.

"남한 1967: 일본식 변화." 1967.8.29 (Max Olivier-Lacamp).

"남한과 미국의 불안 가중." 1968.2.8.

"한국, 이완의 징후가 없다." 1968.2.15.

"북한에 의해 격침당한 "미제국의 공격선"은 남한의 평범한 어선이었음." 1968.6.24.

"북에서 납치된 항공기 승객 석방." 1970.2.16.

"남한 총리 '미군의 군병력을 줄인다면 사퇴할 것이다'." 1970.7.14.

"남한 경제의 기록적 성장." 1971.4.24 (Max Olivier-Lacamp).

"서울과 평양 사이에 통일에 대한 큰 진전." 1972.7.5 (Max Olivier-Lacamp).

"여론 악화로 인해 박 대통령이 한발 물러섬." 1973.12.4 (Robert de Suzannet).

"박정희 대통령과 지식인 사이의 힘겨루기." 1974.6.7 (Robert de Suzannet).

"박정희 대통령, 자기 자신을 고립시키다." 1974.7.30 (Jean-Pierre Langellier).

"서울 기항: 신뢰의 재확인." 1974.11.22 (Jean-Pierre Langellier).

"한국, 냉전의 고립지." 1976.7.1 (Raymond Aron).

"방어태세의 민주국가." 1977.5.18 (Eugene Ionesco).

"남한, 미군을 대체할 2억 달러." 1977.7.27.

"한국, 거침없는 정리." 1980.5.28 (Antoine Keomanivong).

"남한의 긴장된 공기." 1980.8.13 (Antoine Keomanivong).

"한국, 군의 편재." 1980.8.18.

"민주주의를 향한 긴 걸음." 1981.3.24 (Antoine Keomanivong).

"남한은 비동맹국과 가까워짐." 1983.10.8 (Antoine Keomanivong).

"한국, 잇단 충격적 상황의 강박." 1983.10.11 (Antoine Keomanivong).

"삼국의 동맹의 안정화." 1983.11.15 (Martine-Amice Matyas).

"한국, 제2의 일본." 1984.8.20 (Antoine-Pierre Mariano).

"한국, 애로가 많은 민주주의자들." 1986.6.10 (Martine-Amice Matyas).

"폭력의 강박증." 1987.12.15 (Thierry Desjardins).

"대통령을 위한 은총의 시간." 1987.12.21 (Thierry Desjardins).

"북쪽으로 눈짓." 1988.7.7 (François Mauter).

"조용한 아침으로부터 동요의 나날로." 1989.11.16 (Alain Vernay).

"한국, 재벌들의 영향력 회복." 1990.6.14 (Alain Vernay).

"두 한국 사이 이익의 상호접근." 1992.2.7 (C. F.).

"한국 호랑이 세계 정복을 향해 강요된 행보." 1997.5.2 (Philippe Loisel).

"한국, 두려움을 주는 위기." 1997.12.24.

"한국, 외국인에게 개방." 1998.4.24 (Arnaud Rodier).

"한국, 문화혁명." 1998.4.29 (Arnaud Rodier).

"한국, 재벌의 이중 언어." 1998.5.6 (Arnaud Rodier).

"한국 사회보장을 찾다." 1998.5.12 (Arnaud Rodier).

"기업과 정부 사이의 귀머거리들의 대화." 1999.3.19 (Arnaud Rodier).

"통일을 향하여." 2000.6.7.

"북한에 대한 남한의 햇볕." 2000.6.13 (Jean Leclerc du Sablon).

"월드컵: 일본과 한국은 이익을 계산한다." 2002.5.27 (Frédéric de Monicault Christine Lagoutte).

"일본과 한국, 적이면서 형제." 2002.6.14 (Alain Barluet).

"한국, 위험에 처한 햇볕정책." 2002.10.23 (Arnaud Rodier).

"한국, 남한 대북정책이 강경해지다." 2006.10.13 (Aurore Skelton).

"한국 위안부에 관한 궁극적 투쟁." 2012.7.6 (Sébastian Falleti).

"서울과 도쿄 사이 한 섬이 적개심의 결정체가 되고 있다." 2012.8.13 (Sébastian Falleti).

"한국 과열된 교육." 2014.5.6 (Sébastian Falleti).

색 인

지은이 소개

김민정

서울시립대학교 국제관계학과 교수(2001~)
SSK 한국 사회 갈등과 통합팀 공동연구원(2011~)
미국 California State University in LA 방문교수(2015) 역임

연세대학교 정치외교학과 졸업
프랑스 파리 2대학교 정치학 박사

프랑스 교육문화훈장 수여(2008)